復刻版 韓国併合史研究資料 119

朝鮮の姓名氏族に関する研究調査

龍溪書舎

本復刻版製作に際しては、東京経済大学図書館のご好意により、同図書館所蔵本を影印台本とした。ここに深甚の謝意を表する次第である。

朝鮮の姓名氏族に關する研究調査

朝鮮總督府中樞院版

名者實之賓

老子

名之與實猶形之與影也

顏子家訓

自生民以來有物存名

辨名

豹死留皮人死留名

王彥章

埋骨不埋名

白氏文集

序文

本書は本院囑託今村鞆氏の編纂に係る、本院に於ける風俗慣習調査の一部を成すものにして。其内容は朝鮮の姓名竝に氏族に關係ある事項に付て。現情の記述と共に其歷史、沿革等に就て。數百家の古典を獵涉して、考據證說し。某る部分は是を法律學的に、或は民族學的に、また史學的に觀察したるものにして。稍備はれりと謂つべく。從前未だ本事項に關して斯る纏りたる著述あるを見ざるの時。本書に據りて其不備の幾分を補ひ。學問上の參考資料たると共に。官衙、公私團體等姓名に關係深き方面の實用に供せらるゝを得ば。獨り本院の幸のみに非ざる也。篇中著者の意見を發表したる箇條多きは。研究てふ題目上當さに然るべき所にして、是亦一家の私見として參考に資すべきなり。

昭和九年四月　日

中樞院書記官長　牛島省三

例言

一、本篇は朝鮮の姓と名と、氏族に關する事項に關し。其概要を調査攷究して記述したるものなり。

一、此の調査は主として、現狀の觀察を目的としたれども。其必要ある部分は、由來沿革等の古事に涉りても亦說を進めたり。されど本來史學的に闡明するを目的とせず。故に其點は唯切要なる範圍に止めたり。且つ各箇條に多少は編者の私見を加へたるは。此種の著述上其必要ありと考へたると共に。觀閱者の參考に利便あるを想到せしに出づ。

一、本篇は素より朝鮮のことを記述するものなり。茲に朝鮮と稱するは、箕子遼東の朝鮮のことに非ず。また李氏朝鮮のみを指せるに非ず。現在の朝鮮の地域を基本として。其區域内の古代より現今迄の當該事實を記すもの也。而して事の關聯上より、或は比較參照の必要より。支那及日本の同一事態に涉りても記述し。且つ對比參照を試みたり。また高句麗の姓氏に關するものは、其系統を引ける者に、泉氏井氏の如きものありしも、今亡し。總じて比較的朝鮮には關係薄きを以て。之が引照を省略せり。

一、從前朝鮮に於ける姓氏の書に。梁誠之の『海東姓氏錄』。洪汝河の『海東姓苑』。趙仲耘の『氏族源流』。丁時述の『諸姓譜』等あれど今傳はらず。近代著述のもの二三あれど、考證的記述少なく。多數の族譜はあれど、皆其一族の記錄に係れり。また姓名氏族に關する、零言片語は、正史野史に散見あれど。統一抽象して記せるもの無し。本篇は僅かに半年有餘の調査研究に係り、記述の分量も亦多からず。未だ以て素より完全なりとは謂ひ難きも。朝鮮に於ける姓名、氏族の大體を會得するの資料たるを得ば幸とする所なり。猶其不備の部分は後人の補足を待つのみ。

一、祖先崇拜は東洋道德の根底を爲すものにして。氏族思想、家門の尊重、姓名の敬避等、直接間接に是れと關係あり。近時の朝鮮は新舊思想の過渡期に屬し、此等古來傳統の美風漸く失はれんとせり。又一面より觀察すれば、それ等舊慣の中には新らしき社會の情勢と相容れざるもの無きに非ずして。舊態より漸く方向を轉換せんとする趣向あり。此際に於ける本題目の研究調査亦徒爾ならざるものあらん歟。

昭和九年四月　日

編者　中樞院囑託　今村　鞆　識

附記

本書校正中に於て總督官房臨時國勢調査課より『朝鮮の姓』の出版あり、其姓別と總數に付ては相對照して本書第三章第一節中に兩者の異同を説明して追加せり。猶同書は專ら現狀を精細に記述せるを以て本書と相參照して閱覽せらるれば利便多かるべし。

古き戸籍帳

京城帝國大學圖書館藏

（上）は宣祖十年蔚山府の戸籍

（下）は宣祖三年山陰縣の戸籍

昔の戸籍は式年と稱し。子、卯、午、酉の歳即ち三年に一回調査成册せり。此二册は現存せる最古のものにして。貴重なる史料の一なりとす。

慶尚道蔚山府己酉式戶籍

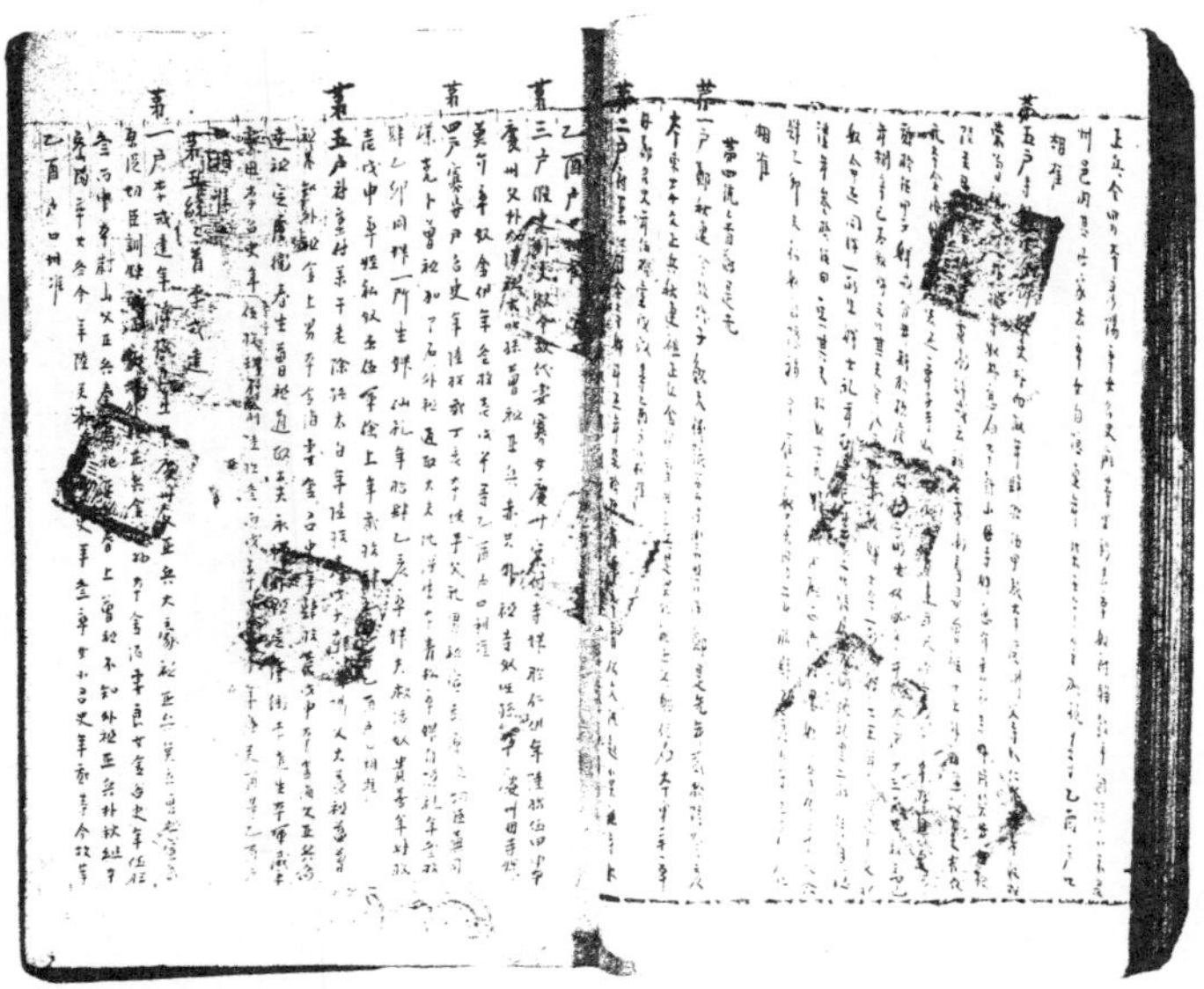

號牌

號牌は一般士庶の男子に佩用せしめ。其人の識別、身分證明の用に供せしものにして李朝の初期より李太王甲午改革の前迄施用せしも。其實行は時に改廢弛張あり。樣式も亦時に變改ありしも。後代は庶民は木製、兩班の中、二品以上は象牙、其下は水牛角製を用ひたり。

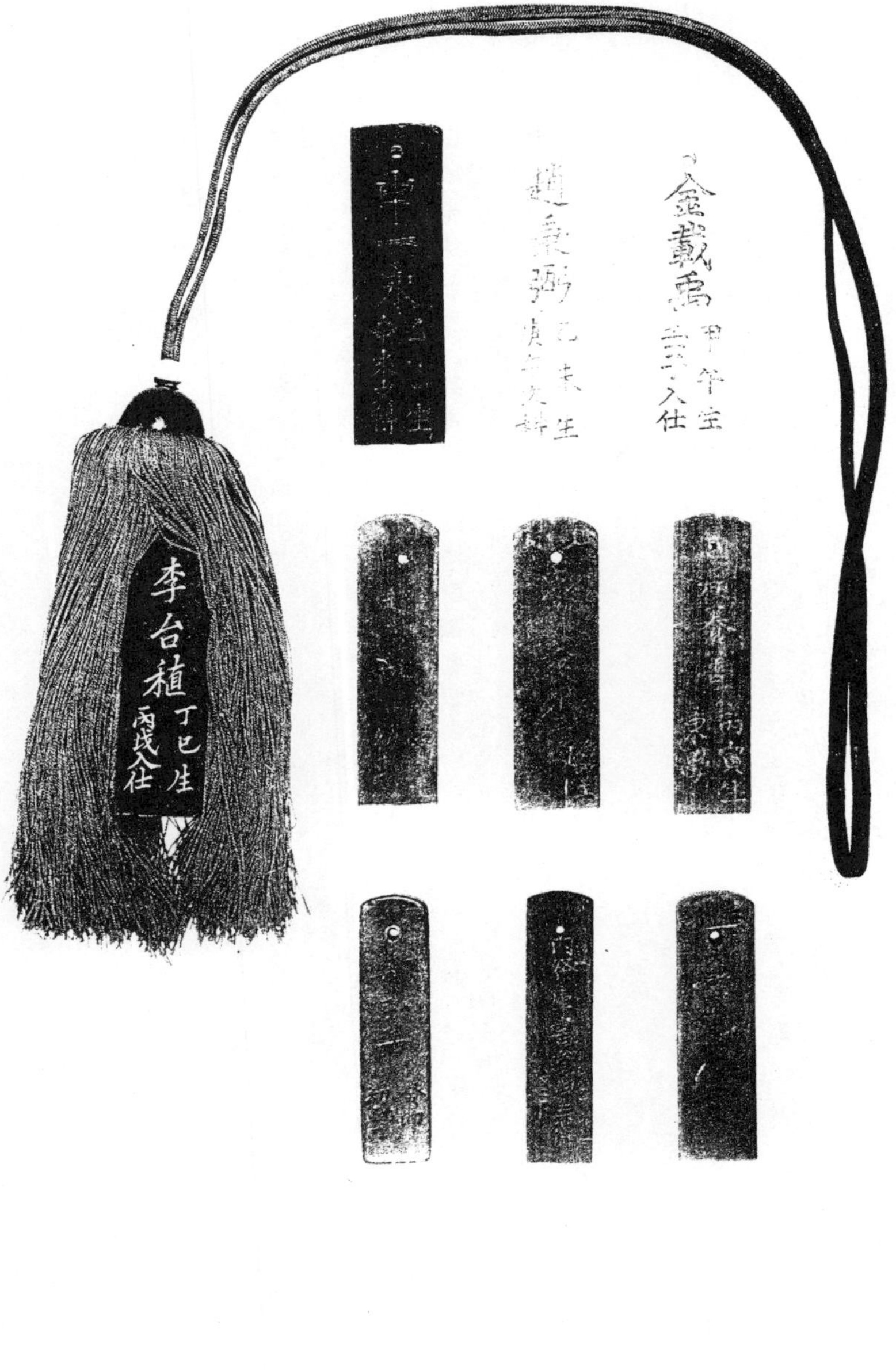

李台植
丁巳生
丙戌入仕
金戴禹
甲午生
趙秉弼
己未生

清風金氏族譜

京城帝國大學圖書館藏

清風金氏は名門の一にして。本譜は高麗門下侍中大猷の子孫を合錄せるもの。英祖二十六年。後孫金在魯の刊行せしものに係る。

清風金氏世譜

甲編
乙編上下

元

序

清風金氏舊譜序

人誰無族族必有譜族而無譜則人莫知親親之義敦睦之心無自而生此吾譜之所以作也吾金氏出於新羅新羅之時散處羅地若慶州安東尚州江陵之金同是一姓而恨上世無譜不能詳其分派耳吾家不幸屢經禍患又值兵火之亂譜牒散失雖強近之親亦不識其名字余嘗以為恨見同姓則必問其支派徵其家譜積數十年而僅能成帙適有朝　天之行遂持草藁而來留館數月淨寫一件雖未能詳記而備録亦可知此後之宗族矣或曰同姓固可譜

天

清風金氏世譜甲編

清風府隷忠清道本高句麗沙熱伊縣新羅改今名為奈堤（今堤川）郡領縣高麗顯宗九年屬忠州後置監務忠肅王四年以縣僧清恭為王師陞知郡事本朝因之置郡守　顯宗初年以　王妃姓鄉陞府

一世 遠祖金大猷 累朝出身官至門下侍中贈清城府院君墓在清風白岈有碣○舊譜所書雖如此後孫國男

二世 子仁祐 侍郎

三世 子鉉 一作鉉昌○監門衛上護軍

四世 子昌祚 一作祚○門下侍中

五世 子仲房 判奉常寺事○房舊譜作滂註云一作房而府使公墓表作房故今從之

六世 子灌 入我朝以曹參議夫人王子君例贈之父貫成名左獻議載碑文四子二壻贊纓滿堂金王交輝一世

七世 子侃之 見字　子義之 見宙　子保之 見金　子億之 見金　女敬寧君裶 見水

甲編

劒

乙編下

女金脩 …有二男二女…長子元臣…氏所出

女金謙光 …只有一女

子柳自汾 文司宗簿寺事

子柳自漢 文壯司諫

女辛仲琚 …女李…翰林府使一作直提學…

定宗後宮 見地

子順平君羣生

仁宣王后

仁宣王后

子貞君都(?)[illegible]

…本宗人

三

朝鮮の姓名氏族に關する調査研究

目次

編外餘說

朝鮮の姓名氏族に關する研究調査

第一編　朝鮮の姓名

第一章　姓と氏

姓。と云ふ文字も氏。と云ふ文字も支那に在ては。時代により其對照と使用の範圍を異にせり。日本に於ても亦同一たりし。特に氏。と姓。との關係と區別に付ては、日支共に學者間に論議あり。各説く所一樣ならずして、遂に歸一する所無し。現行日本民法に於ては是を氏の一稱として制定し、亦姓なるものを認めず。今此れが字形を見るに、姓の字は女の生む所たるを表はし。古文は⿰幺生にして古代女系母權時代の族稱の傳統を意味せることは。支那上古の八大姓と稱せらるゝ者に。姬、姜、嬴、嫄、姒、姞、妘、嬀等女旁の文字多きに徵すべく。氏の字は『説文解字』段玉裁の注に。巴蜀の山崖の岩石崩落し、其聲數百里に聞えし。其岩形𠂆に象どりしとあれど。此説承認し難し、何となれば。象形文字の發生せし、商殷の領域と、最遠き、巴蜀の地の岩形に象どりしとは考へられず。　また殷墟甲骨文字よりも、未だ斯る說に適合すべき者を見出ざればなり。　氏の字古文〓にして、民の古文〓とも關聯あり。　二者共に孕めることに或は生れることに緣由ありとすべきも。　結局其象形の眞は不明なり。

是を支那古典の用字例より檢討するも。　二者の間に姓質上の區別無きこと、第二編姓氏の部に詳說せり。　朝鮮に於ては、其族制の分岐、其稱へ方支那、日本の昔の如く複雜なるもの無く。　隨つて姓と氏の區別に付ても、割合に簡單なり。　されど猶說明すべき點無しとせず。　それ等は第二編に讓り。　玆に本篇に於て姓と稱するは、普通の意味に於ける姓、卽現行民法の規定による氏と同一の意味を以て取扱ひ解說することゝすべし。

第二章　朝鮮に於ける姓名の變遷

第一節　總說

有史以來朝鮮に於ける人名の稱へ方を觀れば、大樣是を三期に分つことを得べく。
卽ち初期は朝鮮固有の風習に依りて、之を表示呼稱せる時代にして。　次に支那文化の影響を受け、支那樣式に變更を試みし時代あり。此期に於ては純支那式のものと朝鮮色のものと支鮮折衷のものと相混淆せり。終りに支那樣式に概ね固定したる時代あり。以上三期の區別は大體の見方にして、劃期的のものには非ず互に相交錯せり。故に現今に於ても猶戶籍簿には、朝鮮固有色を帶べる庶民の名の多く殘存あるを觀る。

而して兩班と庶民との間に於ては、稍其趣を異にせるものあり。是畢竟支那文化の被及は、主として上層階級に留まり。下層には餘りに多く浸潤せざりしに職由す。朝鮮の姓名の樣式は上に述べたる如く。三國以降支那文化の影響を受けたる以外には。自國の內部より起りたる、政治的、經濟的、社會的による、動搖の爲に。變遷を來したる如き事態は之を看出すことを得ず。依然として七八百年來の舊態を保存持續し來れり。蓋し其兩班式名稱の不變は中華心醉の思想に流末し。土俗式人名の持續は、社會進化の遲展に由來するものなるべし。

第二節　主として貴族士班

第一期　朝鮮の固有名稱を以てせし時代

凡そ人の名の最も原始的なるは。他人と識別指呼の必要上、聲音に依る認識符號を設くるに起り。此の稱號が社會の進化發達と共に變遷して、遂に固定樣式化したるものにして。古代何れの民族に於ても、人あれば必ず名あり。社會上の優族には、名の外に、其血族の一團を表示すべき氏族名(clan或はgens)あり。また別に血族の關係無く、單に政治的團體たる部族名(tribe)も亦某る民族には存在したり。朝鮮に於ける太古よりの經過も、亦大體右の如くなりしこと、蓋疑無き所なるべし。されど今日より之を考ふるに年代遠く史料も甚乏しく茫乎として其血族團體たる名稱、竝に各人の名の命名樣式の定型、風習。及血族團體名を有せし者と、有せざりし者との範圍區別。部族團體名の有無等を明確に知り得ることを得ざれども。古典の記載により上流者の姓名の如何なりしかは大樣之を知るを得べく。以下に例示すべし。

（1）　三國史記の記載

西紀二五年頃より同七七〇年頃迄に當る年代の人名を摘錄す。但百濟の人名は(1)(2)共に除外し、別項に掲ぐ。

△孟　召	馬韓の將	脫解王	△吉　門	阿飡	脫解王
△羽　烏	角干	同　上	△允　良	波珍飡	婆娑王

△陁　鄒	音汁伐の主	婆娑王
△昕　連	波珍湌	祇摩王
△朴阿道	葛文王	逸聖王
△眞　忠	一伐湌	柰解王
△于　老	大將軍	助賁王
△阿音夫	骨伐國主	同　上
△良　夫	伊　湌	味鄒王
△伐　智	級湌	慈悲王
△德　智	左右將軍	同　上
△實　竹	將軍	炤智王
△異斯夫	軍主	智證王
△比助夫	伊湌	法興王
△金仇衡	金官國主	法興王
△金　武	新州軍主	眞興王
△居柒夫	伊　湌	眞智王
△弩里夫	上大等	眞平王
△首乙夫	上大等	同　上
△思　眞	伊湌	善德王
△眞　珠	沙湌	同　上
△金仁問	波珍湌	眞德王
△品　日	大幢將軍	武烈王
△竹　旨	貴幢摠管	文武王
△眞　福	上大等	神文王
△元　宣	大阿湌	孝昭王
△孝　貞	伊湌	聖德王
△金　順	伊湌	惠恭王
△廉　相	伊湌	同　上

(2)　三國遺事の記載

西紀一年(?)頃より同七五〇年頃迄に當る年代の人名を摘錄す。

△謁平	閼川楊山村主 李氏祖	始祖 赫居世
△蘇伐都利	突山高墟村主 鄭氏祖	同上
△俱禮馬	茂山大樹村主 孫氏祖	同上
△智伯虎	觜山珍支村主 崔氏祖	同上
△祗沱	金山加利村主 裵氏祖	同上
△虎珍	明活山高耶村主 薛氏祖	同上
△金堤上	高句驪に赴きし使者	柰勿王
△朴娑覽	日本に赴きし使者	同上
△鼻荊	鬼神を役せし人	舍輪王
△朴夙清	波珍飡	神文王
△竹旨郎	副帥	孝昭王
△弓巴	俠士	神武王
△處容	東海龍子	憲康王
△居陁知	軍士射手	眞聖王
△未尸郎	國仙	眞興王
△努肹夫得	佛教信者	聖德王
△怛々朴々	同上	同上
△一伐	將軍	柰解王
△勿稽	同上	同上

以上主として新羅の古代人名を拔記せり。其人名に宛てたる漢字は借音多かるべく。中には姓と名となるや。名のみなるや、不明のものもあり、また敬稱と混一せる者もあるべく。歷史紀年の繰上もあり。史筆の修飾もあるべく。是を以てしては朝鮮古代の姓名の樣式を歸納するを得ず。

史記の朴阿道の如きは、妃を朴氏としたる關係より故らに朴姓を冠したりとも見られ。異斯夫、居柒夫の金姓なるは、王姓の金たる關係より、延ひて金姓に作りしとも考へらる。また遺事の金堤上は史記には同一人を朴堤上とせる等、史筆齟齬の痕を見るべし。唯名の末字に智又は知の音ある文字を付せる者多きは一の定型と見るべく。此事後段第六章に說きたり。

（3）　支那古典の記載

西紀前一二〇年頃より後、五〇〇年頃迄に當る年代の人名を摘錄す。

△南閭　『漢書』……天朔元年の秋、東夷薉君南閭等口二十萬人降る……。

△王調　『後漢書』……韓に三種あり。馬韓、辰韓、辨辰……建武二十年、韓人廉斯人蘇馬諟等樂浪に至り貢獻……。（廉斯邑名）

△廉斯鑡　『三國史』……魏略に曰ふ……王莽地皇の時に至り、廉斯鑡、辰韓の右渠師となる……。

△餘句　『晉書』東晉簡文帝、咸安二年……百濟王餘句を拜して、鎭東將軍樂浪太守と爲す。

△餘暉　『同上』光武帝大元十一年、百濟王王子餘暉を以て、百濟王とす……。

△餘映　△餘毗　『梁書』晋の義熙中百濟王餘映。宋の元嘉中同王餘毗使を遣はして生口を獻ず……。

△荷知　『南齊書』大祖建元元年……加羅王荷知來獻す……。

△餘映　『宋書』義熙十三年に百濟王の名として出づ。

△餘慶　『同上』大明三年に同上。

△贊首流　△沙法名　△解禮昆　△木干那。『南齊書』永明八年に、百濟將軍の名として出づ。

支那の古典には馬韓、辨韓、辰韓、濊等に關する記事の分量相當に多く出であるも。其割合に人名の記載甚だ鮮なし。

(4)　日本古典の記載

西紀前三三年頃より、同後六二〇年頃迄に當る年代の人名を『日本書紀』より摘錄す。

△蘇那曷叱知《ツナカシチ》　崇神天皇六年に來朝せし任那の使者。

△天日槍《アマノヒホコ》　垂仁天皇三年に來朝せし、新羅の王子の名。此名『古事記』にも出づ。

△汙禮斯伐《ウレシホツ》　△毛麻利叱智《モマリシチ》　△富羅母智《フラモチ》　神功皇后攝政五年に來朝せし新羅の使

者。

△微《ミ》叱《シ》許《コ》智《チ》伐《ホツ》旱《カム》　右年代より以前に來りし新羅の質子。

△眞《マ》毛《ケ》津《ツ》　應神天皇十四年に貢せし百濟の縫衣工女。

△阿《ア》直《チ》岐《キ》　同十五年に來りし百濟の使者。

△莫《マク》古《コ》解《ケ》　△古《コ》爾《ニ》解《ケ》　顯宗天皇三年の記事中にある百濟の將軍。

△洲《ツ》利《リ》即《ソ》爾《ニ》　△姐《ソ》彌《ミ》文《ブン》貴《キ》　△木《モツ》劦《ケウ》不《フ》麻《マ》甲《カフ》背《ハイ》　繼體天皇の七年に來朝せし百濟の使者。

△段楊爾　同上百濟の五經博士。

△彌《ヤ》騰《ス》利《リ》　同二十三年に來朝せし百濟の使者。

△伊《イ》叱《シ》久《ク》禮《レ》智《チ》　同上の記中にある新羅の上臣。

△己《ク》洲《ス》己《コ》流《ル》　安閑天皇元年に來朝せし百濟の使者。

△鼻《ビ》利《リ》莫《マク》古《コ》　△木《モツ》劦《ケフ》眛《ヘイ》淳《ジユン》　欽明天皇二年の記中にある百濟の人名。

△眞《シン》牟《ム》貴《キ》文《ブン》　同上四年に來朝せし百濟の使者。

△沙《シヤ》宅《タク》己《コ》婁《ル》　△木《モツ》劦《ケ》麻《フマ》那《ナ》　△木《モク》尹《イン》貴《キ》　同上の記中にある百濟の人名。

△眞《シン》慕《ム》宣《セン》文《ブン》　同上八年に來朝せし百濟の使者。

△怒《ヌ》利《リ》斯《シ》致《チ》契《ケ》　同十三年、同上。
△彌《ミ》至《シ》己《コ》知《チ》奈《ナ》末《マ》　同二十一年に來朝せし新羅の使者。
△久《ク》禮《レ》叱《シ》及《キフ》伐《ホツ》旱《カム》　同二十二年、同上。
△枳《キ》叱《シ》政《サ》奈《ナ》末《マ》　敏達天皇八年に來朝せし同上。
△竹世士　推古天皇十八年、同上。
△首智買　同上任那の使。
△北叱智　同十九年に來朝せし新羅の使者。
△親智　△周智　同上任那の使者。

以上人名の中には敬稱、官名等も混淆せるものあるも。古代朝鮮に於ける人名の眞實を比較的に多く傳へたりと考せらる。

要之するに以上日支鮮三國古典の記載のみを以てしては。唯固有の古俗名を稱へたりと云ふことゝ。百濟の數姓以外には、支那樣式の姓名無かりしを知るの外に出でざるを遺憾とすべし。

新羅古代の人名に付ては二三學者により考證を試みられし者あり。中には傾聽すべき者もあれど。何れも個々のものなれば、玆には是を引照せず。

第二期　漢字を用ひて在來の族名を表示すると共に、名も亦漢樣化せんと試みし時代。

秦の亡民の投入、漢の四郡の設置、引續いて其後に於ける。半島と支那中央部竝接壤地との接觸交渉に於て。彼が文化の被及を受け、彼が風習の傳來ありしとするも六朝の前に於ては、社會進化の階段に於て兩者の間に著しき徑庭ありしを以て姓名の樣式迄も、直ちに模倣する程には影響を蒙らざりしと觀るべく。また古代の東流移住者にして。其本來の支那式姓名を、一千五六百有餘年以上連綿として持ち傳へたる者ありしと云ふ事は。史學上よりも、また事實に於ても、是を認むるを得ず。此點に付て然か有りしとして記述せる朝鮮の古典竝譜書の文字は。唯傳說若くは史筆の囚はれ、或は粉粧としてのみ觀照すべきものとすべし。

古代式族名を漢樣式に改めんとする試みは。新羅よりは遙に早く支那・文化に接觸したる百濟に於て最初に行はれたり。『北史』の記載は其重要なる資料たり。同書東夷傳百濟國の部に……國中大姓有族、沙氏、燕氏、劦氏、解氏、眞氏、國氏、木氏、苗氏……とあり。また王姓餘氏とあり。

『隋書』は眞を貞に『唐書』は眞を貞に作れり。眞を正しとす。『翰苑』殘帙に引ける括地志には苗を苩に『隋書』には苩に作れり。苩を正しとす。また木と劦とは。木劦の複姓を二字に誤り分ちしこと確實なるべし。

右の八姓を試みに古典中より拾錄すれば

△沙氏			
沙伴	仇首王長子		三國史記
沙豆	左將	阿莘王	同上
沙烏	達率	武寧王	同上
沙若思	內臣佐平	文周王	同上
沙乞	將軍	法王	同上
沙吒	大佐平	濟末	扶餘在唐平百濟碑文
沙法名	將軍	東城王の時に當る	南齊書
沙宅己婁		聖王の時に當る	日本書紀
△燕氏			
燕信	叛臣	三斤王	三國史記
燕實	兵官佐平	聖王	同上
燕會	將軍	聖王	三國史記
燕文	扞率	法王	同上
△解氏			
解婁	大輔扶餘人	東明王	三國史記
解須	上佐	腆支王	同上
解丘	兵官佐平	同上	同上
解忠	達率	同上	同上
解仇	佐平	文周王	同上
解明	武將	武寧王	同上
解讎	佐平	法王	同上
解禮昆	將軍	東城王の時に當る	南齊書
△苩氏			

苩加	佐平	三斤王	三國史記
苩奇	達率	法王	同上

△木劦氏

木劦滿致	重臣	蓋鹵王	三國史記
木劦不麻甲背	使者	武寧王の時に當る	日本書紀繼體紀
木劦昧淳	使者	聖王の時に當る	日本書紀欽明紀
木劦麻那		同上	同上
木劦今敦	使者	同上	同上
木劦施德文次	同	威德王の時に當る	同上

△眞氏

眞會	右輔	多婁王	三國史記
眞之	大輔	同上	同上
眞果	武將	蓋鹵王	同上
眞忠	右輔	古尒王	同上
眞勿	左輔	古尒王	三國史記
眞可	內臣佐平	同上	同上
眞義	內臣佐平	比流王	同上
眞淨	朝廷佐平	近肖古王	同上
眞高道	內臣佐平	同上	同上
眞嘉謨	達率	辰斯王	同上
眞武	左將	阿莘王	同上
眞男	佐平	三斤王	同上
眞老	兵官佐平	同上	同上
眞虎	甄萱の外甥	新羅末	同上
眞毛津	任那の縫女	古尒王の時に當る	日本書紀應神紀
眞牟貴文	使者	聖王の時に當る	日本書紀欽明紀
眞恭宣文	使者	同上	同上

△國氏　無し

百濟の王姓に付ては『三國史記』には始祖高溫祚の項に……其世系高句麗と同じ

く扶餘に出づ。故に扶餘を以て氏と爲す……とあり。『周書』には百濟王姓夫餘とあり。『晉書』『梁書』『魏書』には、王の姓を餘とし。『宋書』『隋書』には、余と扶餘との二樣に出で。『日本書紀』には餘又は余と出で。『三國史記』腆支王の內臣佐平に餘信あり。新羅武烈王の時に建立せし、扶餘の唐百濟を平げし碑文中には。百濟王を扶餘義慈。外王餘孝とあり。右は外國に對しては扶餘の複姓を高尙ならずして一字姓の餘として稱したるか。史の略書なるか、また二樣にありしかは明かならず。余の字は餘の略字たること明かなり。

以上に記せし百濟に於ける八姓國姓の者は高麗朝に至つて初めて史上に出づは扶餘族固有の族名を漢風に飜案せること、推定せられ。其樣式の整へること新羅古代人名と一段の差あることを見るべし。而し其飜案には支那漢族以外の土族が固有名稱を漢字姓に改めし例より觀て。漢字に借音表現せし二字以上のもの。同上の頭一字を取り用ひしもの。或は訓義に譯せし者等の別ありと雖も。百濟の姓は其何れに依りしかは今日より是を知ること難し。

此姓の變更を試みしは王室と之を圍繞せる貴戚重臣の徒黨に限られしこと前揭の如し。猶右八姓の外に『三國史記』には、乙音、屹于、莫古解、豆知、優永、因支、王辯那、祖彌桀取、黑齒常之。『日本書紀』には姐彌文貴等の姓名あるを見る。

朝鮮に於て最古く由緒の明かなる。此等百濟の姓は其國の滅亡と共に解消して傳はらず。『世宗實錄』地理志。『東國輿地勝覽』『增補文獻備考』其他朝鮮の文獻に右十數姓を揭げあるは。各書其編著の當時悉く其姓の存したるに非ずして。唯古典の記載を收錄したるものなり。また中間の文獻に燕、眞、沙、扶餘、餘等の姓の人の存在を記せるものあれど。百濟系なるや否は明かならず。現今に於ては右古姓の中燕余の二姓のみ實在すれど。是を百濟の傳統なりとする證無し。

（參　考）

百濟の諸姓が支那の姓の襲借に非ざることは

木劦、祖彌、苩扶餘等の四姓は支那の文獻に出でざる姓なり。余は南北朝に余齊民あり。餘は春秋吳に餘祭あり、後燕に餘崇あり。解は漢に解延年あり、後漢に解奴辜あり。晋に解系、解修あり。眞は漢に眞武あり。後漢に眞慶あり。燕は孔子の弟子に燕伋あり。沙は唐に沙吒利あり、其前には無く、何れも最も鮮なき姓にして、皆優族には非ざること之を證すべし。

次で新羅に就て古姓を檢討せんに。『三國史記』『三國遺事』に記されたる、新羅金、朴、昔三姓始祖說の如きは、何れの國の開闢說にもある如き神話の領域に屬し、史としては承認すべからざるものにして。『世宗實錄』地理志に右三姓を天降姓としたるを適當とすべし。駕洛の始祖の金姓說の如きも亦同じ。其神話と歴史の接觸點に付ては大に攷究を要すべきものあるなり。唯『三國史記』法興王十九年(西紀五六年)出たる金官國主金仇亥の金姓の如きは。史學上より承認し得べきもの丶一なるべし。

新羅は國の成立新らしく支那文化の吸收攝取高句麗、百濟よりは遙に遲れたるを以て。其姓氏に付ても他二國とは趣を異にせる者あり。『梁書』新羅傳によれば：：宋の時新羅と曰ふ、或は斯羅と曰ふ。其國自から使聘を通ずる能はず。普通二年(梁武帝西紀五二一年)王募名は秦(法興王に當る)始めて使を使はして百濟に隨つて來る……文字無し、木を刻んで信と爲す。語言百濟を待つて而して後通ず焉……とあり。試みに朴、昔、金三姓に就て詮索するに。『三國史記』の新羅に關する敍述は、新羅の古記錄を資料として高麗に於て金富軾の手に於て編纂したるものにして。其新羅の史料も旣に羅末の學者の手に依つて修飾粉裝せしものと推定せられ。猶新羅系貴族の末裔たる編者の手に於ても、更に相當按排を加えられたる者あるべく。此書の右三姓に關する上代の記載は考據とすべからず。是を支那の史籍に見るに『北齊書』世祖河淸二年(西紀五六四年)に新羅王金眞興を冊したる記載あり。『隋書』新羅傳に……其王は本と百濟の人、海より逃れて新羅に入る。遂に其國に祚を傳へて金眞平に至る。開皇十四年(西紀五九四年)使を遣はして方物を貢す……とあり。『新唐書』に……王姓金、貴人の姓朴氏。民に氏無く名有り……とあるものを。古き新羅の支那樣式の姓の記載としての確實なるものと認むべし。

『日本書紀』には孝德天皇大化三年に、新羅の使者として、金春秋、金多遂の名出で。次で天智天皇七年に、金東嚴の名出でたるを。日本の古典に支那式姓名として新羅の人名の現はれし最初のものとす。

是を朝鮮の金石文に就て考するに。彼の有名なる眞興王(西紀五四〇年より五七五年まで)年代の境土擴張竝巡狩の紀念、黃草嶺、北漢山、昌寧に發見せられし三碑中の石刻人名中。黃草嶺碑に法藏、慧忍の如き僧名ある外は。居七夫智、俊智、内夫智、麥夫智等等の在來式土名のみにして。此等の人は何れも當時の大官、上流者のみなるに支那式姓名は一も是れ無し。慶州甘山寺彌勒菩薩造像記(西紀七一九年)に、金志誠の名あり。同寺阿彌陀如來造像記(西紀七二〇年頃)に金志全、慶州聖德王神鐘銘(西紀八四三年)に金騤源、金弼奚、金邕、金良相、朴韓味等の名あるを、支那式姓名の石文にある最も古きものとすべし。

以上に述べたる史籍金石文により、此三姓は餘りに古きものに非ざることを知り得べく。古き氏族名を或は尊稱名を、漢樣式に飜案して稱したるか。或は又何等かの緣由に據り、創造せしかは。未だ遽かに斷案を下すを得ずと雖も。右三姓は、支那の同一姓とは何等關聯無きこと丶。それが當代の名門雄族たりしことだけは認め得べし。

（參　考）

昔姓は『風俗通』に邑名、周の太夫昔に封ぜらる、因つて氏とす焉。朴姓は板楯の七姓蠻に此姓ある外に無し。金姓は『風俗通』に少昊金天氏の後とあり。『前秦錄』に錢鏐の嫌名を避け、劉姓の者金と稱せしこと出づ。

猶注意を要すべき點は、新羅の王たる朴、昔二姓の『三國史記』の中期以前の記載は唯王姓としての表示、若くは王妃の姓の表示としての記事以外に多く現はれざるは。縱令其書總體の記述が甚だ簡潔なりとするも、猶鮮きに失するを異とすべく。是を『三國遺事』の記載と併せ見るも。朴堤上、朴沙覽、昔諦奈麻、朴夙淸等等指を屈するに過ぎず。まだ昔姓の者が中期以後顯門として現はれざるは。『新唐書』の記載に：：王姓金、貴人の姓、朴とあり昔姓を擧げあらざることに一致し。是また奇とすべく。金姓に付ては王姓としての外には『三國史記』に、眞興王時代に新州軍主に金武、武烈王代に伊飡に金剛、惠恭王代に伊飡に金順、侍中に金隱居等に過ぎざるは上代三姓の實態と史筆の關係を考ふべく一着眼點なりとすべし。

猶、昌原鳳林寺眞鏡大師（眞聖王時代の人）塔碑文に。大師諱は審希、俗姓新金氏とあるは。金氏に新舊二派ありしを想はしめ。駕洛の金氏と、之を亡したる鷄林金氏との經緯、而も姓稱に關する經緯を考ふべく。意を注ぐべき、文字なるべし。

第三期　唐の姓名に倣ひ其變更を試みし時代竝其仕事の完成せし時代

新羅の一統前後より、所謂夷變華倣すべく。萬事唐の文物輸入に汲々たりしこと。恰も我維新當時に歐化思想の横溢せし如きものの有しなるべく。眞興王の時、金春秋の唐より歸國後、男子衣冠の唐樣化。文武王の時女服の唐風採用。景德王より興德王の間に於ける制度の唐式實行。景德王の地名を大變改して支那風化したる等は社會的變遷として一エポックを劃せるものと謂ふべく。斯る雰圍氣の裡に在つては、人の姓名も亦例外たる克はざりしなるべし。是より前既に其唐化は行はれ、其動機は、冊封を受くる爲めに、或は入唐の必要より。まだ好奇趨新より爲せし者もありしなるべし。されど因襲は容易に捨て難きものなれば。人耳に奇異に響く新樣人名は社會上に通用せずして。其數の多からざりしを推察す。然るに唐化の機運熾烈に勃興するや、滔々として競ふて其新樣に趨りし事に想到す。それ等の經過は史の記載甚だ簡單にして詳細を悉くすを得ざれと六村賜姓説の如きは、此間の消息を見るべき有力なる史料なるべし。

『三國史記』新羅本紀、儒理尼師今五年に……六部の名を改め、仍ほ姓を六部に李、崔、孫、鄭、裴、薛と賜ふ……とあり。時は後漢光武帝建武八年、西紀三三年に當る。此時代新羅の國稱すら無し。また一般の社會が姓を尙ぶ迄に發達せりとは考えられず、まだ其巨室が姓を賜ふと云ふ、支那帝王と同一の感覺ありしとは、到底信ずるを得ず。假りに此記事を何等かの附托とし且年代を繰下げて考ふるも。此六姓は當時の雄族と觀ざるべからず。果して然らば其賜姓したりと云ふ年代以降其姓の人が顯出すべき筈なるに。左記の如く寥々なり。而して伐休王柰解王時代の薛姓二人を除く外は遙かに賜姓の年代より五六百年の後に至つて現はれ羅末に至るに從ひ其數を增加せり。

△李　景德王の時李純あり、景哀王の時李儒あり。

△崔　憲德王の時崔雄、景文王の時崔賀あり。

△孫　神文王の時孫文あり。

△鄭　閔哀王の時鄭年あり。

△裴　聖德王の時裴賦あり。

△薛　伐休王の時左軍主に薛支あり。奈解王の時、腰車城主に薛夫あり、神文王の時薛聰、眞平、王の時薛罽あり、薛氏の女あり。文聖王の時薛烏儒あり、武烈王の時國士博士に薛因宣あり。

右の六姓は何れも唐代の名門、大族、隴西の李氏、淸河、博陵の兩崔氏、樂安の孫氏、榮陽の鄭氏、河東の裴氏、同上の薛氏に必當すること、旣に稻葉博士の着眼考說あり。亦以て唐化思想の大勢を察すべく有力なる一資料なるべし。此賜姓說は恐らく新羅末に於て其學者の手によつて傅會作說せられたりと斷ずべく。事實中葉以降此の唐の大姓に模倣作姓せし者多かりしを語るものなるべし。

憲康王二年に建立し、其碑文崔致遠の筆に成りし。河東雙谿寺眞鑒禪師の塔碑に。禪師の俗姓を崔氏。其先漢族。とあるは、六村賜姓說と比べ見て、研究に價値ある文字なるべし。

新羅姓名の支那樣式化の工作は其の末期に於て稍や完成したることは。左の例示により知るを得べし。

高麗太祖創業功臣の姓名『高麗史』所載。

金行濤　黔　剛　林明弼　崔　汝　堅　衎△
朴仁遠　金言規　康允珩　歸　評△　林　曦
陳　原　閻　萇△　林　湘　姚仁暉　香　南△
能　惠△　申　一　能　駿△　孫　迥　秦　勁
曦　弼△　權　寔　國　鉉　倪　言△　曲　矜△
崔汝堅　金　堙　英　俊　劉吉權△

右多少の朝鮮固有色を帶べるあり。△符の如きは、在來名を二分して上一字を姓としたるか。或は原從功臣には卑賤出身あるを例とする者なれば、姓無く名のみを擧げたるが其解釋に惑ふものあり。まだ能惠、能駿の如きは本と僧出身にして、僧名其儘を用ひしかとの疑あれど。大體に於て支那樣式人名に革めたるを觀取さる。

爾來高麗朝の中期以降、學問の奬勵、支那文化の浸潤により、姓名も層一層整頓せられ。特に縱系竝排行に一定の命名法を用ゆる風行はれてより。一層好文字を撰定せしこと。冠名の項に述べたる如く、以て近代に迨べり。

第三節　一般庶民

第一目　總說

上古より近代迄、朝鮮の庶民階級は、貴族士人とは全然別箇の存在たりしこと恰も內地の昔に於ける王朝時代と同樣の狀態を續け來れるが故に姓名の表示と其變遷に付ては。士人とは大に趣を異にせるものありしなり。畢竟古に於ては何れの國に在ても、貴族の氏稱は其一族の榮譽權とも謂ふべきものにして。庶民は此れと名を騈べ兢ふことを得ず。新羅の昔時に於ては『新唐書』に記せる如く、……民に名有つて氏無し……とある如き實狀なりしならむ。李重煥の『擇里志』には……我國寧んぞ士大夫有らんや。中原は五胡裔外を除き皆聖賢帝王の後、堯舜文武周孔の法制を修む。之を眞正の士大夫と爲す、乃ち我國の士大夫は皆本國人の苗裔のみ。我國は中原の外に處り、禹貢錫土の時に參するに及ばす、乃ち一東夷也。但だ箕子の後を鮮于氏と爲す。高勾麗を高氏と爲す。新羅の諸王、朴、昔、金三姓及駕洛の國君金氏は倶に王者を以てし、自から其姓を命ず。然して只仕宦の士族略ぼ之れあり。民庶は皆有る無き也。高麗に至つては、三韓を混一して始めて中國の氏族に倣ひ、姓を八路に頒つ。而して人皆姓あり……とあり。右圏点の部は實に要を得たる敍述なれど、後段の文は實を盡さざるものあり。新羅の末葉に於ても庶民に姓有し者も多少あり。高麗に至り王命により姓を八路に頒ちたる史實無く。此時に於て人皆各姓ありしに非ず。却て反對に庶民に姓無き者の多かりしこと後段に記すが如し。唯其庶民の姓無き者が年代と共に漸々減少せるのみなり。

高麗以來の典籍文記等に徵するに。庶民の姓名は大體左の四樣式に區別する事を得べし。

一、姓名共に兩班と同じく支那樣式のもの。即康允紹、白善淵、金英甫、朴春得等等の如し。

二、姓のみ(以下李朝の例)支那樣式にして、名は在來式土名を用ひしもの。即金介老味、崔小岩、尹介米致等の如し。

本項の土名を用ひし者の中には。兩班の名字に使用せざる朝鮮の俗字。乭釗、荕茈等の文字を充てし者多數にあり。或はまだ漢字の中に諺文を混へし者もあり。それ等は後段兒名の部に詳說せり、參照すべし。

三、姓無くして名のみの者。其名は兩班式のもの。即貞順、義謙、豆休、莫玉、廉長、孝德、萬年、甲得、英甫等等の例の如し。

四、前項に同じきも其名在來式土名を用ひし者。卽今音山、芿叱同、吾乙未等等の如し。

本項一、二の土民の姓の中には、斤、今（金に）於、白、施等名の頭字を取り、名を二分して、其姓としたりと考察すべき者も混淆せり。また名に付ては兩班の名と異なり。音義によらず、訓義によるもの甚多し。それ等は兒名の項に詳說せり、併せ見るべし。

如何なる原因により又は情勢により、以上の如く前揭四項別の如く岐れたるかに付ては。別に確たる原因ある無く。只中華模倣途上の未成品、又は支鮮折衷の成り行き作品と見做すべきが如し。

李朝に至つて―特に後期に―庶民の姓ある者を增加し。其姓名も兩班式の風ある者多き傾向を生ぜるは。蓋し以下に述ぶるが如き原因に基くものなるべし。

一、李朝に於ては儒教を以て立國の要義とせしより麗朝よりは一層學問も隆興し。文化も一段と向上して、其幾分は庶民階級に染潤したること。

二、號牌竝（一般人が姓名を記し腰に帶ぶるもの）戶籍式年の制度（每三年一回調査成册す）等の實施による刺戟が與つて力ありしこと。

三、壬辰役後、人口の移動と籍帳の亡失（奴婢案戶籍兵籍臺帳）により、身分不明となり。庶民の中に身分の僭稱者多かりしこと。

四、壬辰役中政略と功勞により、庶民を破格拔擢任用したる者多く。それ等が兩班式姓名に改めしこと。

五、一旦兩班となれば徭役を免がるゝが故に。紀綱の紊亂と共に。種々の手段を弄し兩班を冒稱する者多く。それ等は皆兩班式姓名に變更したること。

六、古籍帳竝野史によれば奴婢の逃亡者甚多し。此等の者、他地に定着し、其踪を晦すべく、姓を改稱したる者もありしこと。

七、黨爭其他により兩班の零落し、又は韜晦し庶民に伍したる者、犯罪により刑罰として庶民に貶されし者も多かりしこと。

八、社會の進步により庶民の中に於ても、生存上兩班式姓名の必要ある者を生じたること。

右の外近代に於ては、李太王甲午の改革は。庶民の姓名に影響を與へたる一原因なりとすべし。其時尙閥を打破して、從前の如く門地黨派に由らず、才能ある者は廣く用に任ずる旨の敎書を發せられたり。玆に於て任用に與からんとする者にして姓を作り或は姓名を高尙に變更したる者も多かりと傳ふ。

第二目　庶民以下の姓の有無の比例

再說す古代に於て庶民に姓ありしや否の問題に付ては。此地の人士中に於て、悉く姓有りしと說く者多く、また之と反對に內地の學者中に全部姓無かりしと說ける者あり。兩說何れも當らずとすべく。是を高麗以來の石文典籍文書等に就て詮索するに、其姓有し者と無かりし者との割合の大體は以下に記すが如し。

(1)　高麗時代の石文文書の所載

一、聽敏(鐵匠令)。香淵。奐規(以上二鐵匠)。公萓。貞順。宣乂。義謙。豆休(以上在家弟子)。高麗太祖二十二年建京畿砥平大鏡大師塔碑文。

二、仍乙希(石匠)。同光宗二十年建京畿驪州高達寺元宗大師塔碑文。

三、仍尸依(石匠)。富烏(鐵匠)。同光宗時代建忠淸延豐覺淵寺通一大師塔碑文。

四、廉長。順行。宣金。德貞。其豆。昕京。位剛。佋平(以上庶民の人名と推定せらるゝ者)。顯宗元年建慶尙醴泉開心寺石塔碑文。

五、光顯(郡百姓)。作隣(兵士)。會文(鐵匠)。信貞(柒匠)。居等達(鍮匠)。稟柔。應律。肯禮(以上三副戶長)。或長(樂人)。德積(奴)。嵩嵒。或萁(以上二隊正)。新達、男。吉奉、男。志興、郎。

右姓無き者にして庶民階級と思料せらるゝ者。

李元敏(仁勇校尉)。柳瓊(戸長)。金甫(副戸長)。成允(戸正)。

右姓ある者にして士人階級と思料せらるゝ者。

戒仁。助高。乭明。阿召。廉富、女。用德、女。金、富多支。金、漢多支。金、助烏。

右女名階級不明なれど、姓無き者は庶民階級。姓有る者は士人級なるべし。

高麗顯宗二十二年、慶尙、漆谷郡若木淨兜寺石塔造形形止記(總督府博物館藏)。

以上大體に於て庶民に姓無き者多かりしを知る。

(2)　太祖より宣祖迄の歷代實錄の記載

一、常民には、忘金、浪得里卜、石乙德、加都知等等の如き姓無き者稀に出づ。

二、奴婢には、實仇知、每邑同、水山、小古末、莫同(以上奴)。英生、仇亇、燕脂(以上婢)等の姓無き者甚多く。稀に鄭龍、朴於乙伊、李亡吾、安莫同、丁亇同(奴)等の如き者出で。婢には姓ある者奴よりも著しく鮮なく。極めて稀に金小斤、朴花同生の如き者出づ。

三、奴婢よりも猶下層に位せし白丁には、李牛知與、朴吾乙末、毛乙乎里、於乙非等の如く、姓ある者と姓なき者出で、總體に奴よりは姓ある者多し。

(3)　東國輿地勝覽の記載

本書は前項實錄よりも猶、庶民の記載甚だ鮮き古典なるが。其中に旌表せられたる庶民の孝子節婦中姓有る者もあれど。また、有今、干年、多勿、植培（以上孝子）四月、内隱伊、玉今、玉只（以上孝女節婦）等の姓無き者出づ。

（4）　萬暦年間安州、龜城鎭管編伍冊（兵籍臺帳）の記載

庶民には姓有る者多く。中に點々往論石、守於夫松、凍天己等の姓無き者も出づ。奴には岩回、佛同、小斤同、黃伊等の如く姓無き者多く。間々洪亡龍、金叱同の如き姓ある者も出つ。

（5）　宣祖三年慶尙道山陰縣籍帳、及同十八年同道蔚山府籍帳の記載

常民には吅（嚴の略字）献、仇多音沙里、福岡、汗卜等の姓無き者あり。一般に姓ある者多し。奴には姓無き者多く、間々朴貴年、金斤等の姓有る者あり。海尺には姓無し。

（6）　肅宗以降の蔚山、大丘の籍帳、英祖以後の尙州の籍帳の記載

大抵前項と同じきも、漸次姓無き者の數を遞減して。李太王元年の籍帳には姓無き者無し。

以上により其大體をトすることを得べく。割合に一般庶民以下に姓の普及したるを看る。されど隆熙二年（明治四十一年）民籍法施行の際、姓の無かりし者も相當の數に上り。其當時姓を作りし者ありしは、該事務を管掌せし編者の實驗したる所なり。猶

其證左として具體的に二、三の實例を擧示すれば。忠南靑陽郡内某農民の吳、朱、宋の姓は其時に作りしもの。平北慈城郡内の姜、梁、玄も亦同一のものなり。また全北鎭安郡内には其當時姓無き者に對し。警察より姓を命ずる際本人の希望により其出身地の門閥に擬し。全州生れの者は李、慶州方面生れの者は崔、金等の姓を作りし事例あり。（以上三は各其管轄警察署の調査による）猶精査せば此類各地にも多かりしを推定す。

玆に一言附記すべきは。右の姓無かりし者の中には。昔は姓有りしも是を忘失したりと申出し者もありし一事なり。亦以て庶民が姓と云ふものに無關心にして、之を役立てるに意義なかりし一面ありしを知る。

(6)　庶民に姓ありし者の據典

高麗朝（高麗史）

△崔　老	開城坊民	顯　宗	△白善淵	官奴	毅　宗
△孫順興	求禮縣民	成　宗	△金　提	鞋工	元　宗
△車　達	雲梯縣民	同　上	△康允紹	家奴	同　上
△鄭康俊	延日縣民	同　上	△李　貞	賤隷	忠烈王
△崔　幸	軍卒	睿　宗	△金英甫	金箔工	忠宣王

△裴佺　婢の子　忠宣王　△權金　淮陽縣民　恭讓王
△孫埼　商人　忠肅王

李朝前期（李朝各代實錄日記）

△金夫介　永興縣民　太祖　△李石他乃　白丁　成宗
△李夫介　盜　同上　△朴吾乙末　白丁　同上
△金小斤　官婢　太宗　△金花同生　私婢　明宗
△金奴介　寧越の民　同上　△尹介米致　常民　宣祖
△吳今音山　光州の民　世宗　△林巨叱正　白丁盜　同上
△申乭伊奴　奴　同上　△洪亡龍　奴　同上
△朴於乙伊　大君の奴　端宗　△宋於叱同　常民　同上
△金所乙　司直　世祖　△康仇智金　白丁　同上
△黃伊叱介　奴　同上　△姜叱山　白丁　同上
△金石盧乃　常民　同上　△金文林介　常民　光海君
△羅莂叱同　常民　同上　△鄭介叱　逆賊　仁祖

本節の終りに特記すべきは。新羅以來の貴姓とせし金、朴。續いては權、李、崔、鄭等の名門閥族の姓を。高麗朝以來―或は羅末以來？―庶民賤人に於て呼稱することを認容せし一事にして。是を內地の昔と比較するに。王朝より室町覇府に至るまでの時代に於て。其各代の貴姓たる藤原、源、平、北條、足利等を血統の關係無き者が名乘ることは。容易に認容されざりしこととの風習の差異なり。

日本に於て姓氏の紊れたるは、應仁以後のことにして。『史籍集覽南海治亂記』に……秀吉公天下を制するに至りて國々の古制も咸く廢りて新法行はる。人物部類上中下の分ある事も此時より廢れり。上代には其の戸を僞り、其祖を易ふる者には罪あり。奴婢功あつて其主人より名字を許さるゝ事あり。又凡民の俊秀なる者、佗人の姓を乞ふ事あり。私に名字を作る事は不成もの也。近隣の人之を糺明する故也。王制の衰ふる故に、凡人にて作り名字を爲す。秀吉自から木下藤吉郎と云ひ、羽柴筑前守と云ふが如し。是を手本として作り名字をなし。又它姓を奪ひて己が氏とすれども、世之を咎むる人無し。王化の衰ふること、淺ましき事なり云々。……とあるが如し。

朝鮮に於ては、金海金氏、慶州李氏と謂ふ如く。庶民賤民が兩班の氏稱を名乘ることは許認されざりしも（第二編第七卷參照）。單に金、李、崔、朴と云ふ如く兩班との同姓を名乘ることは毫も支障無く認容されたり。彼是此の風習の差異は蓋姓の本質と姓の歷史的差異に由るものなるべし。

第四節　姓名の異例

(1)　蒙古式姓名

高麗忠烈王の時代より蒙古の威力高麗を壓して、遂に其附庸となるや。歴代蒙古の公主、王、女を尙せられ。王以下開剃して蒙古の服を纏ひ。宮廷には蒙古語を使用する等、蒙古化の氣風甚しく濃厚となり。王以下大臣等蒙古の姓名を用ゆるに至れり。卽ち左の如し。

△益智禮普化　忠宣王
△塔兒帖木兒　忠宣王の子德興君
△仕伯顏禿古思　閹人忠宣王の時人
△阿刺訥忒失里　忠肅王
△哈剌帖木兒　忠肅王の時の臣蔡河中
△普塔失里　忠宣王
△帖木兒不花　崔濡、忠宣王の時の人
△伯顏不花　奇轍忠宣王の時の人
△賽因帖木兒　奇轍の弟忠宣王の時の人
△八思監朶兒只　忠穆王
△延思監朶兒只　忠定王
△伯顏帖木兒　恭愍王
△朴不花　恭愍王弟

以上『高麗史』による

右の外、元の順帝の妃となりし奇氏の如きは、肅良哈、完者勿都と先方に於て蒙古の姓名に變更せり。如此先方にて改姓名せし者、男女共相當に多かりしなり。また李朝太祖の股肱の臣に、童吾魯帖木兒（後李原景と改む）あり。（童は女眞姓）其外史に漏れたる、蒙古式姓名を用ひし者多かりしなるべし。而して此名稱は衷心より好んで用ひしに非ず。時勢順應に出でしものなれば。蒙古の勢力衰退するに及び。恭愍王の時代頭髪の開剃を禁じ。狄風を一掃せし前後より、自然解消に歸せり。

(2)　女眞式姓名

李朝太祖の功臣たる佟豆蘭（後に佟を李と改む）の如きは純然たる女眞の姓名也。凡そ高麗の初期より李朝世宗の頃迄は北東の地は女眞の勢力と相出入して彊域判然たらざりし時代あり。此時それ等地方に住せし女眞人の本來の姓氏を稱せし者多かりしなるべく。また李朝中葉以後、鴨綠江沿岸廢四郡の地に潜入居住せし女眞人も亦同樣たりしなるべく。また愛親覺羅氏滿洲に勃興し朝鮮と事端を生ずるや。李朝仁祖の前後より先方に內應潜入せし者多數あり。此等の者此の女眞式姓名に改めし者ありたり。

以上皆國內に於ての改稱と謂ふを得ざる者なれば、玆には一々是を擧げず。

(3)　基督敎名

近代基督教の信者增加するや。洗禮の後教籍に登錄せらるゝに當り在來の名を捨て、其教名を用ゆる者を生ぜり。例へば、

△李　彼　得　　△鄭美理士　　△金瑪利亞
△康　愛　羅　　△宋　腓　立

等の如し。近來此風廢れたるも。戶籍には此種の名點々登錄せられあるを觀る。

(5)　內地式姓名

李太王の年間政變により、內地に亡命したる人士の中には。姓名を內地式に變じたる者多し。保護政治となるに及び。或は同化心より。或は好奇心より、或は爲す所あるべく。姓名を內地樣式に變じたる者あり。皆大抵庶民階級の人々にして。中には門札に票示し、名刺に印刷し。內地人との關係に於て專ら其姓名を使用せり。併合後に於ては此類を各地に生じ、特に平安道には多くして。其中、伊藤、長谷川等の姓を稱する者多かりしが。後に內牒を發して之を禁じ。何れも元の姓名に復せしめたり。現今の戶籍簿には一切斯る例無きも。內地人を妻とせる者は其妻の本名は戶籍に。金鐺浣妻大井深雪。安商鴻妻山口イソと云ふ如くに登錄されあり。事實に於ては右本人等は他人に對しては、金深雪、安イソと自稱し、名刺にも右の如くし。

社會的には夫の姓を稱せり。蓋し今日の內地人の觀念に於て、夫と姓の異なるは、正式の妻たらざる如き感あればなるべし。

また此地の人にして戶籍とは別に、種々の必要により。內地式姓名を實際に用ひ居る者。內地竝鮮內に於ても多數ありと謂ふ。

第三章　朝鮮の姓

第一節　朝鮮の姓別竝其數

昔時より今日迄、朝鮮の姓。即ち姓として使用せられたる漢字名稱ー中には朝鮮に於て造字したる幾許の漢樣字を含むーが幾百を算するか。また其姓字別に付て、正確完全に調査し記錄されたるもの未だあらず。『世宗實錄』地理志『東國輿地勝覽』『增補文獻備考』等に姓氏として揭げられたるものあり。其大體を盡しあれども。多くは士人を目標とし、且つ各書其編著の當時亡びたる姓をも收錄あり。之を以て各其當時の實數なりとは言ひ難し。右三書の外に朝鮮の姓を揭げたる者に。肅宗の時の人李宜顯の『陶谷叢說』と正宗の時の人李德懋の『盎葉記』あり。此二書比較的新らしきを以て茲に其記載を掲げ。『増補文獻備考』の記載は第二篇氏族の部に掲載することゝすべし。

（1）陶谷叢説の記載

〔著姓十二姓〕

李　金　朴　鄭　尹　崔　柳　洪　申　權　趙　韓。

〔著姓に次く者十六姓〕

吳　姜　沈　安　許　張　閔　任　南　徐　具　成　宋　兪　元　黃。

〔右に次ぐ者二十五姓〕

曺　林　呂　梁　禹　羅　孫　盧　魚　睦　蔡　辛　丁　裴　孟　郭　卞

邊　愼　慶　白　全　康　嚴　高。

〔稀姓四十一〕

田　玄　文　尙　河　蘇　池　奇　陳　庾　琴　吉　延　朱　周　廉　房

方　潘　孔　王　偰　劉　秦　卓　咸　楊　薛　奉　太　馬　表　殷　余

卜　芮　牟　魯　玉　丘　宣。

右に次ぐ者十九姓〕

都蔣睦魏車邢韋唐仇邕明莊葉皮甘鞠承公石。

〔僻姓三十八〕

印昔龔杜智甄於晋伍拓夜賓門于秋桓胡雙伊榮思邵貢史異陶龐溫陰龍諸夫景强扈錢桂簡。

〔右に次ぐ者百三十六姓〕

段彭范千片葛頓乃間路平馮翁童鍾鄞宗江蒙董陽揚章桑萇程荆耿敬甯京荀井原袁萬班員堅騫燕時傳瞿昝米艾梅雷柴聶包何和賀花華賈夏麻牛僧侯曲栢翟畢谷弓種邦凉良芳卿刑永乘登昇勝信順俊潘端鮮芊牙水彌吾珠斧甫部素附凡固台才對標肖那瓜化壽祜價尋森占汎克都翌宅直則澤綠赫册濯骨燭律物別實弼合乜喬。

〔複姓十一〕

南宮　皇甫　鮮于　石抹　扶餘　獨孤　令狐　東方　西門　司馬　司空。

以上總計二百九十八姓。

此の材料は何に據りたるか。其調査の方法は如何にして行はれたるかは明かならざれとも。全體の記載振より觀て。最も正確に近く、當時の實際を調査せしものと認めらる。

(2)　盎葉記の記載　音韻別（京城大學藤塚氏所藏本による）

同書に……今上（正宗）十三年己酉修輿覽、檢漢城府帳籍、諸姓采以韻編次、而貫鄉繁不能記……とあり。即ち漢城府の戸籍に載せられありし姓として左の如く擧げあり。

右本文に付ては疑點あり。左に掲げある四百七姓は、當時漢城府戸籍の姓數としては多きに過ぐ。本文漢城府帳籍の下に或は脫字あるべきか。

〔東姓十二〕洪　馮　公　宮　空　卯（字書無卯字俗音作묘）　工　弓　童　東　充　通。

〔冬六姓〕龍　鍾　佟　宗　邕　冬。

〔江三姓〕邦　龐　江。

〔支姓十三〕池　皮　奇　追　箕　知　司　施　伊　慈　玆　丕　蒒。

〔微二姓〕韋非。

〔魚八姓〕徐余魚諸餘廬於虚。

〔虞十四姓〕呉盧兪朱胡都蘇夫蘆虞于湖烏輸。

〔齊四姓〕齊奎鞞西。

〔佳一姓〕柴

〔灰六姓〕崔裵梅槐來雷。

〔眞十二姓〕陳申秦辛賓荀彬莘仁銀眞春。

〔文五姓〕文殷雲羣芸。

〔元九姓〕孫元門溫呑論袁恩敦。

〔寒八姓〕韓潘安干竿盤檀單。

〔刪二姓〕班間。

〔先二十一姓〕全權玄田千宣甄邊錢延連燕堅專天
芊鮮蓮先遷年。

〔蕭二姓〕姚要。

〔肴一姓〕包。

〔豪四姓〕曹高毛陶。
〔歌五姓〕河羅多阿禾。
〔麻四姓〕車花麻沙。
〔陽二十六姓〕張黃姜方梁楊倉昌王康强唐章房嘗
相莊良羗長襄商菖皇蒼陽。
〔庚九姓〕明成程平彭貞庚荊京。
〔青六姓〕靈丁邢廷青星。
〔蒸十姓〕承勝僧昇曾應氷升弘能。
〔尤八姓〕劉周秋牟仇丘由矛。
〔侵九姓〕金任林陰琴尋禁深壬。
〔覃一姓〕甘。
〔鹽四姓〕廉嚴閻占。
〔咸三姓〕南凡咸。
〔董二姓〕董孔。
〔腫一姓〕奉。

〔紙六姓〕李史水起使仕。
〔語二姓〕許呂。
〔夔八姓〕禹魯扈杜庾午堅武。
〔薺三姓〕啓米禮。
〔賄四姓〕乃采每海。
〔軫二姓〕閔尹。
〔阮一姓〕飯。
〔旱一姓〕憚。
〔潸二姓〕簡板。
〔銑四姓〕扁善軟件。
〔篠二姓〕趙表。
〔皓二姓〕好老。
〔架一姓〕果。
〔馬四姓〕馬舍夏乜（俗音作마）
〔養四姓〕蔣仰浪廣。

〔梗四姓〕景 井 秉 永。

〔有三姓〕柳 守 阜。

〔寑一姓〕沈。

〔琰一姓〕奄。

〔豏一姓〕范 範。

〔送四姓〕貢 鳳 瓮 凍。

〔宋一姓〕宋。

〔寘七姓〕智 季 異 泗 自 穗 遂。

〔未一姓〕魏。

〔御二姓〕旀（字書無旀字俗音作(며)） 楚。

〔遇六姓〕具 路 遇 素 庫 度。

〔霽五姓〕芮 桂 契 衞 裔。

〔泰五姓〕太 艾 蔡 泰 柰。

〔卦一姓〕介。

〔隊一姓〕菜。

〔震八姓〕印晋舜愼震順俊信。

〔願三姓〕頓萬憲。

〔翰四姓〕段判炭漢。

〔霰二姓〕卞片。

〔嘯三姓〕邵召肖。

〔號一姓〕號。

〔箇一姓〕佐。

〔禡四姓〕買夜化價。

〔漾五姓〕尙將唱旺壯。

〔敬四姓〕鄭慶孟正。

〔宥三姓〕后富句。

〔艶一姓〕念。

〔屋八姓〕陸睦卜鞠伏復木獨。

〔沃三姓〕玉燭薦。

〔覺四姓〕朴卓濯學。

〔質二姓〕　吉　弼。
〔物一姓〕　鬱。
〔月三姓〕　曰　骨　發。
〔曷一姓〕　葛。
〔屑五姓〕　薛　決　偰　雪　哲。
〔藥四姓〕　郭　霍　雀　鶴。
〔陌四姓〕　白　石　昔　釋。
〔錫二姓〕　鷮（鳳古文俗音作적）　狄。
〔職四姓〕　國　墨　直　稷。
〔緝一姓〕　什。
〔葉二姓〕　葉　業。
〔複姓七姓〕　東方　司空　西門　鮮于　皇甫　南宮　獨孤。

以下を合はすれば三百七十九となる。

同書には……輿地勝覽較今帳籍加錄者另載于下。可驗氏姓古今有無之不同……

とあり以下の七十六姓を列擧せり。茲に帳籍とあるは、前項と異なり漢城府を除き其他鮮內一般の戶籍を指したるものと認む。何となれば左の諸姓何れも輿覽中の地方の中に加錄せられあればなり。

〔東二姓〕翁　蒙。

〔支一姓〕時。

〔虞三姓〕珠　瞿　吾。

〔齊二姓〕嵇　堤。

〔灰一姓〕苔。

〔元二姓〕藩　原。

〔寒二姓〕桓　端。

〔先二姓〕員　騫。

〔蕭一姓〕標。

〔歌三姓〕那　何　和。

〔麻二姓〕華　瓜。

〔陽六姓〕庄　揚　萇　凉　芳　桑。

〔庚二姓〕榮　卿。

（青一姓）刑。

（蒸二姓）登。乘。

（尤一姓）牛。

（侵一姓）□

（麌三姓）甫斧伍。

（皓一姓）草。

（梗一姓）耿。

（有一姓）部。

（宋一姓）種。

（寘一姓）位。

（遇三姓）傅固附。

（嘯一姓）尿。

（徑一姓）甯。

（宥一姓）祐。

（陷一姓）汎。

（屋三姓）六郁谷。

〔沃二姓〕曲　綠。

〔質三姓〕畢　律　實。

〔物一姓〕物。

〔月一姓〕碣。

〔屑一姓〕別。

〔藥二姓〕澤　拓。

〔陌六姓〕席　柏　宅　益　冊　赫。

〔錫一姓〕翟。

〔職四姓〕翌　則　力　克。

〔緝一姓〕入。

〔複姓二姓〕司馬　令狐。

右小計七十六となる。

以上總計四百五十五姓となる。

また同書には……陶谷叢說載二百九十八姓而間有帳籍勝覽所未錄者今抄記……

とあり。卽ち『陶谷叢說』の所載二百九十八姓中、一般の戶籍帳及『輿地勝覽』に錄せざる十三姓を掲げあり左の如し。

〔東一姓〕 鄭。

〔冬一姓〕 龔。

〔江一姓〕 雙。

〔支二姓〕 思 彌。

〔灰二姓〕 台 才。

〔歌一姓〕 牙。

〔紙一姓〕 几。

〔有一姓〕 壽。

〔葉一姓〕 聶。

〔復姓二姓〕 扶餘 石抹。

已上帳籍四百七姓、勝覽七十九姓、叢說十三姓。

右總計は上記と符合せず。蓋寫本に脫あるべし。

此の[1]『盎葉記』の姓數四百八十六姓は[2]『世宗實錄』地理志の姓數二百六十五姓に比し、二百二十一姓多く。[3]『陶谷叢說』の姓數二百九十八姓に比し、百八十八姓多く。現在の姓數三百二十六姓に比し一百六十姓多し。前後年代を距つるとするも、前後共其差餘りに多きに過ぐるの感あり。

一、(2)(3)は庶民の姓を算入せず。(1)は漢城府に限られたれど、庶民の姓を算入せりとするも。庶民の姓は大體士人の姓と同一のもの多く、異なれるものは甚鮮きより見て、其増加多きに過ぐ。

二、世代の經過と共に、姓數増加したりとするも。其反對に稀姓の者減少して姓の亡ぶる者もあり。其加減の差引數としては多きに過ぐ。

蓋し『盎葉記』の記載は漢城府の帳籍のみを資料とせるものに非ずして。以外の資料も併せ採りたるものにして。其の以外の資料中には現在せざりし姓も採錄されし者あるに由ると推定すべきか。

（附記）　東國輿地勝覽の記載に付て

本書は成宗十二年に成り、其後同十七年にも修補し。燕山君五年及中宗二十五年にも補正せり。正宗十二年にも補修したることは。前に記せる『盎葉記』の記載の如し、此記載の確實なるは『正宗實錄』十二年五月に……奎章閣に命じ、續成輿地勝覽、諸文臣に分授す……とあるにより明かなり。而して前掲の輿地勝覽に無き姓として掲げある七十七姓を、現在の通用本（昭和五年一月發行朝鮮史學會）に檢するに、大抵皆載せあり（唯左の五姓のみ記載無けれども）。此修補の時加へたりと認む。

揚　草　六　克　入

此五姓の記載無きは、茲に引用せる盎葉記寫字の他姓の誤記か或は輿覽の脫なりと認めらる。其中揚は、東國輿地勝覽中に楊姓甚多く載せられある中の楊に誤りたるものと認む。

第二節　現在の姓別と其數

以下に掲げたるは今回本院に於て各面に照會して、其戸籍簿所載により回答を受けたるものにして、大體確實と認め得べし。其總數三百二十六、但戸籍面に誤記と認めたる五姓を除き計算す。

音に假名を附せるは內地よみに依れり。朝鮮の音は諺文竝に羅馬字を以て現はせり。但し朝鮮の音は羅馬字を以てしては、微細の點に於て其實際の發音を表はし得ず。諺文音に依るを要す。而してまた鮮內各地多少の訛音あり。其諺文も羅馬字も大樣なりと知るべし。且つ諺文は、此地の人の諺文電報に使用するものをも參酌せり。

單姓の部

ア

阿《ア》　아　ar ah

央《アウ》　앙　ang

安《アン》　안　an

鞍《アン》　안　an

イ・ヰ

異《イ》 이 yi
伊《イ》 이 yi
郁《イク》 욱 wook
乙《イツ》 을 eul
印《イン》 인 in

尹《イン》 윤 yun
陰《イン》 음 eum
殷《イン》 은 eun
韋《ヰ》 위 wooy

ウ

于《ウ》 우 woo
禹《ウ》 우 woo
雲《ウン》 운 woon
芸《ウン》 운 woon

エ・ヱ

永《エイ》 영 yeung yiong
葉《エフ》 엽 yeup
延《エン》 연 yeun
燕《エン》 연 yeun
閻《エン》 염 yeum yiom

袁《エン》 원 won owoon
衞《ヱイ》 위 wi
要《エウ》 요 yo

オ・ヲ

於《オ》 어 eur ur
恩《オン》 은 eun
溫《ヲン》 온 on

カ

何《カ》 하 ha
夏《カ》 하 ha
賈《カ》 가 kar ka
河《カ》 하 ha
介《カイ》 개 kai

海《カイ》 해 hai
艾《ガイ》 애 ai
康《カウ》 강 kang
高《カウ》 고 ko
庚《カウ》 경 keung kiong

黄《カウ》 황 whang
郭《カク》 곽 kawak kwak
霍《カク》 곽 kwak
葛《カツ》 갈 kal
甘《カン》 감 kam

咸《カン》 함 ham
簡《カン》 간 kan
韓《カン》 한 han
漢《カン》 한 han
干《カン》 간 kan

キ

季《キ》 계 ke
奇《キ》 긔 keul ki
紀 긔 ki
起《キ》 긔 ki
箕《キ》 긔 ki

魏《ギ》 위 wi
宮《キウ》 궁 koong
邱《キウ》 구 koo
丘《キウ》 구 koo
仇《キウ》 구 koo

弓《キウ》 궁 koong
牛《ギウ》 우 woo
菊《キク》 국 kook
鞠《キク》 국 kook
吉《キチ》 길 kil

仰《ギヤウ》 앙 ang arng
姜《キヤウ》 강 kang
許《キヨ》 허 her hur
魚《ギヨ》 어 eur
龔《キヨウ》 공 kong

强《キヨウ》 강 kang karng
曲《キヨク》 곡 kok
玉《ギヨク》 옥 ok
金《キン》 김 kim
琴《キン》 금 keum

斤《キン》 근 keun
銀《ギン》 은 eun

ク

具《グ》 구 koo
虞《グ》 우 woo
俱《グ》 구 koo
瓜《クワ》 과 kwa
槐《クワイ》 괴 koe

皇《クワウ》 황 whang
后《クワウ》 후 hoo
化《クワ》 화 wha
薫《クン》 훈 whoon

ケ

桂《ケイ》 계 ke
京《ケイ》 경 kiung
景《ケイ》 경 kiung
邢《ケイ》 형 hiung
敬《ケイ》 경 kiung
嵇《ケイ》 해 hai
慶《ケイ》 경 kiung
甄《ケン》 진 jin
元《ゲン》 원 owoon won
玄《ゲン》 현 hiun
嚴《ゲン》 엄 eum
涓《ケン》 연 yeun
堅《ケン》 견 kiun

コ

胡《コ》 호 ho
吳《ゴ》 오 o oh
湖《コ》 호 ho
伍《ゴ》 오 o oh
虎《コ》 호 ho
扈《コ》 호 ho
顧《コ》 고 ko
公《コウ》 공 kong
貢《コウ》 공 kong
侯《コウ》 후 whoo
鴻《コウ》 홍 hong
江《コウ》 강 kang
孔《コウ》 공 kong
洪《コウ》 홍 hong
國《コク》 국 kook
黑《コク》 흑 heuk
權《ゴン》 권 kwon
鴌《ゴン》 궉 kowook

サ

佐《サ》 좌 joa choa
柴《サイ》 싀시 si
采《サイ》 채 chai
西《サイ》 서 sur
崔《サイ》 최 chce choi
蔡《サイ》 채 chai
菜《サイ》 채 chai
在《サイ》 재 chai jai
莊《サウ》 장 jang
曹《サウ》 조 cho jo

倉《サウ》 창 chang　削《サク》 삭 sak

曹姓の曹字、皆曺に作らる。其緣起に付て、正祖の時文臣を抄啓するに當り。王より西日は東日に如かずの言あり。爾來曺姓一畫を滅ずとの傳說あり。鼎足山本實錄にも此曺字を姓のみならず、他にも使用せるより觀れば、此傳說は妄なるべし。

シ

史《シ》 ᄉᆞ사 sa　施《シ》 시 si　芝《シ》 지 ji　時《シ》 시 si　玆《シ》 자 ja

慈《シ》 자 ja　秋《シウ》 츄 choo　周《シウ》 쥬 joo　車《シヤ》 챠 char cha　謝《シヤ》 사샤 sha sa

舍《シヤ》 사 sa　章《シヤウ》 쟝 jang　尙《シヤウ》 샹 sang　蔣《シヤウ》 쟝 jang　朱《シユ》 쥬 joo

諸《シヨ》 져 jer　昇《シヨウ》 승 seung　勝《シヨウ》 승 seung　昌《シヨウ》 챵 chang　鐘《シヨウ》 죵 jiong

承《シヨウ》 승 seung　荀《シユン》 순 soon　舜《シユン》 순 soun　淳《シユン》 순 soon　俊《シユン》 쥰 joon

順《ジユン》 순 soon　徐《ジヨ》 셔 ser　汝《ジヨ》 여 yer　秦《シン》 진 jin　仁《ジン》 인 in

愼《シン》 신 sin　申《シン》 신 sin　森《シン》 삼 sam　辛《シン》 신 sin　晉《シン》 진 jin

ス

水《スイ》	슈	soo
隋《ズイ》	슈	soo
鄒《スウ》	추	choo

セ

成《セイ》	성	serng
芮《ゼイ》	예	ye
邵《セウ》	쇼	so
石《セキ》	석	serk
昔《セキ》	석	sok serk
薛《セツ》	설	serl sol
偰《セツ》	설	serl
千《セン》	천	chern
占《セン》	점	jerm
宣《セン》	선	sern
錢《セン》	전	jern
全《ゼン》	전	jern
鮮《セン》	선	sern
芊《セン》	천	chern

ソ

楚《ソ》	초	cho
蘇《ソ》	소	so
宋《ソウ》	송	song
宗《ソウ》	종	jong
孫《ソン》	손	son
遜《ソン》	손	son

タ

太《タ》	태	tai
泰《タイ》	태	tai
大《ダイ》	대	dai
乃《ダイ》	내	nai
唐《タウ》	당	dang
陶《タウ》	도	do
卓《タク》	탁	tark
彈《ダン》	탄	tan tarn
段《ダン》	단	darn dan
單《タン》	단	dan

チ

池《チ》 지 chi ji

智《チ》 지 chi ji

蓄《チク》 축 chook

張《チヤウ》 장 chang

長《チヤウ》 장 jang

萇《チヤウ》 장 chang

沈《チン》 심 sim

陳《チン》 진 jin

鎭《チン》 진 jin

陣《ヂン》 진 jin

ツ

椎《ツイ》 퇴 toe

テ

丁《テイ》 뎡 jerng diung

程《テイ》 졍 jerng

鄭《テイ》 졍 jerng

趙《テウ》 죠 jio jo

天《テン》 텬 chern tiun

田《デン》 뎐 jern diun

典《テン》 뎐 jern diun

ト

杜《ト》 두 doo

都《ト》 도 do

斗《ト》 두 doo

董《トウ》 동 dong

獨《ドク》 독 dok

頓《トン》 돈 don

屯《トン》 둔 doon

ナ

奈《ナ》 내 nai

南《ナン》 남 nam

ニ

任《ニン》 임 im

ハ

波《ハ》 파 ra

裵《ハイ》 배 비 bai

培《バイ》 배 bai

梅《バイ》 매 미 mai

方《ハウ》 방 bang

邦《ハウ》 방 bang

彭《ハウ》 팽 핑 piang

包《ハウ》 포 po

房《バウ》 방 bang

白《ハク》 백 빅 paik

班《ハン》 반 ban

范《ハン》 범 bam

潘《バン》 반 parn ban

範《ハン》 범 berm

般《ハン》 반 barn

判《ハン》 판 parn

ヒ

皮《ヒ》 피 pi

丕《ヒ》 비 bi

弼《ヒツ》 필 pil

氷《ヒヤウ》 빙 bin bing

馮《ヒヤウ》 풍 poong

賓《ヒン》 빈 pin

彬《ヒン》 빈 bin

閔《ビン》 민 min

フ

夫《フ》 부 boo

傅《フ》 부 boo

文《ブン》 문 moon

ヘ

平《ヘイ》 평 piung
邊《ヘン》 변 biun
米《ベイ》 미 mi
扁《ヘン》 편 piun
表《ヘウ》 표 pio
卞《ベン》 변 biun
苗《ベウ》 묘 mio
片《ヘン》 편 piun

ホ

戊《ボ》 무 moo
牟《ボウ》 모 mo
睦《ボク》 목 mok
甫《ホ》 보 bo
北《ホク》 북 book
墨《ボク》 묵 mook
奉《ホウ》 봉 bong pong
穆《ボク》 목 mok
牧《ボク》 목 mok
鳳《ホウ》 봉 bong
卜《ボク》 복 bok
龐《ホウ》 방 barng bang
朴《ボク》 박 bark bak

マ

馬《マ》 마 ma mar
麻《マ》 마 ma
孟《マウ》 맹 밍 miang
毛《マウ》 모 mo
萬《マン》 만 man

ミ

乜《ミヤ》 먀 miya

メ

明《メイ》 명 miung

モ

木《モク》 목 mok
默《モク》 묵 mook
門《モン》 문 moon

ヤ

夜 야 ya
揚 양 yang
楊《ヤウ》 양 yang
陽 양 yang

ユ

兪《ユ》 유 yu
庾《ユ》 유 yu

ヨ

余《ヨ》 여 yer
豫《ヨ》 예 ye
雍《ヨウ》 옹 ong
姚《ヨウ》 요 yo
邕《ヨウ》 옹 ong

ラ

羅《ラ》 라 la ra
邏《ラ》 라 la ra
雷《ライ》 뢰 loe
浪《ラウ》 랑 lang

リ

李《リ》 리 ri
利《リ》 리 ri
劉《リウ》 류 liu riu
陸《リク》 륙 liuk riuk
良《リヤウ》 량 liang riang
梁《リヤウ》 량 liang ryang
柳《リユウ》 류 riu lyu
龍《リユウ》 룡 liong ryong
林《リン》 림 lim rim

レ

廉《レン》 렴 lyeum rieum

連《レン》 련 liun riun

ロ

呂《ロ》 려 liur riur

路《ロ》 로 ro lo

魯《ロ》 로 ro lo

盧《ロ》 로 ro lo

老《ロウ》 로 ro lo

六《ロク》 륙 liuk riuk

ワ

王《ワウ》 왕 owang

複姓之部

乙支《オツシ》 을지 eulchi euiji

夏侯《カコウ》 하후 harhoo hahu

皇甫《コウホ》 황보 whangbo

公孫《コウソン》 공손 kongson

司空《シクウ》 사공 sakong

司馬《シバ》 사마 sama

諸葛《ショカツ》 제갈 chekal jekal

西門《セイモン》 셔문 sermoon

鮮于《センウ》 선우 seunwoo sernwoo

東方《トウホウ》 동방 dongbang

獨孤《ドツコ》 독고 dokko tokko

南宮《ナンキユウ》 남궁 namkoong namkung

計三百二十六姓。戸籍面に誤記と認められたる姓をかぞふれば、三百三十一姓

其姓數多からずと謂ふべし。『世宗實錄』地理志の姓數二百六十五姓に比し六十一姓を增し。『陶谷叢說』の數二百九十八姓より二十八姓を增せり。凡て古典の記載より其數の多きは、古の調査の不完全と其後の增加によるものなるべし』『增補文獻備考』に出たる朝鮮の古代よりの亡姓をも加へたる姓の總數は四百九十六姓なり。之を宋の邵思『姓解』に出たる支那の姓數二千五百六十八に比して、縱令其地域の狹きによるとするも、猶少きの感無くんばあらず。畢竟するに朝鮮の姓は少數の創造ありとするも。其大多數は成り立ちが支那の模倣に出で。其士人の支那式模倣を庶民が再模倣せしもの甚多く。上下を通じて總てのものが社會的に個性の發達が抑制せられし結果は姓を多樣に分岐せしめざりしに職由するものなるべし。之れを今回發表せられたる國勢調査の結果を編輯せし『朝鮮の姓』に出でたる總姓數二五〇姓と較べ七十六姓多し。

國勢調査にあり本院調査に無き姓十五

肖　瀛　應　剛　星　凡　道　裏　皰　疆　君　端　旁　眞　先。

本院調査にあり國勢調査に無き姓九十一

鞍　郁　乙　衛　於　何　干　霍　槐　庚　瓜　龔　仇　起　季
曲　紀　銀　菊　仰　邱　牛　虞　薫　涓　貢　皇　江　顧　虎
湖　黒　伍　侯　倶　敬　嵆　京　宮　鴻　削　在　勝　時　芝
仁　森　玆　椎　隋　芊　鮮　遜　陣　蒉　長　鎮　斗　屯　典
蓄　獨　泰　北　波　培　傅　甫　般　苗　戊　範　牧　默　穆
乜　木　門　揚　陽　良　六　利　老　邏　豫　央。
夏侯　公孫　乙支　司馬。

第三節　戸籍面に誤記せられし姓、竝誤記と推定すべき姓

現在の戸籍簿は、大正十一年十二月、總督府令第百五十四號、朝鮮戸籍令により定められたるものなれど。其前隆熙三年明治四十一年韓國の法律第八號により發布せられたる、民籍法による民籍簿を其儘襲用したるものにして。其民籍簿は編成の當時警察の配置薄く、暴徒の殘黨山間僻地に出沒せる際現在の半數にも達せざる巡査の手によつて。危險を冒し僅に一ヶ年有餘の短期間に於て行はれたり。其材料は各戸主

の屆出によるものなれど。口頭申告をも許し、巡査が聽取して記錄したる者甚だ多く。粗漏誤謬ありしも故無きに非ず。爾來修正せられしものあるも、猶其誤記を殘留せるものあり。今回本院の調査に於て、其誤記竝誤記と認定すべきものを發見せり、左に一括して之を揭ぐ。×符の者は揭載を省き數に入れず。

△單于　×

此姓全羅南道長城郡森溪面、黃海道鳳山郡德山面に有り。支那の文獻にも此の如き姓無し。複姓鮮于を音同じきにより誤記せしものと認む。

△司公　×

此姓京畿道高陽郡恩平面にあり。支那に於ては司功、司寇、司鴻等の姓あるも、此姓文獻に出でず。朝鮮には司空は有り、其誤記と認む。

△藩

此姓の中京畿道高陽郡漢芝面の者は。本貫密陽とあり。密陽潘氏は『增補文獻備考』にも揭記されたる兩班なり。藩は潘の誤記と認定す。

△雍

此姓朝鮮の文獻には無し。慶尙南道昌原郡熊南面に多數あり。又鎭海邑にもあり。支那に於ては『風俗通』に文王の子雍伯の後とあり。『姓氏辯證』に、黃帝の後、商、周間雍に食采する者因つて氏とす焉とあり。『山海經』にも此姓出づ。漢以來より宋、明迄に此姓多く史に出づ。されどこれとの關係は認められず。昌原郡熊南面の回答によれば、民籍調査の際邕姓を誤つて雍としたりとあれば。同面のものたげは誤記なること明かなり。

△慕　×

此姓京畿道高陽郡碧蹄面の者は。本貫咸平とあり。朝鮮の文獻には此姓無し。支那に於ては『路志』に慕容氏の後慕氏ありとあり。『姓氏辯證』に今開封慕氏ありとあり。此れとの關係は認め難し。『東國輿地勝覽』『增補文獻備考』には咸平牟氏あり。同音なるにより、慕は牟の誤記と認む。

△陣　×

此姓京畿道龍仁郡遠三面の者は。本貫驪陽とあり。朝鮮、支那共に文獻に無き姓也。『增補文獻備考』によれば驪陽陳氏あり。陳を陣に誤記せしものと認む。

△單

此姓京畿道富川郡靈興面の者は。本貫延安とあり。支那の古文獻には無きも、現在には有り。朝鮮の文獻には無き姓也。『東國輿地勝覽』『增補文獻備考』共に延安段氏あり。同音なるにより段を單に誤記せりと認む。

△穆

此姓忠淸南道公州郡新下面、全羅南道咸平郡羅山面に有り。共に本貫泗川とあり。朝鮮の文獻には無し。支那に於ては、『元和姓纂』に宋の穆公の後支孫謚を以て氏と爲す。『路史』に穆は炎帝の後『魏書』官氏志に、後魏丘穆陵氏改めて穆氏と爲るとあれど、此れとの關係は認められず。『東國輿地勝覽』『增補文獻備考』に泗川睦氏あり。同音なるにより睦を穆に誤記せしと認む。

△葵　×

此姓慶尙南道晋州郡大坪面の者は、本貫平康とあり。朝鮮の文獻には無し。支那に於ては『左傳』に有葵氏あり、葵丘地方に封を受けし者に葵氏あれど稀姓也。之と關係は認め難し。『東國輿地勝覽』『增補文獻備考』に平康蔡氏あり。葵は蔡の誤記と認定す。

△桀

此姓忠淸北道永同郡永同面にあり。本晋州とあり。朝鮮の文獻には無し。支那の文獻にも此姓無し。『東國輿地勝覽』『增補文獻備考』に晋州蔡氏あり。同音なるにより此の菜だけは蔡の誤記と認む。

△泳

此字字典に無し。此姓全羅南道光陽郡津月面にあり、本慶州とあり。同面回答によれば、民籍調査の時に於て氷を誤記したりとあり。支那の文獻には氷姓は無きも冰姓は稀姓としてあり。朝鮮にては文獻にも現在にも氷姓はあるも冰姓無し。慶州附近には(氷庫の關係者なるか)氷姓多し。冰は氷の誤記と推定す。

△謝

此姓各地にあること第四節に記せる如し。其中京畿道漣川郡北面の謝萬亟は、大正六年一家創立の際、史を謝に誤れりと同面より回答ありたり。

△邱

此姓慶尙北道金泉郡農所面に有り。本貫恩津とあり。朝鮮の文獻には無き姓也。支那に於ては邱姓は文獻に無く、丘姓は春秋戰國以來明淸にも多し。其中に孔子の諱丘を避けて邱と改めし者あり。されど之との關係は認め難し。『東國輿地勝覽』『增補文獻備考』には僉津に瞿姓あり。之の者丈は誤記と推定す。以上の諸姓猶攷查して、若し誤なること確實ならば之を訂正すべく。其儘と爲し置くに於ては、其謬譌傳はつて。後世姓氏を研究する者を惑はすに至るべし。

第四節　從前の文獻に見當らざる姓

今回の調查により現はれし者、左の如く十六姓を算せり。

△謝

此姓京畿道漣川郡北面、忠清北道忠州郡乶味面、慶尙北道永川郡新寧面に有り。本貫は晋州、安東、昌寧等區々なり。支那に於ては、『姓譜』に周の宣王の時申伯、謝に作邑す、後氏と爲る。『唐書』文苑傳に、謝偃の祖孝政、本姓直勒氏、改めて謝となす……とあり。此姓漢以來明、清迄の史書に甚多く見はる。或は支那東入者の裔か。

△屯

此姓の者咸鏡北道慶源郡安農面に居住したることあり。支那に於ては『姓苑』に渾沌氏の後、水を去つて屯と爲す、とあれど極めて稀姓也。之れとの關係は認められず。

△雍

此姓各地にあり、其中邕の誤記なる者ありしこと前節に説けり。されど全部の者誤記とは認められず。支那に於ては、『風俗通』に、文王の子雍伯の後とあり。『姓氏辯證』に黃帝の後、商周間に雍に釆食する者因つて氏と爲す、とあり。春秋以來明に至るまで稀に史籍に出づる姓也。或は東來者の裔か。

△牧

此姓全羅北道益山郡熊浦面に居住せし者あり。支那に於ては、此姓『風俗通』に黃帝の臣力牧の後『路史』に唐叔の後牧氏ありとあり。春秋戰國より明に至るまで稀に史籍に見はるる姓なり。之との關係は認め難し。

△彈

此姓江原道江陵郡邱井面及同平昌郡大和面にあり。後の分本、海州とあり。支那の文獻に出でざるも實際には有る姓也。今より三十餘年前京城武官學校助教授に彈元基なる人あり。稀姓として存在すること確實なり。

△虎

此姓全羅南道長城郡森西面に有り。本貫公州とあり。支那に於ては『風俗通』に八元伯虎の後として虎氏ありど。之と關係は認め難し。

△斗

此姓黃海道金川郡西北面にあり。本貫羅州とあり。京畿道高陽郡龍江面にもあり。支那に於ては夷姓として稀に存在す、之と關係は認め難し。

△斤

此姓忠清南道扶餘郡場岩面にあり。本貫清州、同道靑陽郡より移り三代居住せり。支那に於ては『姓解』に帝嚳の子亡斤後以て氏と爲す。又夷姓後魏の者斤氏、奇斤氏の後改めて單姓となるとあれど。之れと關係無しと認む。朝鮮の土俗、人名の頭字に斤、今等のもの多し。或は姓無き者が昔し名を二分して作りし姓なる歟。

△苗

此姓平安南道安州郡安州邑にあり。本貫正善とあり。慶尙南道統營邑、及全羅南道濟州島舊右面にもあり。同面よりの回答によれば、支那より東來者の姓なりとあり。支那に於ては『風俗通』に楚の大夫伯棼の後、賁皇晋に奔つて苗に食采す因て氏と爲すとあり。此姓唐宋明清の史籍に多く出づ。前掲二邑一面のもの、皆東來者の裔なるべし。

△利

此姓平安南道安州郡立岩面にあり。本貫全州とあり。數年前に絕家す。支那に於ては『路史』に老子の後に利氏あり、老子の祖名、利貞を後に利とす。『元和姓纂』に楚の公子利に食采す因て以て氏となす『魏書』官氏志に、後魏叱利氏あり、後改めて利氏と爲る。とあれば極めて稀姓なり。之との關係は認め難し。

△涓

此姓慶尙北道榮州郡、同奉化郡乃城面、同伊山面にあり。伊山面の分、本貫天安とあり。涓姓は『抱朴子』に黃帝金谷に入つて涓子に諮るとあり。漢の司隷に涓勳あり極めて稀姓也。之れとの關係は認め難し。

△左

此姓慶尙南道蔚山郡東面にあり、慶尙北道慶州郡陽南面にもあり。支那に於ては『呂覽』に黃帝の小臣に左徹あり。春秋魯の太夫に有名なる左丘明あり。爾後明、淸迄各代史籍に多く出づる姓なり。或は東來者の裔なるべし。

△鞍

此姓全羅南道靈光郡落月面にあり。支那の史籍にも見えざる姓なり。

△薰

此姓京畿道水原郡麻道面。平安北道厚昌郡東興面。慶尙南道泗川郡正東面。咸鏡南道永興郡鎭坪面等にあり。支那の史籍にも見當らざる姓なり。

△汝

此姓平安北道義州郡加山面にあり。本貫安山とあり。慶尙北道尙州郡内にも此姓多し。支那に於ては『姓源』に周平王の小子、汝州に封せらる。其後汝氏ありとあり。稀姓なり。或は支那東來者の後裔か。

△豫

此姓京畿道龍仁郡水餘面にあり。本は江東とあり。失踪者なり。支那に於ては春秋戰國時代に豫讓あり。『呂覽』高誘の注に、晋の畢陽の孫、因族氏と爲すとあり。稀姓なり。或は東來者の裔か。

第五節　稀珍なる姓

古今朝鮮の姓中最も稀珍の姓を、以下に列擧して解説す。其中現存せるものは蠢。

乜の二姓のみなり。

△復寶

江原道江陵地藏禪院朗圓大師塔碑に。大師の母を復寶氏とあり。此姓最も珍らしき復姓にして此外に無し。此碑高麗太祖の時建立せしものに係る『朝鮮金石總覽』。

△莮

『盎葉記』に……江華誌莮姓を載す、字書を案ずるに劼字あり。音轄、莮字或は劼字の縦割か……とあり。『東國輿地勝覽』には江華の姓氏の部に吉、力と二姓に記されあり。何れが是なるかを知らず。

△泓

『正宗實錄』に賊の姓名として泓徵なる者出づ。

△ヘ

『增補文獻備考』には唯……ヘ沙貶念切……とのみ出づ。漢字乀《ホツ》とは似たるも別にして朝鮮の造字也。『盎葉記』に……興陽の牧子にヘ姓あり姓貫密陽、音唲。李原庵萬運文獻備考を增補するに方り余を訪ひ語るに奇姓を以てす。此を以て之に應ふ

……と妞閭遇旁等の姓と共に答へたること出づ。鮎貝房之進氏『雜攷』には、此字뻠(p̄p̄rom)と發音せしものにして。朝鮮語に拇指と食指の引長を稱する뻠なる語あり。此字も拇指と食指の引長の象形字にあらざるかとの考說あり。

△旀

同『雜攷』に旀音며(mio又mi)古き時代の假造字なりとあり。

△卯

『增補文獻備考』には……．文川卯氏韻書未詳……とのみ出づ。『晝永篇』には、姓卯氏あり音둥……と出づ。『雜考』には朝鮮語膨脹の形容詞を둥둥(tong tong)と云ふ。象形の造字なるべしとあり。

△乽

『芝峯類說』に淳昌乽氏あり、乽音權億切。其始め自から出る所を知らず。或云乽本と胡姓なりとあり。『盎葉記』に、我國乽姓有り、其音權億の切俗音권善山に乽氏村あり、蓋し士夫多し。字甚だ稀僻、音亦詭異、故に人或は郭氏を嘲《カラガ》つて同譜と爲す。其音相近きを以て也。亦東國㧗造の字と爲すは非也。訂正篇海を按ずるに、音鳳、五音正音、正韻、乽古文鳳。乽字の音義却て是平常なるを識らず……とあれど『雜

攷』には、鷹鶻の一種に充てたる造字なるべし。今二歲の鷹を稱して권진(Kokchin)と云ふ……との考說あり。此說の如く、朝鮮の造字にして、支那の古文に暗合せるものなるべし。

現在に於ては此姓は、左の各地にあり、

全羅北道全州郡參禮面　慶尙南道統營郡二運面
忠清南道天安郡天安邑　同　上　牙山郡仁草面
右　同　保寧郡周浦面　同　上　鰲川面
右　同　靑陽郡定山面　同　上　斜陽面
京畿道　水原郡長安面　同　上　龍仁郡遠三面
右　同　龍仁郡器興面

此姓に關する傳說に付ては第十章を參照すべし。

△乜

『增補文獻備考』には唯……乜氏……とのみ出づ。朝鮮よみ마又먀と音讀せり。此字『玉篇』には彌也切、蕃姓也とあり『康熙字典』には、集韻母也の切並音哶眼乜斜也、又西夏語、巫を以て厮乜と爲す。遼史に見ゆ又姓とあり。

南北朝の時北狄の姓として乜列河鐵勒部あり。明の孝宗の時に乜富架あり。前掲斯乜はサマ教のサマなるべく。現在に於ては此姓慶尙北道安東郡禮安面に數戶あるのみ也。其由來に付ては猶深く研究を要すべきものあるべし。其傳說に付ては

乜姓に付ては、平安道より徵せられし一戍卒として南漢山城に在り、仁祖李适の亂に遭ひ、難を避けて入城する時、乜之を負ひて功あり。後其圖を描きて之に與へ。子孫閣を作りて之を奉安代々其參奉となれり……云々の民間傳說あり。

△遇

『增補文獻備考』に……遇毀仍反氏……とのみ出づ。『盎葉記』には延安に遇姓あり、音暄應切諺音흥と出づ。此字支那の字典に無き字也。

△闖

『增補文獻備考』に……闖瓦靃反와氏……とのみ出づ。此字『唐韻』『韻會』にあり『說文』には馬の門を出づるの貌ちとあり、延ひて人の突然首を出す貌に用ゆる字なり。朝鮮造字の暗合なるや否は明かならず。

△闓

『盎葉記』に……廣州闖姓の人あり。自から稱す、音臥億の切と。諺音와。字彙闖音塢。小門、而して闖字無し。乃ち本と闑姓にして譌つて闖と爲るか……とあり。闖《ヲ》は玉篇に烏古の切とあり。闑《ゲツ》は篇海に、魚列の切音孼とあれば。盎葉記の說當らざるべし。

△⿱石牛

『芝峯類說』に……東方の僻姓、星州に⿱石牛氏あり。⿱石牛音小《ソイ》。蓋し方言牛を呼んで小《ソイ》と爲す故也。東國史に石末天衢なる者あり。疑ふ石末の二字訛して⿱石牛字と爲る也。但宛委餘篇、複姓に石牛氏あり疑ふ卽ち此也……とあり。『盎葉記』に我國の僻姓⿱石牛氏あり、音小、義無し。⿱石牛の字石の下に牛、故に音小、諺音소。俗牛を以て소と爲す故也。而して姓苑に石牛氏卽ち複姓也、⿱石牛本と石牛氏。而して合して⿱石牛氏となるか。金氏國語解、石抹漢音蕭と曰ふ。按ずるに石抹、石末と稱す。末の字牛字に譌作し合して⿱石牛と爲る。因つて音蕭か。蕭亦諺音소……とあり。

△妞

『盎葉記』に高麗に妞姓ありとのみ、其奇僻姓の記事中に出づ。

△牆籬

『盎葉記』に……南原牆籬なる複姓あり。其自稱、人之を呼ぶに及べば必ず談欝と云ふ。方言牆の訓は談、籬は欝なる故也。文字を以て之を書けば牆籬と稱す……とあり。現今にても練塀の如きものを담、高梁の幹にて繞らせし垣を울と稱せり。

第四章　姓の享有及姓名の得喪變更

第一節　姓の享有

古代朝鮮に於ての今日の姓に相當るもの、享有得喪が如何にして行はれたるかは、前に述べたる如く茫乎として不明也。今後學者の研究に待つべし。爾後三國鼎立以降に於て既に上流に於ては漢字の使用も行はれ。支那思想に同化融合したる後に於ては、姓は血統により父より子、女に傳はるものとなつて、出生と共に之を享有したり。但左の如き例外ありたり。

一、父の知れざる時は母に從ふ。隨つて自然母に姓あれば母の姓を享有することゝなる。

二、婢の子は時により事により父に從ひ、或は母に從はしめしも、母に從ひし者多し。

奴婢は姓無き者多かりしも、間々姓を有する者ありたり。右母に從ひし場合姓ありし時は母の姓を享有することゝなる。

三、良賤相婚して其間に生れし子は、父に從はしめしことも母に從はしめしこともあり、此場合前項と同じ。

故に父或は母が姓無き者なるときは、隨つて其子女も姓を享有することを得ず。隆熙三年に於て民籍法發布せられ、續て戶籍法の施行により、姓無かりし者も姓を作りしにより。今や生れて姓無き者は絕對に之れ無きことゝなり。人は出生と共に其家の姓を享有することゝなれり。

右の如く姓は家に附屬せずして、血族的に一身に附屬するものなり。故に特殊の事由なき限り、父より或は稀に母より傳へられたる姓は、運命的に生涯變更無く之を保有し。縱令異姓の家に入るも、決して變更すること無し。卽ち婚姻により、女が他家に入るも、依然として生家の姓を稱し。又收養子により他姓の家に入る者亦同じ。彼の宦官の如きは、異姓の者を收養子として其後を繼がしめ。己の死後に其財產は相續せしむるにも不拘、姓を承繼せしむること無かりし。

以上の習慣は、現行民法の規定竝に內地の習慣とは著しく異なる點にして。亦根本の思想に於て異なるものあり。内地の戸籍は一家一姓なるも、朝鮮の戸籍は一家數姓を包容せるものあり。

（參　考）

明治の初年戸籍編成の當初に於ては、古來よりの傳統に從ひ、妻は皆生家の姓を以て登録せられたり。此點は現在の朝鮮の戸籍と同一たりしなり。

第二節　姓名の得喪變更

姓の得喪變更は、古來種々の原因により行はれたり。之を略叙すれば、支那皇帝の特賜特命によるもの、國王の特賜特命によるもの、法令の規定によるもの、出願して變更するもの、自己の創稱によるもの、他姓を冒僭稱によるもの、他姓の族譜に潛入したる者等にして。名に付ては上項と同じく特命特賜によるもの、自己の隨意變改によるもの、他人よりの慣稱が遂に本名と爲りし者等あり。以下順次之を略述すべし。

（1）賜姓、賜名

支那に於ける賜姓記事の最古きは『尙書』禹貢に……四海會同す、六府孔だ修り、庶土交々正し、底だ財賦を愼む。土姓を錫ふ……とあり。蔡沈の注に……土姓を賜ふと言ふは、之に土を賜ふて以て國を立て、之に姓を賜ふて以て宗を立つ……とあり。『左傳』隱公八年に……無駭卒す、羽父謚と族とを請ふ。公族を衆仲に問ふ、衆仲對て曰く、天子德を建て生に因て姓を賜ひ、之に土を胙し以て之に氏を命ず。諸侯は字を以て謚と爲し以て族と爲す。官に世功あらば則ち官族あり。邑亦此の如し。公命《ナツ》くるに字を以てし展氏と爲す……とあり。周以來天子諸侯が姓氏を賜へる風ありしを知るも、それ等記載の全部を採つて據典とは爲し難し。『漢書』高帝紀に……項伯等四人を封じて列侯と爲し姓を劉氏と賜ふ……とあり。又班倢伃傳に、成帝が侍者李平に姓を衞氏と賜ふ。王莽傳に、嚴尤廉丹に姓を徵氏と賜ふ……とある如きは、確實なる記事とすべし。爾來歷代の史に此の例甚だ多し。要するに賜姓は名譽の典、親愛の表彰として、懷柔若くは賞賜に用ひられたものにして。又別に嫌名に因るものもあり。朝鮮に於ける賜姓も亦以上述べたる支那思想の流を汲むことに由來せり。

朝鮮に於て支那皇帝より賜姓を受けたる者は『高麗史列傳』に……李子淵新羅の大官、唐、姓を李と賜ふ。『東國輿地勝覽』に文幹本姓全、中朝に入る、文章を以て名を著はす、姓を文と賜ふとあり。同書姓氏の部に文と出づ。『增補文献備考』に……金高變は閼智の後、中朝に入る文章を以て名あり、亦文氏を賜ふ、是を甘泉文氏と爲す……とあり。以上唐、宋の事蹟は幾于まで傳說にして、幾于まで史實とすべきかは、猶研究を要すべきものありとすべし。

朝鮮王者よりの賜姓に付ては、檀君が瀛君に、又新羅の六村賜姓說の如き記事あり、本篇第十章傳說の項に記載す。確實なるは高麗の太祖が朴儒に王氏を賜ひ、新羅の末裔金幸に權氏を賜へるが如きを最初として、爾來歷代辛禑に至る迄王氏を賜へる例頗ぶる多し。姓名を併せ賜へる例は、文宗が東女眞の歸化人の都領古刀化に、孫保塞と賜ひし如し。

以上の類『高麗史』に出たる者甚多數に上れり。

李朝に至りでは、太祖の時野人佟豆蘭に、太祖が姓を李と賜ひしこと、『東國文献備考』『芝峰類說』『藥坡漫錄』等に出づ。日本人に對しては、太祖、太宗の時降附の海賊に。平道全、禹原之、藤六、藤昆、張望、林溫、吳文三等賜姓名の例甚多く。各其實錄に出づ。又來投の野人に姓を賜へる者も多かりしなるべし。壬辰の亂後降附の將、日本人沙阿可叙の戰功により、姓名を金忠善と賜ひしこと『備局謄錄』に出づ。此等皆第二編外國系姓氏の部に詳說せり。

以上の類は甚多かるべく、賜姓名は本國人には姓名の變更となり。又姓無き者及國外の者には、姓の創立とも中間享有とも見做され得るものなり。

名のみを賜ひし例も亦高麗以來頗多し。其中平凡ならざる二三を擧ぐれば、『林下筆記』に思簡公安省は、性來一目小にして、自から小目なる名を以てせしを。朝に立つに及び。命じて省と改めしめしとある如き。『見睫錄』に李朝の初め、南謙が深く隱遯韜晦せしを。太祖物色して漸く之を得、其猶在りしを喜び在と賜名せし如き『林下筆記』に平城府院君金乙寶が、太宗の朝雨を禱つて輙ち應驗ありしより。太宗喜んで承霔と賜名せし如き例なり。

(2) 帝王の特命によるもの

此類のものは新羅聖德王十一年、王の諱隆基が唐の玄宗の諱字を冐せるにより。玄宗より勅して興光と改めし例を最初のものとす。高麗に至つては顯宗二十年王の嫌名を避けて、姓筍の人を孫と爲さしめし如き。宣宗卽位の初、翰林院より……凡そ內外の州、府、郡、縣、寺院、公私門舘號、及臣僚以下の名、御諱を犯す者及音同じき者は請ふ之を改めん……と奏し。制之に從ふ……とあり。神宗元年にも有司の請により……諸姓の卓なる者、外家の姓に從はしめ。若し內外の姓同じければ、內外祖母の姓に從はしめし……如きものあり。

李朝に至り此類の特命無かりしは、國初の法典たりし『經濟六典』に旣に王諱の規定ありしより觀れば、此思想普及し王諱を避くること風を爲せしを知る。宣祖の朝歷代の王及追尊王の名の代用字を定め。且歷代の王何れも普通に使用せざる字を選んで諱としたる外、王諱の適用範圍を狹くしたること。竝明律李朝の國法としての適用と忌諱の規定は側面的にも効果ありしに因るものならん。詳細は諱名の項に說明せり。

王命により賜姓を剝奪したるは『高麗史』に忠宣王が其龍陽の寵ありし王鑄忠に對し、予の意を聽かず違忤する所ありとし、嘗て賜ひし王姓を剝り去りし例あり。

李朝『太祖實錄』三年に、中外に令して大に王氏の餘孽を索め盡く之を誅し。其翌月前朝の賜姓王氏なる者、皆本姓に從はしめ、且つ凡そ姓の王なる者は、前朝の裔に非ざる者も、亦母姓に從はしむ……とあり。此令の一時的のものなりしは『世宗實錄』三年に。丹陽君禹成範の妻王氏、（高麗王氏系の人）より申訴して。恭讓王陵の室旁近の奴子一戶を復して、守陵せしめんことを請ふ。之に從ふ……とあるにより明かなり。『東國文献備考』に今上（英祖）三十八年中外の民庶、幼時父母を失し他人に育せらるゝに仍つて其姓を冐す者甚だ多し。特に命じて竝びに本姓に復せしむ。敎に曰く、噫、五倫の中父子を首と爲す。噫斯の世に生れ其父を知る莫し、豈正政有つ所ぞ。京兆の堂上を召し先づ都下を問ふ。一日の內得る所の者六十人噫。此を以て之を推せば、京外に此等の類其幾千あるやを知る莫し、噫。父無く姓無きの人是の如く夥然なる若きは、一は則ち孝を以て之を導率するの致す能ふ無し。一は則ち年歲荐りし飢ゆ、政は鄒聖の云ふ所の若く、父子相保つ能はず。若し其由を問はゞ、咎は一人に在り。……登科の人は兵曹に令して榜目及紅牌本姓を以て付標し。其他京兆に分付して特に復姓せしめ。自今式年の帳籍を釐正し皆復姓せしむべし……とあり。

（3）　自己の意志による改名

改名に付ては高麗朝以前に於ては別に制限なかりしが如し。御史の唐愈が李資謙の徒を論駁して、後兆基と改名せし如き。李資謙の弟資訓が至誠と改名したる如き。金富軾の弟富轍が富儀と改名したる如きの類『高麗史』に多く出づ。

李朝に至つては『經國大典』に凡そ名を改むる者、本曹（吏曹のこと）啓し藝文館に移し（移文のこと）置簿し文を給す……とあり。『大典續錄』に……大小人員改名せんと欲する者の名、其祖上及宗宰（宗室と宰臣）罪人と明白に同名、已むを得ず改名する者の外聽す勿れ：：とあり。

『六典條例』には・・・・・大小人員の改名は則ち本曹啓し、藝文館に移し置簿給文。其祖先と同名、或は大君、王子君と同名、或罪人と明白に同名なる者の外聽す勿れ、後娶の妻の父同名なる者許す勿れ。朝士生進（生員と進士のこと）及庶人の在官者改名の時、本舘牒を給す・・・・・とあり。

則ち改名出願には、前項の條件を備ふるを要し。出願により吏曹より、上啓して裁可を受け、之を藝文館に通牒し、同館は帳簿に記入して其許可證を與へ。本人は式年の戸籍に『改名』として登記し、族譜に記載し且號牌を變更したり。

右法令の規定の實行振に付ては光緒元年乙亥十月二十二日、承政院日記に左の如き記載あり。

吏曹啓曰、兵曹佐郎尹琨、名字改以瑱。副司果韓圭學、名字改以圭晉。出身金浩、名字改以商皓。出身徐師幹、名字改以敎幹。出身沈夏鉉、名字改以鍾澤。出身尹升鉉、名字改以承鉉。出身金祖熙、名字改以樂熙、事爲等如告狀、依例、令藝文館給帖、何如、判付啓依允

從前改名者の甚多かりしことは『備局謄錄』に、李太王二十六年明治二十二年領議政沈舜澤又啓する所。謹で大典を按ずるに、改名の條に曰ふ有り。大小人員名を改むる者、其

祖先或は宗宰、或罪人と明白に同名なる者の外施す勿れと。夫れ何ぞ近年改名の諸れを朝紙（朝報今日の官報と同じ）に頒つ殆んど日として、之無きは無し。豈に猥屠を許すの甚しき者に有らざらん乎。凡そ諸れを君に告ぐ宜しく謹畏を存すべし。而して惟だ改名尤も防限無し、國綱に關する有り寧ろ寒心せざらんや。自今大典に載する所の外、如し端無く改名の啓本あらば、則ち施す勿く當該堂上施すに違制の律を以てす、恐らく宜からん。故に敢て達す、上曰く式に依り別に飭むる可也……とあり。古諺の窮士日に名を改むるの類には非ざるべし。

以上法令の規定は、士人に對する制限なれば。一般庶民には其制限行はれず。隨意に改名したる者多かりし。

改姓名の異例としては『列朝通記』に其例あり、曰く……晦齋少き時眄する所あり、身める有るを知る。知事曺潤孫、卜して妾と爲す、子を生む玉缸と名く。晦齋曺に戯れて曰く、妾は則取るに任す、何ぞ我子を歸さゞるやと。曺笑つて已む、曺卒す。玉缸其母に問ふ、母曰く汝は實に李贊成の子なりと。玉缸遂に贊成の謫所に赴き、名を全仁と改め己の子と爲す……とあり。

姓を變更することは絶對に許されざりしも。其誤りなること明白なる者は出願により之を許したり。

『東國文獻備考』に……秦世樞なる者上言して、其祖秦鶴は本姓金、麗季、左侍中を以て元に朝す。元人之をして下列に立たしむ、金武鶴恥ぢて位に就くを肯ぜす。元帝怒つて高麗に送置して之を誅せしむ。王陰かに藏し姓を變じて秦と爲す。復姓し金と爲すを乞ふ、朝廷明据無きを以て許ざす……とあり。

惡意による姓名の變更並僞名呼稱も亦行はれたり。其最も甚しかりしは、庶民の兩班を冒稱し、爲めに隨つて姓名の變更を爲すことなり。其原因は一旦兩班と成りたる時は徭役を免がるゝを以てなり。『高麗史』忠肅王十二年の敎に……開城府五部及外方州縣、百姓を以て兩班と爲し。賤人を以て良人と爲し戶口を僞造する者、法に據り處斷……とあり。同恭讓王二年都堂の啓にも……近來戶籍の法廢れて、唯に兩班世系の尋ね難きのみならず。良を壓して賤と爲し、賤を以て良に從ふ。遂に訟を致し獄盈つ……とあり。此の如き行爲は、爾來李朝となつても常に止まざりしことは。今現存せる萬曆以降の戶籍帳を檢するも。幼學、閑良等の數常民の數に比例して甚多きことなり。『牧民心書』戶籍の部にも……。幼學を冒稱し父を換へ、祖を易ひ、官爵を僞載す……。云々とあるによりても、察知せらる。

犯罪人が跡を晦まし罪を免るべく。又逃亡の奴婢が他の地に至り前の身分を蔽ふべく。姓を作り或は名を易へし者も甚多かりしを推測せらる。

また科擧に應ずる時、庶孼にして其身分を蔽ふべく名を變更したる者あり。或は又其答案を一人にて名を易へて二以上提出し。其變名のもの合格し、遂に其名が本名となりし者もありしと云ふ。

肅宗己亥、司馬の試に登り、英祖乙巳文科に捷し、仕へて延日縣監となりし嚴宅周は。もと全義の公賤李萬江なること。同乙丑五月正言洪重孝の疏に因て發覺し、黑山島に竄流して奴と爲し。其名を大小科榜目より削りしこと『英宗實錄』に出づ此等は著しきものゝ例なるべし。

王室に於て便宜上、假りに他姓を稱したる例は。『三國史記』に新羅昭聖王の母金氏を、其父金神述の神字を取り略して申氏となし。哀莊王の母金氏を、其父金叔明の叔、字を取り叔氏としたる如きは。唐との交通により同姓相娶るの俗を夷風せらるゝを憚り。冊封等の關係上糊塗したるに出でたるものなるべし。

『高麗史』に惠宗が長公主を以て王弟昭に妻はすに方り。外姓皇甫を稱し、爾來兄妹婚の時、皇甫等外姓を稱せしは、當時儒敎倫理漸く浸潤せんとして。世の批難ありしにより、其體裁を作りて、同姓婚に非ざるが如く外面を粉飾塗糊せしに出づ。現今に於ける姓名の改稱に付ては、明治四十四年十月總督府令第百二十四號により面長邑長府尹に出願し。面長邑長府尹は道長官に理由を付して進達し其許可を受くるを要し。同大正四年四月政務總監の通牒により改稱の必要を認むる者のみ許可する事となれり。

第三節　姓の創立

（1）棄　兒

朝鮮に於ては、姓は男系の血族關係を表示するものなり。故に同系血族の者が異姓を稱することは法令の上よりも習慣としても絕對に認められず。從つて姓を創立するが如き事は發生せず。唯一の例外として姓の創立として見るべきものあり。即ち棄兒を收養したる場合に於て、其收養者の姓に從ふ習慣法是れなり。光武九年五月に發布したる刑法大全には、此習慣を法文とし……遺棄한三歲以下小兒는異姓이라도收養하야其姓을從케하되立嗣함은不得이라……と規定したり。此場合に於て棄兒は便宜上養父と同文字の姓を名乘るに過ぎず。決して其家の人

となりしに非ず。若し後年に至り父が判明したる時は、其父の姓に從はざるべからざる條件を保有せるもの也。之を法律學的に見る時は、一家の創立と見做すべく。內地の戸籍法に於て、棄兒が一家を創立する際、其氏は市町村長が定むることに規定せるものと少しも異ならざるものなり。

此の習慣は儒教の倫理により、血族を餘りに固守し人情自然の發露を省みざるものと謂ふべし。高麗時代に於ては、棄兒を收養したる時、之を子と見做す習慣ありしことは、『高麗史』文宗二十二年の制に、凡そ人後なき者、兄第の子無ければ則ち他人三歳前の棄兒を收め養つて以て子と爲す、卽ち其姓に從ひ、戸を繼ぎ籍に付す、已に成法あり。其子孫及兄弟の子あつて、異姓を收養する者一に禁ず……とあり。寧ろ此方人情に近く。現行民法第八百三十九條に、法定の推定家督相續人たる男子ある者は、男子を養子と爲すことを得ず。但女壻とする爲めにする場合は此限に在らず……とあり。其立法の精神、相近きものと謂ふべし。

(註)　內地にて棄兒《ステゴ》と稱するは、嬰兒の遺棄を指すものなれど。朝鮮に於て從前の文獻に棄兒と稱するは、嬰兒の遺棄と共に、相當に生長せし小兒を他鄕に置去りにすることをも併せて稱するの用字例也。

（2）　姓を創始せしもの

庶民奴婢等に於て、從來姓無かりし者が、兩班の文化に均霑すべく姓あることを欲し。自から隨意に姓を作り之を稱有したる者の多かりしは。高麗より李朝、李朝の初期より後期と、漸次下等階級に姓ある者を增加したること、戶籍、典籍等により明かなり、此等も皆姓の創立と稱すべきものなり。民籍法施行の當時、姓無かりし者が新に姓を作りし者ありし。此等も亦同じ。

第五章　朝鮮姓名の字數

第一節　姓の字數

支那に於ては國大にして、歷代多數域外の民族を包容したるにより。自から中華と稱したる中央部以外、風習の異りたる外域の民族が服屬したる後、中央とは全く別箇固有の姓稱を漢字の借音により表示せるものなり。複姓として、三字以上の者多く史乘に散見す。例へば、

△叱呂引　『隋書』　△突騎施　『唐書』

△失利波羅　『寰宇記』　△地駱拔　『魏書』
△骨崙蘆骨志　『路志』　△阿史那　『通志』
△乙毘沙鉢羅葉護可汗　『唐書』　△達步干　『周書』
△巨辰經　『潛夫論』　△乙速孤　『唐書』

等の如し。朝鮮に於ては今回の調査に依る姓數三百二十六姓の中。一字姓三百十四、二字姓十二の外、古代よりも三字姓の者無し。

第二節　名の字數

名の字數は、大體一字若くは二字に一定せり。而して複姓は一字名を普通とす。但三國時代に於ては、黑齒常之の如き二字のものあり。又高麗穆宗の時代に皇甫愈義あり、永川皇甫氏の始祖に皇甫善長あり、高麗恭愍王の時石抹天英あり、皆稀例に屬す。一字姓の者は二字若くは一字の名を用ゆ、其一と二の割合は、新羅末より高麗朝にかけ、比例的に一字名の者多く。麗末より李朝に入るに隨ひ、其比例漸次減少す。特に高麗中葉より排行を用ゆる者多きに隨ひ、二字名を便利とし。又二字共に排行を用ゆる者は、必ず二字たるを要するが故に。二字名の者漸々增加し李朝中葉以後甚しく增加せり。

玆に異例とすべきは、陽川許氏は世々單字を用ゆる家風あり卽ち左の如し。

〔陽川許氏〕

許京－許遂－許珙－許冠－許陌－許絅－許錦－許愭－許扉－許董－許瑗－許砥－許磁－許橿－許喬－許穆－許翊－許炯－許溥－許楨－許倬－許儁－許翼(以下略之)

又清州韓氏、全州柳氏の如く、隔世に單複交錯の式を用ゆる者もあり。卽ち左の如し。

〔清州韓氏〕

韓康－韓謝奇－韓渥－韓公義－韓脩－韓尙敏－韓惠－韓繼美－韓嶬－韓亨允－韓紀(以下略)

〔全州柳氏〕

柳季漳－柳堪－柳永立－柳穡－柳允昌－柳炫－柳世憲－柳宬－柳泰明－柳懋－柳義－柳養詠－柳琬－柳正秀(以下變更せり)

右の如き例は他の氏にもあり。又各氏中には終始單名を用ひざる者多し。

平民以下の者の名に至つては、男女共に介老味(男)角骨嶋(男)獨甲房(女)守連非(女)等々姓の有無に拘らず三字名の者多く。又林末同伊(男)者斤老味(男)內隱加伊(女)米應加伊(女)毎邑吐伊(男)往仇亐乙介(女)童毛多吾赤(男)等四字五字の者も亦少なからず。詳しきは兒名の章に就いて見るべし。

又特別として高麗時代蒙古名を用ひたる者及近代の基督敎徒の名は字數多き者あり。皆各其項に於て說示せり。

結局現在の戶籍面より見れば。兩班の姓名及兩班に倣へる常民の姓名は、合せて二字又は三字を普通とし。兩班の命名に倣はざる常民並びに基督敎徒名を用ゆる者は、姓名を合せて四字五字に或は六字に達する者あるなり。

總て朝鮮の姓名の字數は內地に比して少なく三字の者を以て十中の九を占む。此字數の少きことは、書寫記錄に便なる長所あれど。一方に於て單調に流れて個性味を缺くの短所無きにあらず。

(參　考)　內地人氏名の字數

現代に於ける內地人の氏名の字數は。二字姓二字名の者多く、二字姓三字名一字名の者之に次ぎ。一字姓二字名、三字名また之に次ぎ。二字姓四字名の者之に次ぐ。其以外は甚だ鮮なし。最も字數多く甚長き者の極端なる異例として。德川期と今日に於て左の如き者あり。

△一二三、四五六……
△七寸五分、刑部左衞門……
△松飾、目出度左衞門……
△勅使河原、四郎九郎十三郎兵衞……
△竹串、傳角左衞門……
（享保年代、幕府より諸侯に命じ珍姓名を書出させし者の中に出づ）
△長曾我部、源太郎左衞門……明治初年代土佐長岡郡の人
△野田、江川富士一二三四五衞門助太郎……大正年代岡山縣住人
△十二月《シハス》、甲乙《エ》丙丁《ト》戊己庚辛壬癸之助《ノスケ》……昭和年代栃木縣下都賀郡藤原村の人
△澤井、麻呂女鬼久壽老八重千代子(女)……奈良縣生駒郡矢田村の人昭和年代に改名、千代子とす

第六章　名の撰定竝命名の時期

第一節　兒名總說

凡そ人生るゝや之に兒名を命ず。兒名一つに乳名とも假名とも稱し。又支那流に小字、小名とも稱せらる。其命名の期日に付ては別に社會的の風習規範有る無く、各人の隨意なるも士人の家に於ては三日以内或は七日以内に命名するを普通とせり。或はまだ出產の卽時之を命ずるあり、稀には出產前男女二樣の名を作り準備し

置く者もあり。　或は幾週幾月の後に命ずるあり、甚しく緩漫なるは、數年の後に命ずるありて區々に涉れり。　近來は民籍法次で戸籍法の實施により、出生の届出を要するが故に、大抵は其届出前に命名するに至れり。

　兒名を用ゆる期間は、從前は兩班と庶民に於て、大に其趣を異にしたり。　即ち

　兩班は男子に在ては、冠禮を行ひ冠名を付する迄での間に之を用ひ。　一旦冠して本名あるに至れば、兒名は捨て之を用ひず。　但父母、祖父母等より呼ぶことも稀にあり。　女子は笄禮の間迄にて、此笄禮は婚禮の當日之を行ふ風習なれば、隨つて婚禮の日より幼名は捨てゝ用ひず、人妻となるを劃期として、本來の幼名は消滅するものとの觀念にして、其日よりして生家の姓に氏を附して稱號せらる。　例えば金氏、李氏の如し。　戸籍、文記、官よりの指令、公文等、總て公私の書面には右の稱を用ゆるも。　氏は敬稱を意味するを以て自稱せず。

　昔時に於て王に上書する時に於ては、氏稱は用ゐず、官階ある者は官某妻、之無き者は幼學某妻と云ふ如く書する例なるも、自身一個を表はさゞれば、他と判別し難き己を得ざる場合に於ては、李某。金某。と幼名を稱することもありたり。　而して兩班の妻たる者の氏の稱は、其特權とも云ふべきものなりしことは、第二編に於て詳說せり。

嫁女は生家に赴きし際其夫の姓の下に室の字を付して、李室金室と呼ばる。但尊屬親よりに限る、卑族親は、其嫁女の夫官職あれば、其官名の下に宅の字を付し、參奉宅、校理宅と呼び、官無き者は唯金書房宅、朴書房宅等と呼ぶ、の風習ありたり。

男子冠禮を行ひ冠名を有するに至れば。族譜に記入せられ、又戸籍にも登錄せらる、女子は族譜には單に女(ムスメの意味)と記され、出嫁の後は其女字の下に夫の姓名を(官階あるものは其名、無き者は幼學或は閑良等)記載され。出嫁先の族譜には夫の次に配何氏と記さる。

庶民は冠禮を行はず、故に兒名冠名の別無く、本名卽ち兒名にして生涯是を稱呼使用す。古き戸籍、竝古文獻、古文記及現在の戸籍にも此の兒名卽ち本名の者多數あるを見る。但男子は中途に於て隨意に之を變更して。野卑ならざる名に改むることも行はれたり。女は出嫁の後、代名稱呼を以て呼ばれ名を呼ばるゝことなきも戸籍には金姓女、李姓女等生家の姓又干蘭伊、貞順、召史等々の本名を記載せらるゝ等區々に涉れり。近代に於ては兩班に非ざる者も崔氏、閔氏等氏を自由に稱する者あるに至り。それ等の名現戸籍簿にも多數に登錄せられあるを見る。

第二節　兒名の緣起沿革

兒名は元來古代に於ける人名其物にして。社會の進化により、人の名稱が社會上に有意義となるに至り。

更に一定の時期に改名するの風を習成し。それが男子元服の式と結合して、冠名なるものを發生したりと推定せらる。之を支那の例に見るも『禮記』曲禮に冠して字《アザナ》いふとあれど別に冠名を命ずるの規範無し。其劃期的年代のこと不明なり。唐の陸龜蒙の『小名錄』には春秋戰國漢代以降に於ける人の小名を擧げあり。（本章アザナの項を參照すべし）『五朝小說明聽雨紀談』には……古の人小名あれば必ず小字あり。離騷に云ふ……屈原の名平、而正則、靈均は卽ち其の小名小字也……『南齊書』に王晏に對し從弟思遠が阿戎と稱へし記事あり。此等古代の一二の例を以て本名（諱名）の外に小字又は小名を命ずる風一般に存せしとは認め難きに似たり。

陸放翁『湖老學庵筆記』に周宇文の父に與るの書に自から薩保と稱せり。『燕閒錄』に蘇易簡が及第の時母に與ふるの書に、自から岷岷と稱せしこと出づ。宋の王銍に『侍兒小名錄』あり溫豫、洪遂、張邦畿共に『小名錄』あり。陳思に『小字錄』あり。『聽雨紀談』には予嘗て宋の進士同年錄を見るに皆小字小名を書す。尙古人の意を存す……とあり。唐宋時代に此風の廣く行はれしことを知る。

日本に於ける幼名は何時頃よりか明かならず。『日本書記』『日本後記』『續日本記』『三代實錄』『日本逸史』『東大寺文書』等に後段に表示せし如き甚雅ならざる人名の而も相當上流者の名として現はるゝより見れば上古、幼名を別にするの風一般に之れ無かりし如し。また一方王朝時代の物語類には幼名と見るべき者散見せり。降つて源平時代に至つては何丸、何千代丸と云ふ如き幼名を作るの風行はれ。之をオサナ名ともワラハ名とも稱せられ。爾來士人の間には德川時代より明治の初期迄此風は持傳へられて。元服の時に實名を附するの慣習を成せり。現に東北地方には烏帽子《エボシ》名《ナ》、烏帽子《エボシ》親《ヲヤ》(他人たる命名者)なる語と其風習ありて、古代元服の名殘を存せり。

朝鮮に於ける兩班階級に行はれたる兒命の沿革を考ふるに前に述べたる如く元來兒名は朝鮮固有の人名の姿にして。古代に於ては階級間に其差無かりしに支那の文化を受け其文字を採用するに至り。上流社會が支那樣式の名を作ることゝなりてより名が二樣となり、後にはそれが冠禮の式と結び付き。兒名、冠名と時期を劃して對稱するに至りしものにして兩班階級全部に此風習浸潤慣成せられしは、李朝に入りての後たるべし。と推定せらるゝも。文獻上に於けるそれらの沿革は記載審かならず。

本件に關しては冠名及字《アザナ》の項に於ても亦それとの關係に付說述せり相參照すべ

し。

第三節　兒名の特質

一、古代色豐富なること。

支那名様式化したる、壽福、信得、繼業、昌學（以上男）貞順、淑姫、鳳姫、貴德（以上女）等と云ふが如き者を除き、第五節中に記せる者は、何れも古色蒼然として純眞の感情流露して、質朴愛すべき者あり。此等現在の戸籍簿にある名を、萬曆年間以降の舊戸籍帳と照合するに、同一名の者甚多く、殆んど其時代のものと大差無きより考ふれば、蓋し古き傳統にして、中には新羅時代よりのもののもあるべしと推定す。

二、個性的に非ざる一般的名稱のものあること。

第五節(13)の項に記せる如く、內地にて言へば御孃さん、娘、息子、ボッチャンなど言へる如き抽象的名稱を名と爲せる者相當に多きは、特に女の名に多きは、家庭と名との關心、名と社會との交渉上の必要價値、及女の社會上の地位等を觀察するに於ても、亦社會學上人名の出上る經過を知る上に於ても重要なる資料たるべく、趣味津々たるものありと謂ふべし。

三、名にアテ字即借音甚多きこと。

庶民の名に於て現今の戸籍簿を見るに、所謂宛字即借音字甚多し。例えば

△마の音を現はすに馬、痲、毎、梅、磨等々

△양の音を表はすに良、洋、羊、兩、陽等々

△동の音を表はすに同、童、東、冬、動等々

△개の音を表はすに犬、狗、開、介、皆等々

△쇠の音を表はすに世、釗等々

右例示の如き者他の音にも甚多く、加之訛音あるが故に似寄りたる音の字も亦用ひられ、字の上より見れば全然別箇の名たる感あるものあり。例えば、富良童は火賊、松下芝は犢。梧桐は黒色等の如し。

內地の名の中には雪を由基、春を波留、虎を登良等と故らに別字を用ゆるもの無きに非ざるも、現在アテ字の名は殆んど皆無なることゝ比較して甚しく相違せり。畢竟其稱呼は音の上を主として字の上を主とするものに非らず。農民勞働者等の目に一丁字無き輩は、自己及家族の名、其音聲の名は知るも、其字としての名を知らざるもの多く。其名を文字の上に役立てる機會甚少なかりしに由るものなるべし。今

後教育の普及と共に此の如き風は消滅するに至ること必然たり。

昔時に於ても音を主とし字を主とせざりしことは左の例によつて知るを得るべし。

（參　考）

康熙乾隆年代戸籍の單子に同一人を別名にて書ける例

△乾隆十五年　吾郞。乾隆二十四年　五郞。（永川）

△右　同　千今。右　同　千金。（永川）

△右　同　日德。右　同　日得。（永川）

△康熙三十四年　晋陽。乾隆十八年　晋良。（晋州）

△乾隆十八年　介晋。同　二十年　介眞。同　三十年　介進。（晋州）

單子右の如し、其單子を本とせる式年（三年一回）の戸籍も隨て人名の文字不確實なりしを推斷し得べし。

此例は新羅の昔に於ても亦是を見ることを得卽ち左の如し。

△聖德王年代慶州甘山寺彌勒菩薩造像記中の女の名觀肖里は同一人を官肖里とも記せり。又其古巴里古老里は同寺阿彌陀如來造像記の古寶里古路里と

等しく同一人なるべく。男子に於ても、眞興王黃草嶺巡狩碑中、服冬知、內夫知等の知字、升夫智、北只智等二様に出であるを見る。

(附記一)

兒名は兩班も庶民も大體に於て異なる無く、唯兩班は少しく高尙なる名の多きと、甚しき卑賤名、惡名を命せざるのみなり。宮中に於ては幼名は世子册封の時迄又大君號、君號、公主、翁主等の封稱あるまで形式的に附するのみにして。誰も之を呼ばず、記錄にも記さゞるが故に之を知る者尠なしと云ふ。

哲　宗　　兒名　元範

李太王　　兒名　命福、開東(開東はケートン即犬の糞)

李太王即位後、開東の幼名は庶民に於て憚かりて命せざりしとの民間傳承あり。

(附記二)　幼名に使用するを忌む文字

一般に不幸、不祥に關する文字は之を避けて命せず。殊に病、衰、死、亡等の字其類字は之を用ひず。四の字も死と同音とし、柄、丙、炳等は病字と同音且類字たるより之を忌む。冠名には丙炳は之を忌まず また辛の字は俗間苦きにも酸はきにも通じ使用する故辛苦酸は困苦難澁と同意味として之を用ひず。但し右は智識階級のことにして、庶民以下は上記の如き字を忌まず用ゆる者もあり。

第四節　兒名の種別

以下數節に記す人名は皆全部現在の戶籍簿に取れり。文中古代のものは特に其事を附記せり。

朝鮮の兒名竝幼名を其儘本名とせし者に付ては。其見方により三種に區別するを得べし。

第一 兒名に充てられたる文字の種類より觀察せし區別

兒名に使用せる文字は、朝鮮に於ける一般の通用文字と同じく。純漢字、朝鮮創造の漢樣文字及諺文の三種にして。其組み合せにより左の如く岐る。

(1) 漢字のみを以てせしもの。例慶喜、甲順、介童、壽姬、淑達等の如し。

(2) 漢字に朝鮮造字を交へたるもの。例亐孫、斗乶飛、龜乭、鐵乧、乽祿、乽赤、世乼等の如し。

(3) 漢字に諺文を交へたるもの。例世몽치、조왕釗等の如し。

(4) 朝鮮の造字のみのもの。例乭乭、乭業等の如し。

(5) 朝鮮の造字に諺文を交へたるもの。例막乭の如し。

(6) 諺文のみのもの。例방울、되살이、판쇠、머심이等の如し。

(附記一) 人名に使用せられある朝鮮獨特の造字

△乧 둘　△乭 돌　△乶 발　△乮 몰　△乽 잘

△乫 골　△乧 둘　△乤 덜　△乻 놀　△乼 클

△⿺乙古　골　△乺　솔　△⿺乙芿　늘　△⿺乙芿　늘　△⿺乙馬　말

△⿺乙非　빌　△⿺乙乎　홀　△⿺乙吉　돌　△⿺乙斗　둘　△乷　쌀

△⿺乙乷　쉴　△⿺乙乭　똘　△⿺乙仇　굴　△⿺乙可　갈　△⿺乙亐　울

△⿺乙於　늣　△⿺乙芿　늣　△⿺乙芿　늣　△麁　곳　△⿺乙乑　뽄

△⿺乙古　곳　△⿺乙芿　맛　△⿺乙巨　걱　△⿺乙斗　독　△⿺乙内　내

△⿺乙巨　독　△⿺乙於　억　△⿺乙啓　얌　△⿺乙巨　둔　△⿺乙乑　쌴

△⿱此分　뿐　△⿱業木　노미　△⿱業木　노미　△⿱巜大　공부

右の造字は(例一)石の訓トルに乙のルを付し訓としての讀方をトルと示したるものと(例二)斗《ト》と諺文のㄱ《キオク》との二音を併せてトクとせしものゝ如き二樣の別あり。萬曆年代より康熙年代迄の籍帳竝に李朝歷代實錄中にも內ㄱ伊年、豆乙孫と云ふ如く別々にせるものもあり。蓋是れが最初の姿にして、後に二字を合して一字に作りしものなるべし。右の外

△旀　며　△亇　마　亇又亇亇にも作れり

等の如き造字を使用せる者もあり。

(附記二)　人名に使用せられある朝鮮の略字

△曺　曹　△彔　祿　△煥　煥　△雙　雙　△盃　醻
△斈　學　△过　邊　△旺　國　△伩　儒　△仪　儀
△补　福　△岭　齡　△还　還　△罗　羅
△叩　嚴　△阝　隱

右の如き朝鮮獨特の字劃省略字を以て屆出、其儘戸籍に登錄せられし者あり。古き籍帳には右の如きもの丶外に左の如きものあり。

第二　讀み方による區別

其讀み方に付て、漢字の音にて讀むべきものと朝鮮の訓により讀むべき者との別あり。之を內地の例に引けば、要吉、憲太郎(漢字音)。春代《ハルヨ》、實盛《サネモリ》(訓よみ)。松《マツ》藏、安《ヤス》八(音訓混合)の如き區別のものあると同一なり。

(1)　漢字の音にて讀むべきもの例

本項の中鳳虎、正月、七峯、貞順、淑姬等の如く其漢字の意義を表せしものと。行吉(卽한길、大きな道路)可梅(가매卽頭部の旋毛)六孫(孫は손卽チ手指)羅貴は(나귀卽驢馬)の如き類の借音のものもあり。

(2)　朝鮮の訓を以て讀むべきもの例

黄狗は누렁개と讀むべく卽茶色の犬。　虎伊は범이と讀むべく虎の義。　石石は돌々と讀むべきものゝ如し。

（3）　前項（1）と（2）を交へたるものゝ例

山《音》猪《訓》は산도야지。　加《音》平《音》介《訓》は가평개。　乶《音》月《訓》は반달と讀むべきものゝ如し。

之れを內地と比較するに、所謂宛て字甚多く。　其字も一定し居らざる故に、同一名詞を四樣五樣に書かれたるもの多く。　且其漢字の意味通りに釋解すべきか、或は借音なるかの區別判明せざる者ありて最複雜なり。　此地の人すら之を讀むに惑ふもの亦鮮なからず。

第三　文字の意義より見たる區別

（1）　其名前の漢字が有つ意義通りに解すべきもの例

禮順、貞姬の如きは女の名として、其文字通りの意義を表現せり。　慶信、文喜と云ふ如き男の名亦同じ。　或は十干の甲年に生れしを甲得とし。　虎を夢みて生れたるを夢虎とし、姙娠中夫の死して後生れし女を遺腹女とせる者の如し。

（2）　其名前の漢字の意義には關係なく借音によるもの例

五章はカマスの鮮語오쟁이。　乶乙は鷄の子の鮮語병아리。　方乙は鈴の鮮語방울。

那貴は驢馬の鮮語나귀。末童は馬糞の鮮音말똥等の借音なる如し。

(3) 前項(1)と(2)を合したるもの、例

雙釗(釗は쇠即堅き金屬或は鐵)丙午占(占は神より授かるの意)洋介(介は개即犬)等の如し。

第四 命名者の主觀より觀たる區別

命名者たる父兄及命名の依賴を受けたる者が、人名を撰定するに當りし其時の意思を忖度するに。(1)其名に某る意義を持たすべく、命名せしものと。(2)唯無意義に文字を列べしに過ぎざるものとの二あり。(1)に該當すべく見ゆる者も、月並化したる名は唯無意義に命ぜし者もあり。又醜惡なる名も實は却て親愛の意より出てし者もあり。或は迷信により子女を思ふの至情より出てし者もあり。第三者が唯其文字を一見して輕率に判斷を下すことを容さゞるものあり。以下數節の說明により是を曉るを要す。

第五節 一般的用字

兒名に付ては前節に於て述べたる外に、以下例示の如きものに付ては、注意して之を觀るを要するものあり。

△介。の字専ら男に使用せられ。多くは□□介と云ふ如く末字に使用せらる。但し其介の中には、犬(即개)を意味するものと、介の音ある他語に使用せられたるものと、唯無意味に介の字を以て、男たるを表示せしものとの三様あり。

△釗。の字多く男の名の末字に使用せらる。釗は쇠即金《カネ》の土語にして、或は鐵の意味にも用ひらる。本人が鐵の如く堅かれと祝福したるものと。牛の訓讀쇠に充てたるものと、쇠の他の字の音に宛てたるものと、無意味に男たるを表示せしものとの四様あり。

△弗。此音불は睪丸の語に當る、末弗とあるは、馬の睪丸の意、又末の男の意にも用ひらる。兄弟二人に大弗、小弗と名付けたるもの丶如きは、睪丸の大小に非ず、其大小は序次を示す、弗は單に男と云ふ意味を表現したる者もあり。

△乭。即ち돌は石の土語也、此字専ら男に使用せらる。其中子を祝福し石の如く堅固不變を意味せるものと、石に祈り子を得たるものと、돌の石以外の他語に宛てたるものと、無意味に男たるの意味によるものとの四様あり。

△伊。即ち이は多く女の名の末字に使用せらる、唯語尾に附したる字と、이の音ある他語に用ひられたるものと、語尾の變化によるものとの三様あり。

△年。の字多く女の名の二字以上の者の一字に用ひらる。년は即ち女の兒を意味するものなり。

△又。の字は繰返す意味にして、又女が生れた、又三月に生れた。と云ふ如きものと、單に次ぎの男、次の女と云ふ如き場合に用ひられ、更に同一の事重なりたる時又。又。として用ひ、以上必らず頭字に用ひらる。

△老。馬。耆。伊。魯。味、老味、奴等の字は、皆늠아又늠이にして男に必ず用ひらる、內地語に例せば、ヤッ又ヤローと云ふ如き賤稱に當れども。親よりは親愛の情を含むものなり。又單に男と云ふ意味にも用ひらる。

△阿。其。牙只等は元來小供の稱아기なれど、今多くは女に使用せらる、□□阿其、阿只□と云ふ如きは、女子たるを示し、其上下の□□の字には意味無きもの多し。又岳。の字の中には、此阿只の別字たるもの多し。

詳細は第六節に說明せり。但阿其の用字中に、아기の音ある他語を意味する者も稀にあり。

△以上の外淑、蘭、月、順等の字は主として女に、龍虎等の字は、主として男に用ひらる丶等の風習あり。細岐に涉るものは省略す。

第六節　兒名の命名緣由による區別

凡例

一、○は男の名●は女の名●○は男女雙方に使用するもの。
二、本項のみ男女の區別を示し、他項は之を省略せり。
三、漢字の音にて讀み、且其漢字の意義を以て解すべきものは諺文を付せず。

(1)　生れたる時を以てせるもの。

△正月●○　△又正介○　△正得○　△正龍○　△正乭○
△一月●　△正月釗○（以上正月生）　△二月●　△二得○
△二乭○　△二月釗○（以上二月生）　△三月●　△三得○
△三乭○　△三月釗○（以上三月生）　△四月●　△四月釗○（以上四月生）
△五月●　△五得○　△五乭○　△五介○（以上五月生）
△六月●　△六月乭○　△六月釗○（以上六月生）　△七月介○
△七月●　△七月釗○（以上七月生）　△八月●（八月生）△九月●
△九月伊●（以上九月生）　△十月●（十月生）△端午介○　△夏至●○

△秋夕。　△七夕。　△九日●。（重陽）　△寒食●。　△清明●。

△臘日女●　△冬至●。　△동지●。　△冬至劍。（以上皆其季節に生れたるもの）

△春分●　△春香●　△冬至●（동지달即冬至月は十一月を指す、十一月生れ）　△富春●

△臘月●（섯달は即十二月生れ）　△除夕。　△春成。

△春班●　△蘭春●　△頻春●　△秋介。　△秋乭。（以上春分秋分に生れたるもの）

△海都之●。（해드지即ち日の出る時に生れたるもの）　△夜生。　△夜女●（夜間に生れたるもの）

以上の中二得、三得の如きは、二人目、三人目の序次にも使はれ。蘭春、富春の如きは、時期に關せず命名せられたる者もあり。また正月より臘月迄の稱は、古代の婢名に最も多し。

(2) 生れし歳の干支を用ひしもの。

△甲辰●。　△甲乭。　△甲男。　△甲得。　△甲釗。

△甲龍。　△甲戍。　△甲順●　△甲姬●　△甲知。

△甲木。　△甲午。　△甲孫。　△甲娘●　△甲魯味。

△甲老味。　△甲寅女●

△乙釗。　△乙伊●　△乙末乭。　△乙童。　△乙男。

△乙龍○　△乙順●　△乙孫○　△乙大○　△乙石○
△乙娘●　△乙年●　△乙巳占●（占は授かり生れしの意）　△乙女●
△乙分●
△丙鐵○　△丙男○　△丙孫○　△丙午占○　△丙乭○
△丙喜●
△丁龍○　△丁男○　△丁順●　△丁八○　△丁孫○
△丁亥乭○　△廷戌○（廷は丁の宛字）
△戊釗○　△戊得○　△戊伊●　△戊寅●○　△戊申○
△戊戌○　△戊介○　△戊男○　△戊吉○　△戊姫●
△己男○　△己順●　△己出●○　△己得○　△己孫○
△己陰●　△己發●○
△庚得○　△庚辰●○　△庚孫○　△庚出●○　△庚出女●
△庚寅山○　△庚順●　△庚姫●
△辛生○　△辛女●　△辛孫○　△辛丑乭○
△壬妃●　△壬孫○　△壬順●　△福壬●　△元壬●

△氏壬●　△壬淑●　△壬得○
△癸男○　△癸媛●　△癸準○　△癸童○　△癸順●
△癸淑○　△癸孫○
△子龍○　△丑得○　△丑龍○　△丑孫○　△丑生○
△丑釗○　△丑乭伊○　△丑同○　△寅龍○　△寅童○
△卯男○　△卯順●　△卯得○　△卯孫○　△辰得○
△辰男○　△辰孫○　△午釗○　△午男○　△午蘭●
△午孫○　△午吉○　△未己○　△未孫○　△申童○
△酉孫○　△酉得○　△戌伊●　△戌孫○　△亥孫○
△亥男○

(3)　生れたる地名竝其地の山川名をとりしもの。

△錦山○　△鳳山○　△兎山○　△長連●○　△好禮洞○
△開城○　△牧溪○　△新溪○　△果川○　△馬山○
△井川○　△密陽○　△冶谷○　△玉山●○　△芳川●○
△南村○　△月灘○　△佳山●　△金海○　△關東○（江原道の雅稱）

△熊山○　△沓洞○　△長安○（京城の擬支那的の地名）　△方洞○（以上地名のみを以てせるもの）

△黄山介○　△松山介○　△茂朱介○　△昆陽介○　△統營介○

△文山介○　△加平介○　△咸安介○　△開寧釗○　△清州釗○

△新昌釗○　△木洞伊○　△西伊●　△穩城童○　△蔚山○

△船村○　△富寧女●　△鍾城女●　△泰安女●　△新昌女●

△靈岩女●　△江景華●　△京城女●　△龍安阿●　△京城乭○（以上地名に一字を加へたるもの）

△京得○　△京伊●○　△水得○　△順得○　△慶得○

△晋得○　△興姫●　△丹淑●

（以上は地名の一字を略し其地にて得たる意味、京は京城、水は水原、慶は慶州、晋は晋州、順は順天、興は永興、丹は丹陽）

△摩尼山○　△大白山○　△三角山○　△萬頭山○　△萬花峯○

△千頭山○　△北岳山○　△八峯○　△千峯○　△南山○

△九月山○　△七峯○　△桃里山○　△鷄龍山○　△漢江○

△芳川●（以上山川名、其山川の附近に生れしもの但無意味に名づけしものもあり）

(4)　生れし場所を以てせるもの

△舍郎釗○　△舍郎方○（方は房のあて字）　△舍郎世○（世は釗と同郎は廊）

△舍郎介。　△舍郎伊。（以上五何れも사랑即ち客間のこと。又愛の意味もあり）　△溫房・（溫突のこと）

△後房・（後方の部屋）　△小房伊・　△小斤房・　△上房・（以上三越房又は小さき間）

△大房・（大きな部屋）　△新房・（新らしき部屋）　△新家岳・

△下房・（아랫방即入口の部屋）　△內家岳・（內家は下人の居る行廊より主人の部屋を指す안잡也下人等が主人の室にて女を生みしもの？。岳は아기の宛字）

△他房・（自分の部屋の外他人の部屋）　△中房・（中の部屋）　△古房・（古き部屋）

△前房順・　△內房女・（夫人の部屋）　△封堂。（鮮屋大抵中央に板張りの間あり、之に板を張らず土を綺麗にならし板に代へたるを봉당即封堂と云ふ）

△夫億・。　△浮億乭。　△浮億釗。

△厨介。　△厨孫。（以上何れも厨房のこと부억と訓讀す）　△厠間介。　△厠介。

△厠生。　△付出伊。（부출이即ち便所の板）　△行吉。（한길にして大なる道路）

△路中伊。　△馬場金。　△場牛。　△麻場介。　△場伊・。

△馬當禮・（以上五마당にして訓す庭の意）　△轎子・（가마と訓す乘物のカゴ）　△可梅・

△苛馬・（以上二轎子に同じ）　△草堂・（別莊）　△五洋女・（牛養即오양にして農家の牛小屋の宛字）

△道里・。（덜即ち野原）　△馬乙。（即마을隣村の意）　△菜田伊・（野菜畑）

△他官。（他官は郡を單位としたる他地方の意）　△他官世。（世は釗の宛字）　△他關。（關は官の宛字）

△內洞。（裏の村）

（4）　序次を以て兄弟姉妹に名けたるもの。

本項に該當するものに付ては。名の頭字に。大中小。大小長次、長仲（或は中）次、先後、一二三四五、等を以て順次排列するあり。先出を元、長、先、孟、初、上、等に止め次に及ぼさざるあり。元、長、先、孟、初、上、等の次を再、且、又、末等と排するあり。斤、自斤（大と小の其次の借音字）とするあり。何等序次の意味無き名を持てる兄姉の次に、再、且、末等を配するあり。又の次に又又を付する等の別あり。但以上の字又。の外は順次と全く關係無くして命名することもあり。

△長男。　△長女。　△長孫。　△長妊。　△長年。

△長岳只。　△長釗。　△長介。　△元乭。　△元釗。

△元得。　△元甫。　△先童。　△先同伊。　△先伊。

△先釗。　△先姬。　△先妃。（妃は姬のあて字）　△先乭。

△初岳。　△初兒。　△初男。　△初出。　△初生。

△初才。　△孟出。　△大者。　△大女。　△大岳伊。

△大老味。　△大也知。　△大牙只。　△上女。　△次孫。

△次乭。　△仲伊。　△仲康介。　△中岳。　△中間。

△重介。（重は中の充て字）　△小老味。　△小岳只。　△小点伊。
△小干蘭。　△小年。　△小也知。　△小獨得。　△小雙女。
△小乭嶝。　△小匡之。　△小者。　△小干暖。　△小連伊。
△小卜伊。　△今安。　△金根。　△斤老味。　△斤豚。（斤と今は大の意）
△自斤龍。（自斤は小又次の意）　△自斤釗。　△自斤男。　△自斤乭。
△自斤吉。　△自斤岳。　△自斤童。　△自斤順。　△自斤分。
△自斤業。　△自斤奉。　△自斤天。　△自斤山。　△自斤德。
△自斤房。　△自斤南。　△自斤順吉。（此人の兄の名順吉）　△自斤云。
△介聲。（介は次又は小の意）　△介男。　△又得。　△又介。
△又岩伊。　△又伊。　△又一男。　△又郎。　△又順伊。
△又介同。　△又毛介。　△又金。　△又多男。　△又岳只。
△又釗。　△又男。　△又分。　△又夢牛。　△又夢生。
△又夢釗。　△又方發。　△又正介。　△又溫房。　△又昆女。
△又八十。　△又命出。　△又江牙之。　△又命女。　△又音之。
△又達莫。　△又順。　△又判乭。　△又又伊。（又又伊は女が續けて生れ、次男の生れることに稍希望の意を以てせる命名）
△且乭。　△且百。　△且古培。　△且男。

△且凡伊。　△乇女。（最末）　△末犬。　△末順。　△末攝。
△末世。　△末女。　△末拂。　△末生。　△末得。
△末出。　△末福。　△末乭。　△末岳。　△末石。
△末伊。　△末吉。　△後童。　△後男。（前童、後童、前出、後出、前男、後男等は雙生兒にも命名す）
△後老味。　△季男。　△季女。　△季先。　△一男。
△一乭。　△一淸。　△一用。　△一才。　△一星。
△一錢。　△一得。　△一釗。　△一龍。　△二乭。
△二男。（此名は往々次に男を生むことの希望より女兒にワザト男名を命ぜしものもあり）　△二得。（同上）
△二龍。　△二次。　△二才。　△二斤。　△二萬。
△二百。　△三乭。　△三釗。　△三男。　△三孫。
△三次。　△三阿只。　△三杜伊。　△三岩。　△三万。
△三億。　△三千。　△三亥。　△三道治。　△三分。
△三節。　△三才。　△三只。　△三龍。　△三方發。
△三八十。　△四釗。　△四千。　△四才。　△四分。
△四不伊。　△四孫。　△五年。　△五里。　△五才。

△五竹。　△五介。　△五乭。　△六才。　△六生。

△七六佑。　△七金。　△七岳。　△八釗。　△八里。

△八所宇。　△八伊。

以上の外、智識階級に於ては、兄弟に兩班冠名の排行に似たる△元達。　△亨達。　△利達。　△貞達。　と易の元、亨、利、貞。を排し又△仁壽。　△義壽。　△禮壽。　△智壽と仁義禮智を排列せる者其他此れに類ずるものあり。

(5)　生兒の將來を祝福し竝に其兒女の爲に美名佳名を撰びたるもの。

△九十。　△三八十。　△小八十。　△八十岳。　△八十數。

△三千。　△四千。　△二萬。　△三萬。　△三億。

△億萬。　△巨萬。　△壽童。　△壽同。　△壽介。

△禮壽。　△壽吉。　△又壽。　△義壽。　△智壽。

△壽姫。　△壽山。　△貞壽。　△信壽。　△壽萬童。

△壽命。　△壽岩伊。　△萬壽。　△無强壽。（强は疆のアテ字）

△壽老味。　△壽康。　△千壽。　△壽萬。　△壽福。

△德壽。　△命童。　△命山。　△命長。　△命吉。

△長命。　△命長介。　△百齡。　△億齡。　△百世。
△千世。　△五福。（壽、富、貴、子孫多、康寧）　△巨福。（龜の土語거북にも通ず）
△福伊。　△福介。　△福達。　△乭福。　△福乭。
△福同。　△福童。　△福任。　△福姬。　△加福。
△福順。　△福順伊。　△福禮。　△福丹。　△多福。
△昌福。　△舍郎福。　△福男。　△福萬。　△壽福。
△介福。　△福乫伊。　△福德伊。　△福壽山。　△福女。
△大福。　△福得伊。　△富吉。　△富貴。　△富貴童。
△富貴同。　△富貴乭。　△富季。（季は貴の宛字）　△巨富。　△富與。
△富全。　△大富。　△富春。　△富伊。　△富乭。
△貴乭。　△貴德。　△貴介。　△貴男。　△貴達。
△貴童。　△貴禮。　△貴女。　△寶物。　△寶貝。
△寶培。　△甫倍。（以上二寶貝の宛字）　△金伊。　△金乭。
△金德。　△萬石君。　△二千石宮。（君、宮は地方農民が其地の收穫多き富農を呼ぶときに付する僣的敬稱）
△露積。（禾穀を野積にすること其多藏を意味すること）　△貯石。（石はカマスの意穀物を多く貯藏すること）

△長者。　△多錢。　△長流水。（晝夜絶えず無窮の意）　△化水粉。（화수분、卽之を用ひて盡きず、之を取る無窮の意味を持てる傳來の俗語）　△東方朔。　△東方守。（以上二東方朔の長壽による）

△萬年運。　△無去。（去は彊の宛字又は去は死去の去、死無しの意？）　△千吉。　△萬吉。

△萬達。　△順吉。　△吉伊。　△昌喜。　△武喜。

△文喜。　△慶喜。　△昌釗。　△昌姃。　△祥姫。

△榮姫。　△安然。　△溫全。　△平安。　△寧世。

△而順。　△大平。　△繼英。　△英傑金。　△英特。

△特伊。　△特實。　△一等。　△伶俐。　△才童。

△文章。　△文孫。　△神童。　△信通。（以上二、神通の宛て字）

△天童。　△才烈。　△奇得。　△希顔。　△別者味。

△英得。（以上四、人並違ひスグレシ者）　△卯吐伊。（알들이、特に眞面目に勤勉なる形容詞）　△士羅。（사내、天晴丈夫の氣像ある者）

△妙童。　△奇妙。　△奇男。　△奇分。　△佳郞。

△守分。　△知分。　△守德。　△守業。　△修業。

△修信。　△勤業。　△耐忍也。　△思謹。　△安心。

△宜順。　△心順。　△順乭。　△順伊。　△順牙只。

△順灘。　△魚眞。　△於眞。（以上二어진卽賢淑に當る土語）　△忠達。

△忠得。　△忠甲。　△忠吉。　△忠男。　△昌善。

△昌石。　△昌敬。　△昌信。　△昌學。　△音全。

△奄金禮。　△也岩田。　△喑田。（以上四얌전卽溫麗の形容）　△也妙岳。

△也妙致。（以上二、야묘は性マジメ顔カタケ健全の形容）　△毎邑同。（맵둥態度端麗の形容）

△孝男。　△孝乭。　△孝童。　△孝孫。　△孝成。

△孝善。　△忠順。　△忠姬。　△忠愛。　△忠喜。

△忠子。　△孝順。　△孝貞。　△孝淑。　△孝婉。

△玉順。　△今順。　△順姬。　△禮順。　△龍伊。

△甘龍。　△川龍。　△龍乭。　△龍介。　△黃龍。

△才龍。　△者龍。　△水龍。　△大龍。　△小龍。

△龍男。　△龍岩。　△貴龍。　△靑龍。　△龍阿。

△龍女。　△白龍。　△鳳伊。　△千佩鳳。　△鳳鶴。

△鳳姬。　△皆鳳。　△鶴伊。　△鶴得。　△鶴女。

△鶴男。　△龜吉。　△龜岩。　△麟得。　△億釗。

△釗命。 △昌釗。 △大釗。 △小釗。 △高頭釗。

△古島釗。 △古頭釗。 △高斗釗。 △古代釗。 △高度釗。(以上六は皆고두쇠又は其訛音本品銀製、男兒囊端に佩ぶる祝福、又厭勝の意あるもの) △鐵乼。 △釗乼伊。(乼は줄即細紐類の稱、以上二鐵の鋼の如く堅牢不朽を意味す)

△釗多乼。(닷줄は船に使用する大鋼) △鐵岩伊。(釗、鐵は堅き意味、釗は即쇠鐵又は金屬の土語)

△一色。(美人の稱) △美妙。 △美妊。 △美多。 △葉分女。(엽분여)

△立分德。(上同) △立分伊。(上同) △憐牙。(上同) △憐非。(上同) △姸々伊。(연々이)

△古元岳。(고운아기) △姸丹。(연단) △入粉。(以上二입분이)

△粉阿其。(분아기) △而分伊。(이분이)

以上十五皆美人の形容的の稱。前列擧の外に堅牢不動の意味より岩石の土語たる돌即乭字を使用せるもの左の如く甚多し。

△乭東。 △乭孟。 △乭釗。 △乭乭。 △乭介。

△乭岩。 △乭義。 △乭伊。 △乭男。 △乭鳳。

△乭夢。 △乭明。 △乭達。 △乭命。 △乭憑。

△乭生。 △乭貴。 △乭作。 △乭福。 △乭奉。

△乭金。 △乭長。 △乭昌。 △乭禮。 △乭百。

△乭分。　△乭燈。　△乭世。　△乭文。　△龍乭。
△貴乭。　△京乭。　△福乭。　△玉乭。　△章乭。
△千乭。　△銀乭。　△金乭。　△介乭。　△鐵乭、
△石乭。　△不乭。　△判乭。　△童乭。　△末乭。
△米乭。　△釗乭。　△廣乭。　△命乭。　△且乭。
△快乭。　△眞乭。　△業乭。　△五乭。　△楊乭。
△順乭。　△萬乭。　△吝乭。　△海三乭。　△乭乭伊。
△毛訢乭。　△浮億乭。　△昌可乭。　△馬當乭。　△美乭伊。
△模乭伊。　△富貴乭。　△乭成伊。　△小扶乭。　△小乭燈。
△付乭伊。　△乭木勝。　△末邑乭。　△乭蒙馳。　△蒙乭伊。
△又岳乭。　△碩乭伊。　△乭岩介。　△也文乭。　△貴乭伊。
△玉方乭。

但し以上の中、岩石に祈願して生れたるもの、及トル、トリの音ある他の語のものを包含するも。其何れなるかは分別し難きものあり。

(6)　身體の特徵によるもの。

△点女。　△点癈。　△点分。　△点姬。　△点伯伊。
△点博伊。　△点百。　△点順。　△点釗。　△点童。
△点禮。　△点丹。　△点乭。　△点福。　△点吉。
△点壽。　△三点伊。　△点甫。（以上皆身體の一部にアザ、又はホクロある者にして点は之を指す。百、伯、博、白等は俗語백即ちつけるの借音、福壽は其点のある場所により吉凶ありとせらる、其吉なるもの）
△雙加梅。　△雙可馬。　△雙釜。　△雙苛每。（以上皆頭旋毛の二ッあるもの、쌍は雙、カマは가마即頭旋毛の俗語、此の如き兒生るれば外祖父母の家より密かに食匙を盗み來る風あり。斯くせざれば不祥ありとす）　△曲指。（手指の屈れるもの）
△六手。　△六指。　△六足。　△六孫。　△六發。（以上、手足の指の六つあるもの。孫は손手首より先の俗語。發は발、足首より先の俗語）　△蹇唇。　△乾唇。（以上二、上唇極めて短かく、或は上に捲れ齒の露出するもの）
△外囊。（下に同じ）　△巴囊伊。（皮膚に、シロ斑あるナマヅと稱する皮膚病即바독이あるもの）　△亞祿。（알록即ち面部にソバカスあるもの）
△昆女。（陰門の無き者、昆は六不女の一也）　△於稱。（언청即兎唇）△毛白。（頭髮に白毛を交へ生ぜるもの、모백）
△四八。（사팔即ちヤブニラミ）　△熊甫。（곰보即痘痕のあと其面上にあるもの）　△作貴。（짝귀即ち左右の耳の不揃のもの）
△作弗。（짝불即カタキン、睪丸の一個が腹腔內に止まり落下せざるもの）　△大弗。（큰は大불は睪丸）
△小弗。（소불は小同上其小なる者）
以上の中、大弗、小弗は單に男の意味として兄弟二人の名にも命ぜらる。

（7）姿勢、身體の形狀等を以てせるもの。

△奧木伊。△五木里。（以上二、오목이にして顏の中央が凹めるが如き者の形容）△五獨伊。（옷독이即鼻大く顏の中央が凸狀を爲せるが如き者の形容）△納爵。△納作。△芳赤。△芳籍。△芳竹。（以上五납적にして、面濶くヒシヤゲタ如き者の形容）△爭班。（쟁반は廣くマン丸く平かなるの俗語皿の水が水平になりしを쟁반と云ふ芳籍と同一）△刀土里。△道吐里。（以上二顏がドングリの實の如く丸きもの、도토리はドングリ）△同古里。△同屈禮。△登屈禮。△東九里。△登九里。（以上五동구리顏がマン丸き者の名）△富九里。△富口里。（容貌の福々しく生れたる者の俗語）△富㐊伊。（顏の下ブクレのこと、바구니即圖の如きカゴの名の訛り）

△監長。△甘長。（以上二감장黑色の意）△巨馬松。（검아숭）△巨墨伊。（거묵이）△巨墨介。（거먹개）△居武崇伊。（거무숭이）△黔崇。（以上五顏の黑きもの）△黃忠。（황충）△老梁。（노량）△老郞。（노랑）△魯娘。（以上三로랑即顏の黃色のもの）△翁宗。（옹종即顏の極めて小さき者の形容）△夢骨。

△蒙骨。（以上二、몽골面のテコボコの形容、又可憐の意味にも使ふ）

△昆培。

（顔大く首以下長きもの、곰뷔、農人が土をナラス器具に圖の如きものあり、此の名に因る）

△獨亞面伊。（독아머리即頭の後部に毛髪の叢生せる者の形容）

△勺達。（작달即ち體様短かき者の形容、内地語のチビに相當）

△足吉孟。

△彌勒。

△將軍釗。

△古不伊。

△爵大。

△外托。（容貌形態母方に似たるもの）

△多發。（다발、即ち頭毛豐生生れた時目まで垂下せる如きもの）

△祚金旺。（以上二、조긔맹即ち勺達と同一の意味）

△未力。　△密易。

△未力將軍。　△將軍。　△丈軍。（將軍の訛）

（以上七、彌勒を指す、即ち顔が身體に比し比較的大なるもの。忠南恩津の彌勒石像は、如圖割合に顔が下部のツレアヒに比し大なり故に名く、又總て身體の大なる者をも指す、又力の强きものをも指す。但此中には、彌勒に祈り得し子の名もあり。まだ單に佛名を人名とせし意味の者もあり）

△古粉。（以上二、고불이即背の彎曲せるセムシ及少し曲れるネコぜを稱する名）

（작대、即ち身體のヒヨロ長きもの、擔軍の荷を下す時、ツツカイ棒の圖の如きものを작대이、同形の洗濯物を干す時に用ゆるものを장대と稱す）

△方九里。（방구리卽瓶の丸く小なる者の名全體がダンゴの如く丸きもの）　△筐乙里。　△光秩里。

△光之里。

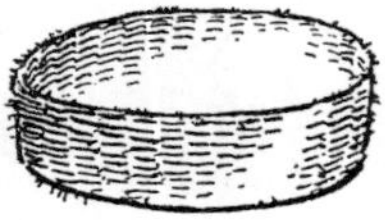

（以上三、卽광우리丸くて平たく横長き圖の如きカゴ。横つく太りの體格の者）

△方乙里。　△芳于。　△房蔚。　△方欝。（以上四、방울卽鈴の如くマン丸き體格の）

(8)　性質、習癖によるもの。

△甚述。　△心述。（以上二、심술卽性格荒々らしく怒り易き者）　△毛叱伊。　△慕直金。

△母眞金。　△蒙通也。　△蒙摠阿。（以上皆몽총及其訛り、腹が空くも泣かず。ダマッテ、ボンヤリして居る者の形容、賤稱、貶稱）

△雍童。　△也丹伊。（以上二、야단이、卽ち溫順で無く始終動きまはりイタヅラをする者の形容）　△發岩同。（바람동、卽風の如く豹變詐言多き者の形容）

△削不伊。（身體羸弱食物を多く取らず弱き者の形容삭불이略して삭불이）

△發々牙。（발발아卽ち敏捷の意）　△五突光。（오돌광卽短氣で輕率の意）　△鰐發伊。（악발慓悍勇猛意志鞏固の意）

△億志。　△億尺。　△億之。（以上三、性强鞏、無理な事でも押通す、者無理な事を억지と云ふ）

△咄々伊。（똘똘이、輕率弱小の意、蔑稱）　△乾斗方。（건두방、卽ちナマイキ又不遜の意）　△耆甫。

△⿱老乙甫。（以上二、놀보即怠惰者のこと、朝鮮の御伽噺的小説燕脚に悪善二人の兄弟あり兄の名を놀보と云ふとあり）　△乞狗。

△乞貴。　△乞鬼。（以上三、걸귀即貪食者）　△잠동이。（よく眠る兒の形容）

△兒望。（아망、乳を呑まずよく泣く兒の形容）　△天動。（雷のことヤカマシイの意）

△乾傑。（건걸、貪食竝慾張り）　△可七阿其。（아칠아기、ドケアル如く性の荒々しき意）

△⿱斗乙南。　△⿱斗乙男。　△⿱斗乙甫。（以上三、둘남、둘보、共にボンヤリして智惠なき意）

△夢述伊。　△夢杜里。（以上二、몽술이、몽두리、共に⿱斗乙南と同じく、人に馬鹿にせらるゝ如き者の意）

△長達。（俗語强き者の形容詞）　△朝音芝。（좀쥐小鼠の如く靜僻處に居ってイダヅラを爲す小供、鼯鼠に當る）

△實根。　△實巾釗。（以上二실금、실근、共に頓智の意）　△也無致。（야무치、廉義なき意）

△掛乭。（괘돌即不眞面の意）　△瀆德伊。（똑똑이即明敏）　△作碣。（작갈即オシヤベリ）

△心通。（심통即心術不正猜忌心あるもの）　△於屯伊。（어둔이、夕方の意クライ人）　△甘直伊。（삼지이、性輕卒燥急）

△九斗釗。（구두쇠、即吝嗇、毛一本でも惜がる奴）　△乭乭。　△獨獨。　△石石。（以上三、똘똘聰明の氣像ある）

△弓九里。（궁구리、心の圓滿なる意）　△甲乙。（갑을即ち輕率）　△保之蘭。（보지란、仕事に熱心なる意）

△木石。（感情のニブキ小供）

（7）　**動物名竝動物に緣ある名を以てせるもの。**

犬

兒名の犬、狗の字は音讀せず、개と訓讀す。又多く介の借音字を用ゆ。本項皆男兒に限り用ひらる

△王介。　△往介。(왕개卽ち最大なる犬)　△胡浪介。(호랑개卽ち虎の如く猛き犬の意)

△叔皆。　△首介。　△宿介。(以上三、숙개卽ち雄犬の稱獸の雄には皆수の字を使ふ)

△雄犬。　△朴斗介。　△海狗。(以上二、바독개にして白黒斑點の犬を稱す)　△庭狗。

△場狗。　△麻當介。(以上三、장、마당は共に庭卽ち庭の犬)　△鍤史里。　△挿沙里。(以上二、삽살이卽ち毛の多きムク犬)

△門狗。(문개卽ち門の犬)　△黄狗。(누렁개卽ち茶褐色の犬)　△黑狗。(검둥개卽ち黒犬)

△野狗。(들개卽ち野の犬)　△米介。(쌀개毛の短かき肥つた美しき犬)　△半狗。(밤개卽ち夜の犬)

△丁郎介。(뎡낭개卽ち便所の犬)　△통시개。(便所の犬嶺南方言)　△皆佛。

△介拂。　△介不伊。(以上三、개불卽ち犬の睾丸)　△介助之。(개조지卽ち犬の陰莖)

△開童。　△開東。　△介同。(以上三、개똥卽ち犬の糞)　△可野之。

△姜兒只。　△康牙只。　△江牙之。　△加支。　△强牙致。(以上六、강아지卽兒犬地方によりカヤジー、ケヤジー等多少の訛音あり)

△江生。(강성이犬の子地方語)

馬

△棠羅九。　△當羅九。　△羅九。　△羅久。　△那貴。

△羅貴。(驢馬당나귀略나귀、以上六、何れも驢馬の稱)　△老塞。(로새卽ち騾馬の稱)

△馬乙。(말卽ち馬)　△千里駒。　△萬里駒。　△千里狗。(戸籍届出の時駒を狗に誤りしもの)

△梅兒只。　△馬支。　△馬牙之。　△買地。　△每我之。

△馬也之。　△馬之。（以上七、何れも마아지又마지卽ち兒馬）　△末弗。（말불卽ち馬の睪丸）

△馬草。（말불上に同じ）　△末童。（말똥卽ち馬糞）　△馬蹄。（말굽）

牛

△黃牛。（누렁소卽ち茶色の牛）　△野牛。（들소卽ち野の牛）　△岩牛。（암소卽ち牝牛）

△牛伊。（소이卽ち只の牛）　△松牙之。　△松牙池。　△松阿致。

△松下馳。　△松萬致。　△松下芝。　△松致。　△牛兒。

△松阿只。（以上九、何れも송아지及其略송치卽ち犢）　△同佛伊。（동불이卽ち犢の地方語）

△釗童。（쇠똥卽ち牛の糞）　△釗弗。（쇠불卽ち牛の睪丸）

虎

虎を호랑又は범と訓讀す

△範伊。　△虎伊。（以上二범이卽ち虎）　△葛範。（갈범卽ち毛に黑線のある虎朝鮮に於ては昔より虎と豹とを同一物とし、併せ虎と稱す）

△風範。（風の如き迅き虎）　△虎郞。　△胡浪。（호랑卽ち虎）

△虎童。（범똥虎の糞）　△猛虎。　△好郎伊。（호랑이）

猪

朝鮮にてはブタに總て猪字を宛つ。豚何れも도야지と訓讀す

△道牙之。　△都也之。　△都也池而。　△道也之。　△東牙只。

△豚夜至。　△度只。　△道治。　△豚伊。（以上七、何れも도야지と돝이にしてブタのこと）
△金豚。　△詳豚。　△洋豚。　△又豚。　△百豚。（百は白のこと）
△山猪。（산도야지即猪のこと）

猿
△元崇。　△猿崇伊。（원숭即ち猿）

熊
△古美。　△古味。　△故美。　△熊伊。（以上곰이即ち熊のこと）
△자근곰이。（小熊）　△큰곰이。（大熊）　△昆不伊。（곰부리熊の睾丸）

鹿
△思審伊。　△師是味。（以上사심이即ち鹿のこと）

狸《タヌキ》
△奴九尼。（너구리即ち狸）

其の他獸

象　△象。（코끼리と訓讀即ち鼻の長き意味）　羊　△염소。　猫　△考梁。（고양이即ち猫）
△半猫。（밤고양이即ち夜の猫）　兎　△兎江伊。（토강이と訓讀す）　鼠　△朝音芝。（좀쥐即ち小鼠）

鳥類

△앗들이。(雛の雌) △䓆介。 △獨述伊。 △述而。(以上三、독술이又は其略にして鷲)

△國々鳥。(一に布穀鳥と稱す、閑古鳥の聲に似たり색국이と訓讀す此の巢には寶ありと傳說あり) △水鷄。(뜸북이と訓讀す)

△鵂鶹。(梟) △富興。 △夫應。(以上二、부흥梟の一種、梟は凶鳥とせらるゝも、此鳥は鳴けば繁昌す、巢に寶ありと稱せらる)

△加馬貴。(가마귀即ち烏) △濟妃。(제비即ち鷰) △乬任。

△斗老味。 △斗林。 △杜路伊。 △乬老味。 △鶴伊。(以上六、何れも두룸이即ち鶴)

△邊乙。(병아리即ち雛のヒヨコ) △鷹女。 △鸚鵡。

虫類

△蜍蟾。 △頭巨丕。 △斗刧。 △蠹刧。 △斗巨飛。(以上四、둑거비即ち蟾)

△맹꽁이。(兩蛙) △蟾伊。(섬は蟾の音讀) △金蟾伊。(금섬이同上)

△蟬。(매미と訓讀す) △皆八。(개팔이即ち犬に着く黃色の蝨) △蟋蟀。(귀뚤이と訓讀) △智龍。(지룡이と即ち蚯蚓のこと智地の宛字)

△辰得。(진득이即ちダニ) △巨北。 △巨福。(以上二、거북即ち龜)

△南生伊。(남생이即ち石龜)

魚類

△魚眞。(어진と音讀烏賊のこと) △鮒魚。 △北魚。(북어と音讀メンタイ即ちスケトウダラのこと)

△魚物。（어믈即ち干魚の總稱）　△望東魚。（飛魚のこと）　△海參。（ナマコ）

△宋士伊。（河中に棲める小さい魚の名송사리即ち身體の小さき者）

（參考）　日本古代に於て人名に禽獸蟲魚を用ひし例

凡例　天皇の御名は『日本書紀』の其紀。續は『續日本紀』後は『日本後紀』。續後は『續日本後紀』。三は『三代實錄』。逸は『日本逸史』。文は『文德實錄』。常は『常陸風土記』。東は『東大寺文書』。嘉は『嘉祥古劵』。正は『正倉院文書』

△鳥

〔神功〕羽白熊鷲　〔續〕藤原朝臣、眞鷲　〔後〕日下部忌寸、阿良多加（荒鷹）

〔雄略〕膳臣、斑鳩（イカルカ）　〔後〕紀朝臣、眞鴨　〔文〕紀朝臣、野鴈

〔舒明〕吉士、赤鳩　〔舒明〕三輪君、小鷦鷯（コササギ）　〔皇極〕國勝吉士、水鷄（クヒナ）

〔雄略〕平群朝臣、眞鳥

△獸

〔孝德〕蘇我田口臣、川堀（蝙蝠）　〔敏達〕大鹿首、小熊　〔孝德〕中臣連、押熊

〔續〕日下部使主、荒熊　〔天武〕坂上直、熊毛　〔推古〕土師連、菟（ウサギ）

〔天武〕置始連、菟　〔常〕中臣部、兎子　〔續〕秦、犬麻呂

〔天武〕曾禰連、韓犬（カライヌ）　〔崇峻〕櫻井田部連、膽渟（イヌ）　〔東〕若帶部、羊賣

〔東〕卜部首、羊　〔天武〕〔續〕柿本朝臣、猨《サル》　〔元明〕柿本朝臣、佐留

〔欽明〕許勢臣、猿　〔舒明〕錦織首、赤猪　〔續〕犬養德忌寸、佐留

〔天武〕小墾田、猪手　〔推古〕土師連、猪手　〔神功紀〕赤猪

〔續後〕佐伯宿彌、伊多智（鼬）　〔天武〕土師連、馬手　〔續〕上毛野朝臣、荒馬

〔舒明〕高向臣、宇摩　〔崇峻〕東漢直、駒　〔孝德〕吉士、駒

〔推古〕平群臣、宇志　〔續〕宗形部、堅牛《カツシ》　〔舒明〕身狹君、勝牛《カツシ》

〔天武〕石川朝臣、蟲名《ムジナ》　〔光仁〕刑部直、蟲名　〔嘉〕辛國、蟲名女

〔續〕忌部宿彌、蟲名　〔正〕中臣部、刀良賣《トラメ》　〔續後〕犬養、眞虎

〔持統〕生部、虎　〔續〕別部、大虎　〔逸〕安部朝臣、眞度良

〔正〕物部、刀良　〔後〕秦、刀良　〔正〕肥君、刀良

〔續〕縣犬養宿彌、虎子

△貝

〔續〕石川朝臣、枚夫《ヒラフ》　〔續〕忌部朝臣、比良夫

△魚

〔三〕刑部造、眞鯨　〔舒明〕大伴連、鯨　〔三〕藤原朝臣、鯨子

〔天智〕河內直、鯨　〔續後〕粟田朝臣、鯨　〔續〕吉野連、久治良

〔天武〕民直、鯨
〔續〕大春日朝臣、赤兄《アカエ》
〔雄略〕吉備海部直、赤尾（緋魚）
〔天武〕堺部宿禰、鯯魚《コノシロ》
〔續〕紀朝臣、鯖麻呂
〔逸〕伴宿禰直、堅魚
〔聖武〕石上朝臣、勝雄
〔天武〕民直、小鮪《コシビ》
〔續〕錦部連、針魚女
〔續〕大豆、鯛麻呂
〔續〕田中朝臣、大魚
〔逸〕都宿禰、腹赤《ハラカ》
〔三〕粟宿禰、鱒麻呂
〔皇極〕蘇我臣、入鹿
〔欽明〕難波玉造部、鯽魚女

〔天武〕廬井連、鯨
〔續〕大春日朝臣、赤兄
〔欽明〕大連物部、尾輿《オコゼ》
〔續後〕田口朝臣、佐波主
〔桓武〕縣犬養宿禰、堅魚麻呂
〔後〕安部朝臣、堅魚
〔續〕大伴宿禰祐、信備
〔續〕凡直、黑鯛
〔續〕大神波多、石持
〔續〕船連、大魚
〔逸〕桑原公腹赤
〔三〕粟凡直、鱒麻呂
〔續〕鴨朝臣、小鮒

〔三〕漢人、貞魚
〔天武〕蘇我、赤兄
〔孝德〕鹽屋、鯯
〔續〕尾張宿禰、乎己志
〔續〕六人部連、鯖麻呂
〔續後〕大伴宿禰、雄堅魚
〔後〕林宿禰、娑婆《サバ》
〔天智〕吉士、小鮪
〔嘉〕秦忌寸、鯛女
〔續〕秦前、大魚
〔續〕尾張、須受枳《スズキ》
〔逸〕吉備部、眞須《マス》
〔後〕粟田朝臣、入鹿
〔應神〕吉備品遲部、雄鯽《オブナ》

△蟲

〔天武〕舍人造、糠蟲　〔後　〕刑部、糠蟲　〔續　〕阿部朝臣、粳蟲
〔續　〕井上忌寸、蜂麻呂　〔續　〕村國連、蟲　〔續　〕村國連、蟲麻呂
〔續　〕安曇宿禰、日女蟲　〔孝德〕粟田臣、飯蟲　〔續　〕布勢、眞蟲
〔續　〕村國連、子蟲　〔續　〕物部、毛蟲咩　〔續　〕美濃直、玉蟲
〔脊明〕阿曇連、頬垂（螢）

(8)　植物名を以てせるもの。

△布斗叉。（포도即ち葡萄）　△毛難。　△毛難伊。　△模稜。（以上三모란即ち牡丹）
△朴達。（박달は車軸等に使用する堅き木にして樺、檀等の字を充つ學名オノオレカンバ但地方により此名を以て呼ぶ其植物を異にす）
△櫻桃。　△櫻桃仙。（以上二、ユスラムメ）　△無空。　△無窮花。（以上二、槿の字を充つムクゲ）
△紅梅。　△春梅。　△竹實。　△桃里子。（里は李の宛字）
△桃李似。　△桃花枝。　△桃花春。　△青桃玉娘。　△松葉。
△松山。　△松丘。　△小松。　△大松。　△栗乭。
△擇栗。（以上二、栗は밤と訓讀）　△桂阿。　△桂枝。　△芝出。
△曲芝。（は꼭지にして柿瓜等のヘタを指す）　△蓮花。　△寶蓮花。　△綠豆。
△彩蘭。　△蘭香。　△蘭乙仙。　△午蘭。　△蘭實。

△堂蘭。　△蘭出。　△佳蘭。　△大小蘭。　△大蘭。

△小蘭。　△中蘭。　△苗種。　△古木介。

(9) 庶物の名稱を以てしたるもの。

△大元古。(대원고即ち碗臼と稱する短かき舊式砲)　△鼎岩。(솟바위小さき釜)

△加磨。　△加磨釗。　△可馬。　△可梅。　△駕每。(以上四、下に同じ、但此中に轎の가마もあり)

△釜。(以上五、가마何れも物を煮るカマ、牛頭の汁を煮る如き比較的大なる釜の名稱)　△加于釗。(가위쇠即ち鋏裁縫用)

△錚。(丸き盆の如き二個を合せ擊つ樂器)　△鈴。　△方乙。　△方欝釗。(以上三、鈴방울と訓讀す)

△방울이。(上同)　△章乭。(장돌即ち釘を擊つ鐵、錐)　△蒙置。　△蒙致。

△夢致。　△世夢致。(以上四、木の短かき棒몽치。世は釗の宛字此分鐵の棒)　△金夢致。(上に同じ)

△督基。　△獨其釗。(以上一、독기二、독기쇠斧)　△望値釗。(망치쇠即ち鐵の棒)

△古利。(고리即ち溫突の障子、門戶等を鎖す鐵の鐶)　△銀。　△一錢。(한돈葉錢十枚の稱)

△古頭釗。　△古斗釗。

△古道釗。

(以上三、男兒の佩用する小嚢末に附着せるユ두쇠如圖銀製又銀メッキのもの)

△茂釗。

△無衰。(以上二、무쇠即ち水鐵の稱、水鐵とは軟かき下等の鐵のヂガネ)

△所當釗。(소당쇠即ち鼎の蓋)

△釗。(쇠即ち鐵の俗語)

△南斐。(남비、鍋のこと)

△大葛。(대갈即ち蹄鐵)

△金。(金屬の意)

△鐵洼。(쇠줄鐵索)

△鐵伊。

△鐵童。

△銀童。(은동銀の訛)

△伯釗。(白き金屬)

△自葛。(자갈シガリ)

△乭不伊。(돌색리岩の根)

△乭武德。(돌무덕石を積みしもの)

△乭達。(돌달石橋)

△突明。

△乭名。

△突每。

△小突每。

△乭孟伊。(以上五、돌멩이石の通稱)

△摸石。(모석稜のある石)

△模乭。(上同)

△玉乭。

△盤石。(大なる岩石)

△鐵石。(堅固の意)

△車乭。

△次乭。(以上二、차돌、堅き石英石を指す)

△石匣。(大理石又は蠟石にて作りし石の小さきハコ)

△岩。(바위)

△乭公。(돌공이、石を以て造りし杵)

△思發。(사발、飲食物を盛る茶碗の大なるもの)

△方九里。(下に同じ)

△鐵方九里。

(以上三방구리水を汲み小供の頭に戴く陶器の器圖の如きもの)

△種子。（종자、醬油等を盛り食卓上に出す小さき茶碗の如き眞鍮又は陶器）

△銅伊。（동이、方九里に同じ但大人の女の頭に戴くもの）

△木枕。

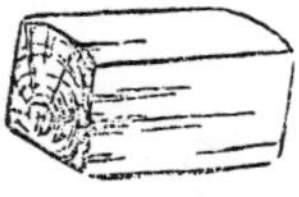

（木にて作りし圖の如き枕）

△退枕。

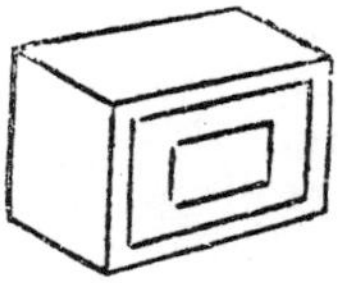

（木枕のよき言葉又如圖サシモノの枕）

△木鐸。（木魚のこと）

△爭班。（쟁반、眞鍮製の食器をのせる盆）

△蒙致。（몽치、藁打板）

△高頭來。

（고두래如圖、羊、犢の頭にハメル道具）

△光質。

△光之里

△筐乙。

△光秩里。（以上四、광주리、柳又はハギ製のカゴ）

△筧石。（멱석、丁寧に作りしカマスの如きもの）

△壁乭。（벽돌、レンガのこと近代に出來し言葉）

△彭介。（石戰の時石を投ずる形容）

△彭伊。

（팽이、木製の如圖獨樂紐にて叩きて廻すもの）

△粉。（オシロイ）

△方席。（溫突に敷く方形の座敷團）

△乼。（줄、縄索）

△갈퀴。（松葉カキ）

△朴阿只。（박아지、ユガ瓜を二分し水汲に用ゆるもの）

△奉宅伊。　△奉泰其。

（以上二、병력이、氈笠即ち奴隷兵丁等の着せし如圖帽子）

△貴夫里。（귀불、緞等を以て小三角形のものを製し襲末に佩ぶるもの）　△昆培。　△坤斐。（以上二、곰배、農具土ならし圖前に出づ）

△德席伊。　△德石。（以上二、덕석）　△公石伊。（공석三、多期牛の背に覆ふムシロ様のもの）

△同金。　△斗應金。

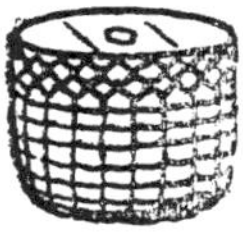

（以上二、동금이、禾草又は紙繩を以て編み作りしもの穀物を入るゝ器）

△吾長。　△五將伊。　△五莊伊。

（以上二、오장이、小さきカマス）

△悌箕。

（제기、錢に紙片を通して作り小兒がケマリの如く蹴て遊ぶもの如圖）

△老積。　△露積。（以上二、로적、秋時野積せし穀物の稱）　△良琴。（良は洋の宛字オルガンのこと、양금、近代的名稱）

△眞珠。　△珊瑚。　△時計。　△玉。　△寶玉。

△紙錢。

（佛前又は鬼神の前に捧ぐる木の小さき棒に紙片を貼付せるもの如圖）

△梅乭。（맷돌、石臼）　△雪梅。（설매、橇）　△築垣。（축원、石と土にてねりし垣）

△외지。（胡瓜の漬物）

(10)　特殊の事情により名けられしもの。

A　父又は祖父の高齡の時の出生

△回甲童。　△還甲。　△甲年。　△甲姬。　△甲吉。

△限甲。　△漢甲。（漢は還の宛字）　△甲順。　△祖甲。（以上九還甲）

△辰甲。　△陳甲。（以上二、還甲の翌年）　△八孫。（祖父八十歳）

△七旬。（祖父七十歳）　△六旬。（父六十歳）　△五十童。（父五十歳）

△晩乭。　△晩得。（以上二、父五十歳以上）

B　父死して後生れしもの。

△遺腹。　△遺腹女。　△遺腹介。　△留腹。　△有腹。

△有腹女。

C　雙生兒。

△雙童。　△雙劍。　△雙兒。　△先出。　△後出。

△先男。　△後男。　△先女。　△後女。

D　兒を賣ることの假作。

兒の育たぬ時は他人に依頼して其賣買を假作す。如此すればよく成育すと稱す。買ひ人は代價に擬し其兒の佩ぶる고두쇠と稱する銀の棒を交付す。

△販岩。　△販乭。　△八老味。　△販木。　△判劍。

右の販木は、鬼神木《クイシンナム》に賣りしもの販岩は岩に賣りしもの?。

E

捨子を裝ひしもの。

△五章伊。（Dと同じく兒の成育せぬ、時カマスに入れ山邊に持行き。他人の捨兒を拾ひし擬行をなす。其兒の名）

（參　考）　内地に於ても昔より此風習あり。　其小兒に捨吉（男）捨姫（女）など命名せり。

F

厭勝によるもの。

△靑童。　△紅童。

某る鬼神の襲害を防ぐ爲めに生れてより八九歲の頃迄衣類着裝等總て靑又は紅色を着け置くもの丶名也。　近來此風殆ど廢り如此小兒を見ず。

△草殯。

痘瘡に死せし　兒は野外に棚樣のものを作り、其上に屍を置き上に藁を覆ひ置く風あり。　此れまだ草殯の一種あり。　此名により痘神の來襲を防ぐの意ならん（？）

此名極めて稀也。

△五章伊。（오장이、即ち小さきカマス、子のよく死して育たぬ家には、子を此のカマスに入れ山に持行き擬葬を爲し連歸る風あり、此子に命ぜし名）

G

病により危く死せんとし、奇蹟的に助かりし者。

△道沙里。（되사리）

H

夢兆によるもの

父又は母がある夢を見姙娠せし、兒には、或は受胎中にある夢を見し時に命ずる。名に左の如きものあり

△夢龍。　△夢石。（石音돌）　△夢乭。　△夢麟。　△夢生。
△夢得。　△夢古里。　△夢愛。　△夢姫。　△夢蓮。

(11) 祈願先きの名を以てせるもの。

子を得べく神佛、星辰、山川等に祈願し。其靈顯により得たるにより名けたるもの。此項に屬する者は皆男のみにして、女は一人も無し

△七星童。　△七星女。　△太星。　△太乙。　△老人星。（以上其星に祈願せるもの）
△山川釖。（山川に祈りたるもの）　△竈王釖。　△造王釖。　△早王福。
△朝旺釖。（以上四は、家屋内にある廚主、又は廚神、或は竈王、因王と稱する廚房の鬼神に祈りたるものにして。竈王は조왕なり二、三、四は其訛り。此神には每朝飯の初穗をさゝぐ）
△帝釋。（帝釋は民家に紙嚢又は陶器に穗米を盛りて特に神を封し尊崇する鬼神）　△聖主。　△聖主童。（以上二、성주即ち聖主は家屋を司る神にして、新築の時は最初先づ此神を迎へ入る。常に上樑に在す）
△城隍童。（城隍神、即성황祠は山頂又は阪の峠にあり、或は祠無く石を疊積したるものもあり）
△玉皇童。（道教の神、巫女の祈る玉皇上帝）　△三神。（三神は產神、產の神）
△國寺童。（寺は師の宛字、國師堂に祈りしもの）　△雙佛伊。　△佛淑。　△佛童。
△石佛。　△彌勒。　△密易。（彌勒の訛）　△密億。（彌勒の訛）　△彌力。（力は勒の宛字）

△彌勒岩。　△彌勒福。　△彌勒晉伊。　△彌勒同。　△佛乭。（以上皆佛、佛像、彌勒に祈りしもの）

△點佛。（점불にして、点は점지の점、点除の俗語即ち점불、佛の御授け下されしの意味）　△於非。　△業伊。（以上二、業・업이即ち業は財の神又は農神、にして、蛇のオブ、鼬のオブ、赤子のオブの三あり、內庭漬物瓮の臺の邊に、瓶を埋め込み米を入れ、上は藁苞にて覆ひ祀る鬼神、是に祈りしもの）

△自斤業。（次のオブの意）　△百鶴。（白鶴の宛字）　△靑鶴。（以上二、寺名にして其寺の佛に祈り生れしもの？）

△大監童伊。（大監は屋內に宿れる鬼神、其家の安全並家主の運命を司る）　△乭。（돌、石の俗語）の字又は方亍。（岩の俗語방우）又は乭嶝（돌덤이大岩石塊の俗語）等の字を用ひし者多く、特に乭の字を使用せる者甚多し。例、乭東、乭孟、乭釗、乭乭、乭奉、乭湜、乭岩、童乭、乭登等等の如し。以上何れも男兒に限り用ひらるゝ字也。岩、石等は堅固、長久等を意味し、其子の將來を慶祝しての命名なれど。又一方に於ては鮮內各地普通の大石、又は陰、又は陽形を爲せる石を崇拜し。之に子を祈るの風最も廣く行はる。江原道海金剛の邊には大なる陰形の岩石あり。之を子を祈るべく、略ぼ陽形の小石に衣物を着せて奉納する風あり。而して之れに因て同地には돌아버지即ち石の父なる語あり。右の如き緣により乭の字を用ひしものも甚多しと雖。其何れに當るかは判別し難し。

(12)　**出產に對する感想、希望を表現せしもの。及其他の記念。**

（a）

出産多く内地俗諺の所謂、貧乏人の子澤山に苦しみ、是を止めんとする意志の現はれしもの。但此中唯末女として名けしものもあり。まだ女は此れにて畢りとし、男を得んとする希望を表せるものもあり。

△畢年。　△畢老味。　△畢順。　△畢女。　△莫末同。

△莫同伊。（以上二、同は童と同じ）　△莫竹。　△莫得。　△莫斗里。（斗里乭に同じ）

△末童。　△末娘。　△末乭。　△末伊。　△末拂。

△末不伊。（以上二、불は睪丸即ち男の意味）　△恣金。　△末順。　△終末。

△高滿伊。（고만이即ち止めるの意）　△끝놈이（出産の了り）

以上の中年は끝にして女の意。莫は막にして終りの意

△莫音伊。　△麻金。（以上二共に、막음即ち磨勘のことなり。磨勘は支那、唐宋代よりの官用語、再檢査の意味、朝鮮の官用語としては、最後の審査と云ふ意味に使用せられ。民間に於ては淸帳即ち總淸算と云ふ意味に使用せらる）

（b）

男の出生を欲する意志の現はれしもの。

本項に列示せし名は、皆女に限り命ずるものなり。また前項女は畢りと云ふ意味の名の中には本項に該當するものをも包含す。

△希男。（次回は男の出生を希ふの意）　△吉女。（汝は吉き女にして次に男弟を見るべしの意）

△可望。　△小望兒。　△望生。　△望祥。（以上何れも男の出生を望むの意）

△魯馬。（即노마にして男の稱、内地俗語のヤツ、又野郎に相當す。故らに男名を付し。次に男の生るべきを期待せしもの）

△古代。（苦待の宛字）　△〓孫。（〓は빌祈るの意、孫は男兒名の末字に使用する字）

△仁諸斗。（인제두即ちキットの意、女四五人續けて生れ今度コソは必ず男たるべしと自信の意）　△設麻。（설마即ちマサカ大丈夫の意）

△確實。　△斟酌。

(c)

男の出生を期待して信じ居たるに、女が生れ失望の意思を表示せるもの。

△攝云。（운섭）　△西云。（운서）　△西粉。（以上二、서운の訛）　△攝々。（섭섭）

△涉々。（以上五、殘念の意）　△絶痛。（殘念至極遺憾極りなし）　△紛通。（憤痛の宛字）

△通粉。（痛憤の宛字）　△遺憾。　△遺憾女。

(d)

前に二三人續きて女が生れ。次に男を欲せしに希望の通り男が生れ喜悦の滿足感情を表示せしもの。

△上快。　△新通。　△新奇。　△新々。　△解願。

(e)

安産の喜びの感情を表せるもの。

△佛肅。（불숙即ち突き出るの俗語、母苦まず、易々と突き出して安産せし兒）

(f)

女兒のみを續けて産み、失望と自嘲の意味を諷せし命名に左の如きものあり。

△一可。　△二或。　△三笑。　△四恥。（以上四人の續きて生れし女に順次命名せしもの）

△一喜。　△二甚。　△三恥。　△況四。　△五述。（以上五人引續き女が生れし者）

（g）　異　産。

△삼티。（一産三胎）　△難生。（難産）　△干得。（同上千に一の命を得しもの）　△天命。（同上）

△更生。（難産）　△倒生。（倒産）　△角久里。（각구리逆産）

(13)　一般的抽象的名稱を以て個的人名の稱とせしもの。

△兒可。　△亞佳。（以上二、아가小兒の稱）　△兒也。（아야は아가の訛？）

△兒戲。（아희男女小供の稱）　△阿只。　△亞其。　△亞其多。

△者斤阿只。　△大阿只。　△中阿只。　△小阿只。　△牙只。（以上皆아기）

△阿氏。　△阿其氏。（以上二、아씨）

△召史。　△金召史。　△朴召史。（以上二の頭字は姓字に非ず）　△小召史。

△中召史。

以上の人名に付ては下段に於て別に考說せり。

△於仁年。（어린년、女の小供の稱）　△言然。　△彥連。（以上二、언년小女兒の稱下等語）

△諺仁山。（어인산、上項の訛り）　△小連伊。（자근년이、小さき娘或は次女）　△言連伊。（幼なき娘언년이）

△小根。（소근이、小さき女이にして女の稱小は小さきの意）　△干蘭。　△干蘭伊。　△小干暖。（以上三の干蘭（暖は蘭の訛）は간난）

△老馬。（노마、奴ッと云ふ意にして男の子の稱）　△彥老味。（언노미、幼なき男の子の稱）　△乙伊者。（어린놈にして同上の意）

△乙羅。（올라にして同上）　△於里崇。（어리숭にして小さき男の子の稱下等語、）

△立分伊。（입분이にして美なる娘の意）　△古邑丹。（곱단同上）

△總角。（下に同じ）　△총각。（未だ結髮せず垂髮せる男子の稱、結髮せざるは結婚せざるを表示す、三十餘年前には年齡三十歲以上にして如此者あるを見たり）

△사내。（普通男の稱）

△머심아。（總て男の子供を稱する地方語、少女を가ᄉᆞ아と稱する對語）　△밥덕이。（飯焚女）

△處女。　△處子。（以上二、ムスメの意）

以下に記すものは皆女の名にして民籍法施行の際、土民下流の輩にして、中には全く名無く。取調の官吏が左の如く記錄したる者にして。明治三十八年頃より同四十一年頃迄の出生の者に最多し。

但し金氏、李氏、朴姓女、鄭姓女と云ふ如きは古き籍帳にも記されあり。

△鄭。　△李。　△權。　△崔。　△金處女。

△朴處女。　△閔處女　等等。　△金姓女。　△李姓女。

△曺姓女　等等。　△柳女。　△張女。　△南女　等等。

△李姓。　△孫姓。　△宋姓　等等。　△李氏。　△金氏。

△沈氏。　△閔氏　等等。

(1)　召史の名に付て、併せて女名末字の伊、里に付て。

召史の語原に付ては種々の俗說あり。召史は處子の訛にして、卽ちムスメの俗字なりと曰ふ者あり。又一說に、昔某る時支那よりの詔使來鮮せし時。其客館に於て某る女が懇切に周旋せしにより。詔使は是に感謝して、詔使の二字の畫を割きて、召史なる名を與へしに濫觴せりと曰ふあり。まだ甚しく穿てる者に、漢史の作者後漢の班固の妹、班昭が兄を助けて史を修めしにより、昭史と稱せるを傳へたりと謂ふあり。以上皆附會の說たること明なり矣。

召史の漢字を朝鮮の音讀にすれば、쇼ᄉᆞとなる。然るに實際は此を然か讀まず、조이と讀めり。此字借音たること燎か也。蓋し新羅時代？或は高麗時代よりの古き名稱なるべし。

現在に於て此召史の名は甚多く。其多くは寡婦の名に用ひられ。（兩班には無し）其中に夫の姓を冠せるものと、自己の姓を冠せる者との二樣あり。前者は夫の死後女戶主の如く家政を司り、營業を管掌せる者に多し。又間々稀に娘の名にも、夫ある妻の名にも用ひられて戶籍に登錄されあるを見る。萬曆以來の現存せる舊戶籍を見るに、總て女の名に用ひられ。一戶の中に二人又は三人の同一名なる召史の名の登錄あるものも亦間々之れあるを見る。

由是觀之ば此稱號は、個的人名に非ずして。もと總括的抽象的に女を現はす名稱たりしことを考ふ。『正宗實錄』庚戌夏四月の條に……咸陽御史崔顯重復命……今本郡の奴婢案を以て之を觀るに。男は岳只を以てし、女は助是を以て稱と爲す。一案載する所、殆んど二百口に近し。而して全く是同名……云々とあり。此の助は音讀조、是は訓讀이にして、召史の조이と同一たること一點の疑無し矣。此記事により此時代下層者には各々個的人名無く。簡單に男の子、女の子と謂ふ如くに呼稱せしを知り。現在に於て召史なる女人名の多きも、それが個的人名の類同に非ずして、抽象的一般的古代女子名の昔のナゴリたる事を曉るべし。

また此召史の名に付ては、第二編第二章中にある如く、『白沙集』に……庶女に至る何ぞ敢て氏を稱せん、其召史と稱する金石撓め難し……とあること。及士人の妾の死したる時、柩の銘旌に金召史、李召史等本人の姓を冠したる召史名—本人の名に非ず——を用ひし風習ありし事等に考ふれば。兩班の妻、金氏、李氏（實家の姓）等と稱するに相對して。士人の庶女、及妾竝庶民の妻が公けに使用する名稱にも用ひられしことを知る。蓋し其借音文字の召史が高尚なるより、遂に公けに採り用ゆるに至りしものなるべきか。

また女の名の末尾に、이の音ある字を用ひし事は、新羅聖德王十八年の慶州甘山寺彌勒菩薩造像記中の女名に、觀肖里、官肖里、古巴里、古老里、首肹買里、阿好里、同王十九年の同上阿彌陀如來造像記の、古寶里、阿好里、古路里、等女の名に悉く里を付せり。此の傳統なるべく、萬曆以來の戸籍に女の名として其末字里、又は伊の字、即이の音ある字を付せる者甚多く、現在の戸籍にも亦同一なり。其中の幾分を左に例示すべし。

丹九里、光之里、相之里、小道里、小九里、雄九里、柳沙里、斗西里、道吐里、淑九里、名區里、道里、加里、蒙古里、廣九里、豆乙里、富九里、自加乙里、巨九里、順伊、順男伊、音田伊、小房伊、今伊、金丹伊、萬丹伊、萬金伊、玉順伊、北述伊、干蘭伊、立粉伊、朔不伊、點分伊、點伊、卜伊、咄々伊、葉々伊、業伊、奥木伊、言連伊、等等あり。

朝鮮語の名詞は、其語尾、用ひ樣によりて變化する場合あり。此里、伊等は、其變化とは見られざるに似たり。蓋し新羅に於て、日本の昔のヒメと同じく一種の敬稱たりしに非ざる歟。

(2)　阿只の名に付て、併せて男名末字の智、知、介に付て。

此阿只の名も亦現在の戸籍に登錄せられある者甚多し。　其音は或は아기、訛りて아디、애기にして用字には阿只、阿己、阿奇、阿箕、阿其、愛奇、亞其、亞奇、亞箕、牙只、岳只、岳其、岳伊、岳奇、岳、岳知、阿智、亞智、亞知等にして。　其發音のヅヅマリたりと思はるゝ者に아씨あり。　阿志、阿之、阿氏等種々の借音字を用ゐらる。　また上の阿只等等の上に、大、中、小又、金、朴（此の金朴は姓字に非ず）新家、新前家、者斤、守、豆、內家、喜、粉、判、命、業、根、占、初、等の字を冠せる者あり。　下に、多の字を付せる者もあり。　萬曆以來の古き戶籍の記載も亦大抵同一なり。

此字は現在に於ては、大抵女の名として使用せられあり。　極めて稀に男の名にも使用せらる。　萬曆以來の舊戶籍の記載亦同じく。　今日に比して男名に使用せる者多し。　現在の戶籍に一家に二人、三人の同名なるものあり。　例之、姪、阿只、長女阿只、三女小阿只等の如し、古き籍帳には單に阿只なる者、一家三四人を記せる者もあり。　知るべし此稱は一般的にコドモを指せる昔しより呼名にして、個的名稱の類同に非ざることを。　此事は召史の項に述べたる正宗時代の咸陽御史の復命中にある、數百口男の名の、岳只の同名とあるに據るも明かなるのみならず。　現在に於ても猶アーギー、エーギーなる總括的名稱は男女何れの嬰兒、小兒の名にも用ひられつゝあり。又阿只氏或は阿氏は王女の宮中の稱呼にも用ひられ。阿氏は兩班の女竝婦の敬稱、內地語の御孃さん、奥さんと云ふ如き意味と同一にも用ひられあり。

是を古き文獻の記載に見るに『三國史記』の脫解尼師今九年、始林の下の金櫃より出たる小兒を收養したる条に。……長ずるに及び聰明多智略乃ち閼智と名く……とあり。『三國遺事』金閼智の項に、脫解王、始林の中の金櫃より小兒を得、閼智を以て之に名く。閼智卽鄕言小兒の稱……とあり。同書駕洛國記に、坐知王あり。王妃阿躬阿干の孫女に阿志あり。金庾信の妹、寶姬の小名阿海、文姬の小名阿之あり。『高麗史』列傳文元大王貞、子千秋君、光宗の女阿志君に尙す……。同辛旽の項に、同人を刑殺せんとし、給きて王命として召還せんとする條に……旽喜んで曰く、今日の召還蓋し阿只の我を思ふなり。阿只方言小兒の稱、旽の婢般若、牟尼奴を生む、王以て己の子と爲す、是を禑と爲す。阿只は牟尼奴を指す也。水原府使朴東生旽の前に泣いて其情款を陳ぶ。成林叱して之を退く。旽刑に當つて手を束ねて僕に哀を乞ふて曰く、願くは公、阿只に見へて我を活かせ。乃ち之を斬る……とあり。

『史記』匈奴列傳に……單于太子有り名は冒頓、後愛する所の閼氏有り……索隱に……閼氏舊音曷氏、匈奴皇后の號也……習鑿齒燕王に與ふるの書に曰く……云々……

囟奴妻を名けて閼氏とす。今烟支と音すべし……とあり。蒙古に於ても小兒にアーキーの稱語あり。淸室に於ても王子を封號ある迄は阿哥と稱せり。朝鮮の現在の戶籍中にも阿可なる名あり。宋の孫穆の『鷄林類事』に父呼其子曰丫加と云ふとあり。卽아가たること疑無し。

此アーキー又アカなる語は、新羅以來の土語方言なるや、蒙古語と偶然の合致なるや、或は其語系なるやに付ては猶攷究を要すべきものあるべし。

現在に於ける此等の語の使用例を重ねて記せば左の如し。但し地方により少異あり。

△아기　或は애기、總て幼なき男女小供の稱、幾分敬稱、又親愛の意を含める言葉、祖父母、父母も亦之を以て呼ぶ。

△자근아씨　或は애기씨、兩班の處女を敬稱する語、內地語に御孃樣と云ふのと同じ。又は花嫁さんも애기씨と稱するも、然る場合は새애기씨と必ず새を冠す、새は卽ち新と云ふ意なり。

△아씨兩班の旣婚婦の敬稱、然るに之は大概年若き婦人に對する稱呼なり。老婦になれば又別に、마님と云ふ敬稱あり。この마님は實は昔より云へば、其夫の官階正三品以上より稱する語なれども、然し斯る位階なきものも、老婦に對して아

씨と云ふは、釣合はざる故に普通마님を以て稱す。故に幾ら年若き婦人と雖も、旣に마님の敬稱を受くる丈のその夫の官階あらば、아씨とは云はず마님と敬稱す。

アーキー又アチとも訛言せらる。之を古典の記載に見るに、新羅の古代より男の名の末字にチの音ある者甚多く。曩に述べたる關智を始とし以下に列示する如き者あり。

△金石文　眞興王黃草嶺碑。服冬知、比知、分知、等等あり。同昌寧碑に、居七夫智、星夫智、竹夫智等等十數人皆同じく。同楊州碑に、內夫智、末智あり。敦賀常宮神社に在る、晉州蓮池寺の鐘銘（唐貞觀中）に忠舍知、行道舍知あり。

△『三國史記』に伐智、德智、炤知麻立干、眞智王等等あり。

△『三國遺事』に駕洛國坐知、朴弩衣尼叱今、脫解齒叱今、眞智大王、居陁知、向得舍知等等あり。

△『日本書紀』に崇神紀阿利叱智旱岐、蘇那曷叱智、繼體記に久禮爾師知。神功紀に毛利麻叱智、富羅母智、微叱許智伐旱。欽明紀に彌至己知奈末。推古紀に比叱智。齋明紀に……高麗沙門道顯日本世紀に云……春秋智……。同別項に……或本に云新羅王春秋智……とあり。

△『三國史』馬韓の部に……各長帥あり大なる者自から臣智と名のる……とあり。日、本の昔の麻呂、彥等の如き男子の敬稱と同一のものなるべし。まだ此のチは狗の兒の강아지、馬の兒の망아지。牛の兒の송아지。雞雛병아리及豚の도야지（本と豚の兒を稱したるか）等の語原とも關係あるべし。

(14) 雜

△老來。（노래則唄のこと）　△竹支萬。（죽지만即ち死ぬる勿れの意）　△嚴禁。

△半達。（半月）　△泰山。（大きな山）　△天動。（雷）　△地動。（地震）　△河水。

△大門伊。（大門は兩班の外門、現在は庶民の家の中門無き外門をも大門と稱す）　△長板。（溫突油紙）

△國竹。（국죽）雜炊飯。　△獬豸。（人心の善惡を知ると云ふ、想像的創造動物）　△海泰童。（同上）

(15) 故らに醜惡の名を用ひしもの。

△介童。（犬の糞、李太王殿下の御幼名も是を用ひらる）　△馬同。（馬の糞）　△釗童。（牛の糞）

△똥덩이。（糞の塊り又ダンゴの如き人）　△丁郞介。　△똥시개。（以上二、便所の犬）

△付出伊。（便所の板即ち부출이）　△問童。（문동、慶尙道地方レプラの方言、親友を呼ぶにも此方言を用ゆることあり）

△문대。（同上、京城邊の名稱）　△草殯。（10に解出づ）　△개천。（ドブの名）

△莫難伊。　△望浪伊。　△幕蘭。（以上三、막난、昔し死刑執行の時の首斬人最賤人とせらる）

△富良童。　△不良童。（以上二、불랑당即ち火賊と稱し韓末に存在せし、強盜團の稱）

此等の惡名の中には、鬼神の襲來を防ぎ成育を希望する厭勝の意味に出たるものもあるべし。

（參　考）一

『推学錄』に……歐陽公の家の小兒に小名僧哥と名くる者あり……公笑つて曰く、人家の小兒、長育し易からんことを要し、往々賤物を以て小名と爲す。狗、羊、犬、鳥の類の如き是也……とあり。『廣益俗說辯』に……俗間に幼兒のよくそだつまじなひとて、犬、牛、猪の如き名を用ゆる云々『消閑雜記』にも……邪鬼を逐はんが爲に人名屎丸等の穢なきを撰べり……とあり。

（參　考）二、日本古代の人名に糞字を用ひし例

〔用明紀〕押坂史、毛《ケ》屎《クソ》　〔古今集〕讀人、窕《クソ》
〔推古紀〕錦織首、久僧　〔源氏物語〕右近君、こそ
〔孝德紀〕倉臣、小屎　〔袋草紙〕童名、濱古曾
〔日本逸史〕阿部朝臣、男屎　〔九代實錄〕藤原賴通の妻小忌古曾
〔三代實錄〕卜部、乙屎麻呂　〔遊女記〕神崎の孤蘇
〔三代實錄〕巨勢朝臣、屎子　〔　？　〕紀貫之幼名、阿古久曾
〔三代實錄〕下野、屎子
（竹取物語　には糞をコソと言へり）

支那に於ても屎字を用ひし例に『廣東新語』に……東莞多く屎を以て小兒の乳名と爲し、之を賤むるは之を貴ふ所以、男を屎哥と曰ふ女を屎妹と曰ふ……とあり。

（附錄）朝鮮舊樣式人名の網羅

前節に於ては、朝鮮舊樣式人名に就て略ぼ解說を試みたれども。僅かに其一斑に過ぎず。此の小冊子を以てしては、到底其全豹を解說し盡すを得ず。玆に次第不同にそれ等の人名を網羅して列擧し專門學者の研究資料に資すると共に。將來此種人名の減滅すべき時あるを豫想して。其時に於ける必要なる記錄たるべく留載し置くものなり。左記の中音讀か、訓讀か不明のものもあり。又訓音何れとするも猶讀み方不明のものもあり。便宜推定に從へり。

（以下全部現在の戸籍簿に登錄せられあるもの）

△아

王妣　阿也　五月　八粉　牛兒　牛伊　一斗　五三　外出　億乭　業得伊　牙伊行郞

又道治　龍介　年伊　二百　二斤　一淸　一得　一龍　又八十　任乭　阿可多　一寸

瓮中　又大安介　又釗　又判岳伊　又命出　我知　五介　也無致　龍方于　雄九里

牛夫里　音全　岩　於東熊伊　熊乫　二次　玉乭女　雍已乭　乙孫　壬孫　午孫　酉孫

乙男　穩城童　於福女　雍土里　五洋女　午蘭伊　龍房兒　五介乭　魚德也　我根乭

岩惣角　乫福　億尺　一乫　二乭　安然　阿只　五目　五將伊　良古伊　五十童　雄犬

牛岩　二萬　遺腹　牛沙亞　元不　入分武釗　言老味　言連伊　又豚　億志　一曰

二曰富　五乭　容干蘭伊　於叱乭　仁諸都　五叱獨伊　伊乭　叉江牙之　猿崇伊
銀郎壽　嶺項占　暗釗　有腹釗　英傑金　乙巳占　奄全禮　五木禮　愛須多　譽是大
如乭伊　熊孫　有感　如突　龍星　葉分女　岩回　五竹　藥水女　兒吐伊　將守
於平突　牛鬪　玉山日　坦實　有北女　愛男伊　愛廉　五岩　愛怒味　冶谷　耶岩田
於仁年　岳伊　安邦　伊可　也分　兒孟　伊斯倍幹　牙馬多　仰實那　五莊伊　岩爲石
陰判　凹方　要挾非羅　於稱　笵釗　宜底只　二千石宮　汝屈　攸萬羅　五音牌伊
笵同　億萬　容乭　良介　洋琴　與介　也金　尼四別伊　禹麻理　日川　五木里
右房　五風伊　忍耐　岳只　也根順　也根女　遺感　伊粉　熊山　笵乭　笵奉　乙伊老
乫奉　悅釗　岩石　笵山　有明　有投伊　我可多　亞羅　外蠶　月奉　龍安阿　安阿多
業我　於利沙別　然伊　云伊　伊分伊　也音分　五默伊　也口　於屯伊　嚴浮其
元乭伊　芚連　以利沙白　矣迪之　有妻時　愛羅　永老未　玉山　揚實　玉兒　業女
罵禮多　彥連　利伊　乙未　燃月　義氏　於氏　銀乭　玉乭　玉皇金　乙釗　葉葉伊
叉舞頓　也未　一乭　二乭　五督伊　野短　億釗　也德　兒美　於里崇　仁諸斗　也之
一二三　謀釗　良金伊　夜石　夜釗　一色　億水童　業同伊　龍龍　五陽　叉甚
仍可發　阿可托　五竇　五述　也音分　野信婉　有腹　二者　雲音　一星　烏水伊
一錢　日釗　五黑　業妃　月田　五木　溫全　葉分　所謂　英特　梧目　龍女　牛介

越金　汝出　惡發　五十丹伊　二才　五才　알놈이　良順　雌介　永杜理　叉光時
叉福順　叉甘龍　叉介同　叉岳只　叉判齊　叉寧世　五福　焉明介　叉郎　漁物　五乭
野田　叉本長　叉順伊　也勿　牙的　叉牙　阿更　岩雨　也妙樂伊　玉方乶　秧思利
叉岳乭　日乭　叉命石　伊介　野牛　野狗　叉介　叉夢牛　外非　叉夢生　業非
叉夢釗　億萬　業乭　宜寧介　耶無洛　妍丹　叉正介　叉夢乭　月伊　元心　叉卜介
也問世　熊金　叉方友　元通　熊不　岩釗　五木伊　岩伊　叉岩伊　於非　日任　安得
業德　玉岩　玉豚　叉多南　叉金　於屯金　二月　於也分　玉童　叉溫房　叉昆女
外托　遺腹介　邑內介　叉小房　叉光節　叉毛介　也無禮記　叉叉伊　午作伊　乙羅
陽之　乙大　牙石　如文世　叉判乭　外生　有卜介　汝文乭　叉世音之　也無德
牛玉致　也模致　叉命介　五毛只　叉北介　元乭　月分　安家岳　凝石　叉一男
叉達莫　以利沙伯　而分伊　言連　言老伊　五突光　耶舞　叉方叉　言羅　乙娘　也文
我邦多是　一色　一乭伊　二乭伊　仁然　熊甫　鰐發伊　夜女　利乭　阿伊　億之
鈴老味　耶友甫　安羅　野門伊　約同　陰陽外同　玉南伊　阿可　哀史　阿氏　業伊
乙童伊　億乭　乙石　안실모　叉岩　於明女　乳女　乙未乭　二月釗　立分伊　五目女
櫻桃仙　玉仁女　五福女　五乭　遺腹女　遺腹子

△가

開東　乬女　可馬　古孟伊　更生　干蘭　介乭　江牙之　巪福伊　甲娘　佳娘　甘乭

高滿伊　古丨味　金孫　甘壽子　貴也目　芿各　開天　開佛　加馬貴　金不　奇男

甲乭　可多利兒　可羅伊　貴女　金蟾伊　貴男　貴童　京城　金童　個佛　加于釗

可七阿其　鬼神　群豚　甲戌　金岳　箇耶　屈官　加五　金出　甘每　錦山　介兒

今石今　九十　橋介　江伊　弓九伊　古萬達伊　九生　甲知　甲乙　江之　古不　介同

乬目伊　加莫伊　金雙任　古音不　介川　芿介　乾斗方　昆培　國伊　角久里　可伏介

貴切　九隻　已出　介九里　今方干　起　坤裴　高頭來　緊贇伊　九山　甲木　國々鳥

屈々伊　渴馬　巪斗　貴德　擧石　加音不　貴岩叉　乞方伊　加外　加知　屈女

貴夫里　江牙之　介童　巪富　斤得　金乭　古斗釗　介拂　可阿只　介不伊　古來介

古萬伊　屈童　乫占伊　桂里阿　高貳多　乞狗　居墨伊　居武崇伊　江介走也支

癸乭伊　巪福　芿石　鷄龍山　加福君　故味　乞貴　奇似伊　葛丹　古代釗　佳達而羅

巪墨介　可野之高長　葛箴　庚寅山　皆至　加音同　開門　苦彭　古芝　已陰

金方蔚伊　姜兒知　介佛伊　古頭釗　介千　公石伊　君守　加音水　恠恴　九月

皆曺知　開地　廿女　甘直伊　加乭　加只　古音然　皆耆　光八　加里沙　奇尤伊

皆美　九斗釗　點崇　巪馬松　吉意　葛範　金釗　奇峰　加同　甲辰　加男　可里耶

加磨釗　기씨　國山同　可樂兒　加他伊羅　駕器　奇得　廣九里　甲午　골놈바　年釗

溪時阿　可書　加平介　京伊　介萬　吉伊　皆八　古梅谷　金一金　皆集尼　介東方石
骨男　犬糞女　國守乭　國師童　貴乭　甲孫　已孫　庚孫　癸孫　古旁女　古粉女
甲寅女　庚子突　京乭　庚出女　古元岳　九月山　京城女　京城乭　甘長　개똥
각구리　介弗　甲年輴子　加多利　九日　古萬　古草　古利　骨童　開城　可馬　甲得
江景華　狗閼　古邑丹伊　金德　嘉蘭　可達娥　國水童　석알女　高孟伊　古業坦
國時岩　甘乭　可梅　佳蘭女　加枚當市　國寺童　金女　崑女　才烈　赤赤伊　卒鳴伊
貯石　將突伊　重介　잠동이　眞石　長連水　朝玉突　長流水　居句　佳山　光之
乾介　乾桀　金根　乫非　介目　今安　古時利　介老味　檢東　加馬　景童　古滿
甲魯味　介聲　季五　也女　固留夫　季女　告順　根牙只　季先　貴兒　金茁　昆陽介
巨九里　加介　困不　乫木介　九時　九十歲　光質　貴福　擧仁　介不伊　龜乭伊
家僧兒　谷沐牛　光至伊　九月　古非　金蒙致　金岩　谷項介　曲之　已發　其妙
金手　廣節伊　强牙致　江生　古尾　考梁　金石　金時　古分岳　廣乭　間沙里
江阿知　기똥이　古莫達　金小阿只　貴乭伊　勒釗　석釗　金豚

△사

蘇泰　新出　西云　小連伊　氏乭　釗乭　石乭　三乭　修理所叵　氏種伊　上快　斯爲
水乭　所叵　成乭　壽同　鍕殺　擑々　順伊　朔佛伊　順道致　叔皆　四乭　釗佛

順老味　石佛　石所回　時實女　釗命　小兒只　小愛己　小伊兒　秀乭　水仙阿　紗羅
設廉　釗同伊　三道治　小古滿　壽快　釗奉　水雞　先釗　三角山　所爲釗　順豐
新通　茅山　所爵里　新々伊　神道　石石　小蘭　小干蘭伊　舍郎方　三洞介　四分伊
小老味　蟾伊　先同伊　三月　石時里我　錚史里　松丘之　釗童　首山我　小羅貴
四羅貴　生金　釗健　小業　壽女　新令　小玉蘭　所篤　隻女　首介　新江　西便村
先納峴　壽山羅　西可多　山乭　姓女　甚述　小都知　三只　小斤釗　釗岩　朔弗
釗作之　隻拂　小卜伊　書堂介　小光節　石夢　小岳伊　松牙之　小防九　壽介　氏童
石方九　釗拂伊　揷使里　小斤述　四月　薪々　三早里　小末去利　氏王　三萬　西西
小望兒　石方千　實巾釗　實根　小道治　四無親伊　三百　小日守　三杜伊　小守大
小道里　小斤岳　雙出　沙室　三大安介　石拂　相之里　小九里　小斤業　小斤女
小斤崇　石女　小釗　實彥　召郡岳只　矢項介　삼복기　雙世　小齒　三道介　小阿伊
小房伊　新家岳只　小点伊　三分　쐬釗　氏　小女　小獨得　沙斤不　小斗給
新前家岳　石介　上女　時也　設同　小光尙　世稱仁　小金斤　舍郎伊　淑加里
小目壽　小樂伊　小斤介　姓女　小点岳　山靑介　三方友　實經　小松牙　釗同
小松治　四曲　小九　心介　三億　上達　塞疊　小乭伊　釗多諅　小同七伊　攝々伊
蟾　小八十　小作之　鼠糞　松葉　雙童　朔佛　小雙　尙云牛　小房　松萬致　城內介

松致　城外介　四八　新房　先童　舍郎世　舍郎介　釗岩叉　心通　釗高利　釗㐔伊
召玉池　先伊　世同伊　雙加馬　三千里　昔飛　小分　小突每　水皮道　順乭　小斤守
小奉令　是乭　是好　三判龍　逑石廛　小斤石　小斤逑　四不伊　士占伊　三八十
小斤房　順元世　守岳只　士卜　釗根　小拂　實介　莽支　紙錢　釗伊　涉々　上房女
聰角　小姐　思審伊　三孫　蟋蛸　小斤者　辛生　辛女　心逑　小末介　蟬　四友
生角　雙釗　心伊　小同　揷沙里　氏弗　姓乭　仙女　小發　西雲　信通　氏吾長伊
釗童伊　山北女　信業　삼뒤　石孫　西粉女　世彩　城隍女　生三庫指　小島女　壽岩
西浪童　小方外　小比雅　雙可梅　王玉女　先王女　星月　小斤廉　聖主童　壽命
世人　三節　修乭伊　守分　小區里　雙可馬　上房　順灘　先妃　朔草　三鼎　削草
世仁　斜別伊　三神　雪梅　三才　四者　小者　雙甘每　三次　朔不伊　山川釗
所當釗　時斗伊　先童　褒邦伊　前點伊　辛孫　戍孫　新星　小同　色別　信壽英
砂別　三約　召史　西突　四月釗　三月釗　辛丑乭　宋士伊　削不利　時治　壽乭
逑而　揷使里　思發　芝出　小岩叉　所富伊　順產　松牙只　三岩　神通　小言老味
色金　瑞云女　首先亞　時計　小雙童　順牙只　色不　順乭　三繼業　氏出　上方
四千　三千　思郎伊　濆德伊　淑九里　西雲乂　小蒙致　蛇示尾　舍郎金　船村釗
上末釗　揷失釗　西野伊　小㐔　三亥　僧頭　新昌禮　新昌釗

△자

点伊　長流水　長命　朝旺釗　正坪介　占介　点乭　占阿只　占兒　点岩　仲伊

池洞介　小扶乭　小匡之　小乭蹬　小墓任　迲伊　場牛　庭介　場寶　作拂　自非花

作之　場世　場犬　作九　質介　点佛　眞乭　支平伊　点岳只　点釗　再乭　自乫伊

厨介　切痛　雜事利　珍贊　七岳　贊岳　雜蘆　場童　中古孟　早古孟　作肖　帝釋

將軍　陳伊　長峙　長年壽　厨孫　正月　点伯伊　自葛　辰得　濟密　廷戌　智龍

才童　者斤山　点白伊　長釗　再恩　自斤乭　自斤福　者斤順　辰甲　点童　点廉

仲康艮　者斤愛其　点女　之娘　中岳伊　自近江　將軍釗　点分伊　足富伊　自斤奉

自斤順吉　者斤分　自斤業　自斤云　長安　者斤極　曾孫　長孫　悌箕　除秩女　章乭

錚各女　勺達　爵達女　節墨　爵大　中間　爭班　足古萬　將軍童　正月釗　前房順

長軍　足古孟　眞珠　自凡同　張암블　子斤男　造物德伊　絕痛　長介　者斤天　長妊

叱乭　自斤萬　自斤學　自斤龍　子斤老味　左手　者斤釗　長乭　中間　才同　丈軍

長命　中房女　丁月　陳甲　祚金旺　中干蘭伊　竹下　中道治　六月　自斤萬伊

咄々伊　自斤述伊　自斤鳳伊　濟妃　占百　鼎岩　自斤文　点伯伊　鎭村釗　地谷金

祖甲　自根龍　作磪　才龍　自坪　者斤得　在不　自作　占順伊　自斤出　自斤德

竹實　點童　憎得　点甫　自斤之　質老味　点順伊　丁八　自斤守　占丹　自斤任

点伯　点色　竹支萬　点牙

△차

此乭　千命　靑龍　千石　千金　총각(總角)　且老味　千年運　千里駒　千峰　賤童

千年釗　靑釗　草箭德　靑桃玉娘　淸州釗　千年岩　泰安禮　千頭山　總角　千潟

千萬　春色　且乭　千乭　靑童　此伯　川葛理　千根　處女　彩蘭伊　初出　靑千釗

着閑伊　千釗　七釗　天命　淺童　七戶　淸明　七星　春班　賤東　車乭伊　添斫

初才　草殯　千世　七介　且始介　次老味　厠間介　七岳　祝擔伊　村介　춧돌이

次乭　千介　且士郎金　昌寧介　昌原介　築墻介　千里狗　且凡伊　築淡伊　賤得介

初兒　處才　處伊　且古培　厠生　厠介　處子　秋乭　秋夕　靑乭　秋介　初岳知

七月介　草堂　靑石　且郎　千年　且百　丑釗　賤介　七金　千壽　千金乭　丑乭伊

丑孫　千孫　鐵乭　昌可乭　七月釗　丑童　千良釗　川龍生　千金女　初男　七星童

次孫　差乭　七夕女　草盛　天乭　千似鳳　昌乭　七峰　春分　七夕　殘閬

△다

屯質伊　乭邦佑　東九里　大卜　大中　大而　同同介　乧任　種子　桃里山　乧來

斗里　道也之　達丹　斗里釗　斗里致　同金　終末　乧禮　道治良　乭蒙　乭赤伊

斗乭　德席伊　斗老味　乭作之　櫝伊　乭生　乭釗　乭南伊　道沙里　同乭伊　都分

多葛馬致　斗乙南　乭憑　大道治　主乃　大女　多乼　大葛　大富　桃花枝　都水龍
達岩伊　道南伊　道德化　乭明　桃李紗　乭作　乭貴　乭石　道治　大岩乂　東江牙只
同骨　多古萬　同屈南　賭地　洞狗　乭夢　道那有　大雙童　宗末　咄咄　東間伊
斗窟伊　斗伊規　大心伊　大牙只　斗宇之　乫起　乭伊　乭乭伊　斗業　同佛伊
道牙之　斗側伊　乭男　乭鳳　德岩　大老味　童不童　德孫伊　大言例　多男　斗間伊
大男　東方守　斗問伊　乭毛地　多發　冬至　得席　乭金　都也之　斗應金　畓洞
豚夜至　突明　德石伊　道理他　大者　太女　多物　同屈禮　뚜걸伊　斗西里　道下卟
斗致箕　登屈乂　乭奉伊　東方朔　長古島釗　達古滿　道吐里　桃花春　堂販　돌릉이
突涉　大監童　當童伊　當重伊　東開　乭燈　達金安　當羅九　大也之　乷南　斗叔
大根　豆岳　乭木勝　杜路味　德魯味　斗宜魯味　杜路治　道狗　獨々　突毎　豆伊只
豆乙里　德介　乷介　東牙只　粘義　達岳　多乼伊　銅伊　斗末　蠶去法　乭里介
大雙　乭岩牛　乭世　洞内介　쌍비　大房　獨得　達達　周介　乭同伊　多夫皆
倒道伊　同七介　乷老尾　洞七水介　同七甲　乭年　道士里　乭毛致　乭岩介　東釗
丁郎介　得逑伊　斗間　道致　斗於致　洞介　達莫伊　達單　乭伊　乭文　豚　斗只
大岳伊　多南　乭白伊　德石伊　蠶逑　道長介　茶乭伊　乭太　斗伊　東南　達介
端午介　斗乃　乭介　斗阿　同古伊　乭相介　豆金　乭不伊　乭武德　乭達　都乼伊

뎐지　多談　同伊　達摩　乭岩　道也知　乭乭　乭成伊　乭昌　독겁이　斗切伊　德釗
敦尼亞　單々　刀致　同知　東蒙　乭福伊　乭禮　道音禮　乭山　大年　多馬里侍
大娘　도리사　同古里　來乃　多多味　道里　督基　乭百　道只　乭公　德乙羅　乭壽
乭分　大可榮　道可　大成氏　乭毛赤　達義羅　太老味　獨基釗　多錢　乭老味　登屈
乭孟伊　德理史　大元故　道多尾　大小蘭　乭水介　朱伊　譠喆　乭長　自斤南　擔比
豚伊　乭東　棠羅九　同來介　乭孟　獨迊伊　多乤磨治　倒生　獨々伊　篤個　丁亥乭
丁孫　辰孫　乬老味　童乭　鍾城女　乭義　答答　竈王石　造王釗　精神乭　早王福
仲男　獨其釗　多至釗

△타

鐵石　鐵乭　鐵杖　通始介　太平　他官金　他官　鐵岩于　他官世　鐵乼　統營介
天幸　鐵童　天狗　天童　泰山　鐵方九　胎邦九　胎乼　太乭　特伊　他房　彈實
通粉　太山　太白山　通知　特實　統首介　投扮　鐵伊　太星　吞々　卓卓　太乙
天動　天年　退枕

△나

老郎伊　南南　羅久　老來　耆甫　羅無得　女莫　南室岳　南伊　能乼　念世　南莫達
男兒　內家岳　內洞　凜伊　內房女　老世　니왜　南斐　仍竹　納爵　老愛　老郎伊

老仰女　累貴　蘭乙仙　納當女　綠豆　露積　老郎金　艻赤　樓葛　老佛禮　老郎
老味　蘭出　南山介　雷聲　넙죽이　介川伊　奴九尼　羅穴　納作　魯兒　羅五美
羅貴　也岩全　老馬　蘭堂　老娘伊　南生　男男

△하

王人女　鶴山得　黑岩　後童　咸安介　玄夜可保　胡千玉　後房　河斤不　晦介　海印
黃山介　學校介　喜阿只　下房　黃牛　黑等　希伊　好餘　化仁金　活人世　後男
黃龍　黃釗不　後家岳知　后邑氏　興介　後老味　呼也　學房　鶴伊　漢江　乭卯
禾刀老　黃白伊　胡浪介　紅奇大　黃童伊　何不男　夏至　虎狼伊　限甲　頻春
合節女　蛤地禮　好禮洞女　黃寒食　黃忠伊　解願　海都之　乎末釗　化水粉　漢甲
好卜　紅兒　行吉　紅梅　湖洲　鶴洞　黑介　確實　虎郎　紅童　興乭　王土伊　海邦
悅惚　黃介　豪傑　海狗　勸農小　왜지　月伊　月來　汗當　學乭　黃月　希顏　忽來
黃伊　姤東　行路　亥孫　海泰童　黃良女　回甲女　會寧女　海三乭　後房釗　黃童
臥人乭

△바

壁震　福乭　福伊　方欝　本村　非卓　霹靂　不淑　方愛　富億釗　富興女　佛童
不破乭　百豚　富金釗　富興伊　方介　別老味　福述伊　丙午占　富春紅　浮億乭

不良童　富良童　丙孫　糞粉女　芳陰閏　寶培　寶同禮　不乭　富貴乭　富寧女
富石女　北述而　福佳地　寶釆乭　不良女　富乭　富伊　保羅　婦田　北孫　北魚
北積　扶興　夫應　逢男　伏乭　寶貝　佛冠　寶婦　福實　方技娥　保乭伊　壁乭伊
乶介　方佛　方望伊　百壽　瓶谷介　伯盖　扶杜禮　保利釗　乺通　奉八　富理崎
福江生　不範　乶達　福達　寶通　盘石　不古爲　夫億伊　伐伊　不出　北郎伊　白狗
扶乭　夫介　非他里　代理甫　範伊　不堅　普乭伊　奉九利　兵伊　非乭　放介
非宅伊　百生　卜金　不大不　卜出　發旺　分岳　不介　比託　奉宅伊　方洞　浮野里
北實里　邦九　奉泰其　保至亂　釜　朴阿只　甫至安　分女　乶周　分兒　分今
寶蓮花　扶淡　糞揷　富季　邦石　糞狗　粉支　北九里　百世　白岳　粉守　福兒
富九里　粉乭　不億　兵乭　夫伊其　乶猫　寶物　寶玉　方則於　方之可　芳川　博伊
保於龍　方乙里　不釗　夫億釗　朴金　百述班　付出伊　方爵釗　分來　伯釗　法錫
鳳山　卜乭　方支　甫道吾　碑理施　發々阿　陪又釗　煩開　飛々阿羅　佛乭　佛肅
氷々　乶孫　甫倍　北術　富仝　福同　富億星　富屯釗　富億禮　福老味　富興　本大
房蔚　普乭伊　鳳伊　鳳岩　粉阿其　朴達　封堂　芳宇　卑澤　卜德　바람　百乭
發々牙　卜伊　百石　北岳山　百岭　方九　乶達　富口里　밥덕이　粉通　盤石　夫億
佛淑

△파

八十岳　八十金　畢老味　判点俊　八月　八十介　板達　判世　判同七　判乭　判阿只

判岩　乶岳　判介　判守　板刀致　뜬쇠　八釗　八里　豊年　八木　八峰　八岩回

八老味　八所宇　八伊　八月釗　乫乭　八十數　風雲　彭介　判達　婆爵　필누미나

八伊子　巴囊伊　風乭　品知　八千代　彭　畢順　布斗叉　風虎　判吉　畢年　平安

畢女

△마

無衰　文甲　名區里　莫得　武全　馬草　蜜易　閔光　每物　望東魚　毛叱伊

末力將軍　命吉　馬之　鞨勒　木孫　馬乙　無防　望浪義　墨石　彌力女　模棱

瑪智羅　毛叱伊　毛難伊　馬蹄　巫山女　模忠　瑪利壽山羅　覔石　彌勒福　馬盃童伊

毛難童伊　蜜花女　馬菀伊　馬乙女　梅女　牧溪　末童　萬石　末美　馬堂釗　明月

毛里介　末不　莫多羅　馬泰五　堯殷益可　未是也　麻里阿　萬年運　莫難伊　夢托

夢致　謀乭　莫末童　末出　孟出　未邑沙里　萬年釗　萬花峰　萬石君　毋眞益

馬也之　萬頭山　慕眞金　牟佳　莫音伊　末犬　蒙古伊　民乭　馬場金　萬億兆　夢實

毛古　夢兒之　每也之　某女　某乭　木洞　夢点　毛方　毛石　末石　末岳　毛乃

福介　夫介　福乺伊　莫達乃羅　妙童　末乭　夢骨　莫同伊　每邑山　無强壽　謀土里

末同　戊釗　無窮花　蒙實　末弗伊　莫娘伊　某魯釗　蒙唐伊　梅物　馬義多　馬利亞
苗種女　密億　馬致　戊申　梅里　莫音　萬乭　㐎出　猛獸　夫勒伊　邊乙　保之蘭
不朔　馬當介　夢骨　明日　莫來　妙愛　無古諸非　命介　毛伊　萬年　萬金同
茂朱介　望祥　馬當　夢石　馬同　米金　墨乭　莫守　命長介　머심아　末七是　夢龍
巻石　莫達　萬斤　賣中　㐎實　毛乙介　毛乙洞伊　賣牛　賣狗　模乭伊　夢骨伊
㐎金　蒙乭伊　夢牙支　蒙致　㐎世　夢生　莫同　巻介　明乭　末達　晩岳　夢沈
毛乙童　莫斗累只　買地　莫竹　夢治味　未邑乭　末世　賣乭　茂岳　末順　命牙只
末擲　末福　末得　末守　沒同　麻子　末拂　毛突伊　莫根　戊介　萬分　孟杜伊
孝女　猛虎　㐎女　未分世　未分介　馬當禮　兪介　㐎達　㐎南　莫同　木枕　乶
馬堂禮　木鐸　蒙置　遠劍釗　彌勒岩　梅兒只　某宗順　蒙通也　毛診乭　望値釗
萬金女　幕多伊羅　磨理史　磨里可　㐎釗　密謁　麻金　莫達禮羅　莫知　夢三里
彌勒同　命乭　莫多伊羅　末多　幕達禮　茂釗　馬利我　武多伊　馬當　問童　㐎禮
㐎成　孟쇠　末不伊　晩得　末岩　萬年世　夢到　米乭　夢迷　夢乭　馬今伊　孝文
幕童　瑪理安　無敦　幕蘭伊　馬乙多　美五　美分　萬三　摩尼山　美任　妙姃伊
每午　面二加　馬吉多　莫多佘　無名　某通伊　兎江　密伊　蒙伊　蒙口利　馬太
末釗　萬里兒　莫多來　末伊　萬里駒　㐎多　毛叱伊　毛邑同　末眞阿　莫達來羅

馬當釗　毛諸伊　萬金伊　萬述　莫多隱羅　面沙佳　美多　每我之　明岳伊　夢世
文山介　毛同　莫斗里　馬支　無去　馬我之　唜錄　晚乭　命豚　木澤　木鐵石
夢杜理　梅禮岩　末去利　金而　馬夫　寶釗　戊寅　毛物伊　唜南　望星伊　密介
美括　默達伊　夢湯　木石　末已　末丹　唜釗　唜順　妙介　巻伊　末娘　牟而登
末世　無空　萬壽　毛南　毛發　育工伊　萬方佑　麥斗只　米斗只　唜魯味　末意
馬當乭　美乭伊　戊戌　卯孫　末孫　模士女　某土女　妙同　模石　苗弗女　末在女
命介　模乭地　幕同

△라

六指　龍安羅　蒁伊　六生　老末岳只　立粉　憐牙　禮分　憐非　列　連伊　龍伊
栗伊　力世一　六手　六足　籠岩　禮比犬之　路中伊　老郎　乽甫　老赤伊　龍乭
樂只釗　納的　遊利多　羅時要　六月乭　利日亞　六月釗　龍山得　卯乭　六才　六孫
瑪耳邪　卯吐伊　卯女　郎多時亞　臘日女　累矢亞　栗乭　老塞　立分德　靈岩禮
耆似　六月論釗　樓大哦　理事　論出伊　耆釗　老味釗　蘭春　老釗　龍門　栗分
伶俐　老味　樓視亞

△와

寃通伊　圓早里　元崇　月古味　丹九里　往介

第七節　冠名總説

『禮記』曲禮に……十年を幼と曰ひ學ぶ、二十を弱と曰ひ冠す。同檀弓に……幼にして名いひ、冠して字いふ……とあり。古は男子二十を以て成年期とし。此時に至り始めて冠禮を行ひ。字を命じ、社會上の人格を認めたり。之を土俗學上より觀れば、未開の域に在る蠻人にも大抵皆一種の成年式あり。程子が……禮の器たるや民の俗に出づ、聖人因りて節して之を文るのみ……と謂へる如く。周の絢爛たる文明的儀禮の中には、古き土俗の風習を統制文飾せる者あるべく。冠禮も蓋し其一なるべし。

『禮記』冠義に……故に曰く冠は禮の始めなりと。是の故に古は聖王冠を重んず。古の冠禮は日を筮し賓を筮す。冠事を敬する所以なり。冠事を敬するは、禮を重んずる所以なり。禮を重んずるは、國本たる所以なり。已に冠して之に字す、成人の道也……とあるは、世の綱紀保持と、士人の家禮との間に重要なる關係あることを說示せるものと謂つべし。爾來社會の進展と共に、此の冠禮は一層文飾されて、士家の重要なる儀式となれり。而して其冠時の年齡に付ては、唐代の法制に、男子十五にして冠し得るの規定あるより觀れば。後世には必ずしも二十歳に限らずして、區々に渉りたる如し。

朝鮮に於ては、高麗景宗元年に王子に、元服を加へしこと出で。同睿宗十六年正月、王、太子に元服を壽春宮に加へたること。『高麗史』に出でたるを、此記事の最初のものとすべし。同書禮考には、太子加元服の儀式の規定あり。其中に勅字を奉るの文あり。此規定は前より行はれ來りし不文の慣例を、高麗後期に於て法制化したるものなるべく。王室に於ける元服の式は、既に睿宗の前よりも支那に倣つて行はれ。其時併せて字を命じたりと解すべし。而して王室既に斯の如し、大臣、巨室亦之に倣ひて、冠禮を行ひし者ありしと推考すべきも。一般士人に迄普及せしには非ざるべし。また李朝後期の如く冠禮の時に字を命ずる外に、冠名を命ずること行はれしや、否やは明かならず。蓋し此風は未だ有らざりしなるべく。其點は第七章字の項に說ける、高麗時代の字に關する記述を參照せらるべし。

李朝に於ては儒教を以て經國の要義とし。國初より儒教の定めたる儀禮を重んじ、前朝に比して一段と其實行に考慮を費せり。其規範たるべき禮書の刊行は。國初既に權近の『禮記淺見錄』あり。爾來世宗・成宗に及び、幾種の著述刊行あり。仁祖の朝に『家禮諺解』の刊行ありしによれば。儒教的儀禮を一般に普及せしめんとする施政方針なりしを知る。其後李太王の年代迄にも、亦禮書の刊行せられしもの尠なからず。憲宗の時に上梓せし。李縡の『四禮便覽』は近代迄一般に士家が儀禮上の據典となれり。以上により一般士人の家に冠禮の普及するに至りし大體の經過を推知すべし。

王室に於ては『璿源世系』に、仁宗以下十二王の冠禮の年號月日を記載せり。其記載なきは端宗の如き廢位のもの、及王世子とならずして王統を繼ぎたる者に限れるより見れば。それが爲めに宮中の文書に登錄せられざるものなるべく。皆悉く冠禮を行ひ、字も亦命じたりと推定せらる。仁宗より前のものは、古記の亡びし者なるべし。また士人の家に於ける冠禮は、國初に於ては普く之を行ひしとは推定せられず。字と共に冠名を命ずるの風が普及したるは、蓋し中世以降なるべし。

而してまた其年齡に付ては、一定せずして、男子官祿を受くる資格ある十六歲を最低年齡とせしものと考へらる。李朝後期に於ても加冠の年禮は一定せず。大抵結婚と同時に之を行へり。故に實例に於ては、十歲以下にて冠せし者も、三十歲にて冠せし者もありたり。其幼年の結婚者は、擧式の日（此結婚の實質は許婚の如く唯、式のみ行ひ同居するに過ぎず）結髮加冠せしこと青年者に同じ。明治末、大正の初の頃は、十歳前後の兒童にして結髪加冠せるものあるを地方にて間々實見せり。

最近は皆幼少より斷髪し、冠り物も一般に西洋風の帽子を用ゆること俗を成し。一方戸籍法上出生屆出の關係より、兒名を命ずる者無く。初めより冠名に等しき名を命ずるに至り。冠禮を行ふこと殆んど絶無ならんとせり。加冠の時の冠は、草笠と稱する草製のものを戴き、成年前後に笠《カツ》（竹の纖緯と馬尾にて造り黑漆を塗りたるもの）に代ゆる風なるも。庶民は冠禮を行はざるを以て、結婚と同時に笠を戴くを風習とせり。冠名はまた極めて稀には兒名と共に出生の當時命じ置く者もありたり。

近代迄行はれし此冠禮は、本人の社會的地位に重要さを加ふるものにして。其冠名は族譜に登載せられ。式年の時戸籍に登錄せられ。號牌に刻して之を帶び、且他人より呼ぶ代名稱呼も、敬意あるものに改められ、社會的待遇一變したり。

加冠のことに付ては第七章に於ても亦說明せり。本項と參照すべし。

第八節　冠名の撰定に於ける支那思想の影響

支那古代の人の命名の方式、邈として不明なり。殷には天干に一字を加へし者多し。周に至つては諱の法行はれ、名を命ずるに一定の禁忌ありし如し。『禮記』曲禮にも……子に名くるに、國を以てせず、日月を以てせず、隱疾を以てせず、山川を以てせず……とあり。『左傳』桓公六年に……丁卯、子同生る、大子生まるゝの禮を以て之を擧ぐ。接するに大牢を以てす……公、名を申繻に問ふ。對へて曰く、名に五あり信あり義あり、象あり假あり、類あり。以て生に命《ナツ》く。信と爲す。（唐叔虞、魯の公子友の如し）德を以て命けて義と爲す。（文王の名昌、武王の名發の如し）類を以て名けて象と爲す。（孔子の首尼丘山に象とり遂に名となす若し）物に取つて假と爲す。（伯魚生る人之に魚を饋るあり、故に鯉と名く）父に取るを類と爲す。（子同の生るゝ父と同じき日なりし若し）國を以てせず、官を以てせず、山川を以てせず、隱疾を以てせず、畜牲を以てせず、器幣を以てせず。周人諱を以て神に事ふ、名終れば將に之を諱む。故に國を以てすれば名廢り、官を以てすれば則職廢り、山川を以てすれば則ち主廢り、畜牲を以てすれば則祀廢り、器幣を以てすれば則ち禮廢る。晉は僖侯を以て司徒を廢し、宋は武公を以て司空を廢す。先君獻武二山を廢す、是大物を以てして以て命くべからず。公曰く是れ其の生るゝや吾と物と同くす之に命けて同と曰ふ……（同日月生れ）とあり。其前の桓公二年にも……初め晉の穆公の夫人姜氏。條の役を以て大子を生む。之に命けて仇と曰ふ。其弟千畝之戰を以て生る。之に命けて成師と曰ふ。師服曰く、異なる哉君の子に名くるや、夫れ名は以て義を制す、義は以て禮に出づ、禮は以て政を體す、政は以て民を正す。是政を以て民聽く。易れば則ち亂を生ず。嘉耦を妃と曰ふ、怨耦を仇と曰ふ、古の命也、今君大子に命けて仇と曰ひ成師と曰ふ、始めて亂を兆せり矣兄其れ替《スタ》らんや……とあり。漸く命名の法に規範を生ぜしを觀る。されど一般に各人は名に拘泥せざりし者もあり。周に顚或天あり、春秋には衞に石惡あり。晉に郤戻あり、齊に陳逆あり、楚に屈蕩あり、周に史佚あり。此等の類他にも多く、皆美名とはすべからず。漢以來漸次名に美辭を撰むの風を成すに至れり。以上の外第九章に述べたる如く、諱名思想も漸次濃厚となり、此點に於ても亦一種の拘束を受くるに至れり。以上は支那に於ける命名思想の一般なり。朝鮮に於ては新羅末以來此等の思想を受けたりと雖も、影響する所大ならざりし如く。高麗朝より李朝の中葉迄に漸次學問の隆盛に赴くと共に、此等の思想も亦濃厚となつて、命名の上に現はるゝに至れり。

第九節　冠名の撰字

第一目　總說

冠名を命ずるに當り、其文字を撰定するには、命名當事者たる父祖等の尊族の觀念に於て方法を異にす。また其家門並其氏族一派の定めたる方式にも支配さる。其の基本は大別して左の二種に別つことを得。

(一)　別に方則に拘束せられずして、自由に字を撰ぶ者。

但し前項に述べし國君、父祖、近親、近戚、師、其他尊崇する人との同名、山川名、國名、不祥卑惡の文字を避くることは無論なり。

冠名に付ては地方的特色なきも、唯平安道へは杰字。咸鏡道には律字を用ゆる者多し。

(二)　同一文字、或は連絡ある意義の文字を用ひて、血族關係を表示する者。此れには亦た左の三様の別あり。

(イ)　縦に歴世相繼ひて連絡ある某る文字、例えば偏傍を同じくせる文字。又は天干を字中に有する文字(用は甲、九は乙、炳は丙、寧は丁の如し)等々を使用する者。之を輪行とも稱す。

(ロ)　横に兄弟の列に(甲)一個の同一文字又は(乙)文字の構成の一部分の同じき文字、或は連絡ある某る文字を使用する者、及(甲)(乙)を併せ用ゆる者。卽ち二字名の上下何れかの一字を同一文字とし、他の一字に連絡ある文字を用ゆる者。又或は

(乙)(乙)に當る二字を併せ用ゆる者。

本項の方法を排行と稱し、また第行とも稱す。 排行には、(a)兄弟のみ排行とするものと。(b)從兄弟にも及ぼすものと。(c)再從兄弟、三從兄弟等、一族悉く同一排行を用ゆるもの等の別あり。

前項(ロ)の中(甲)(乙)を併せ用ゆるもの及(乙)(乙)を併せて用ゆるもの。 此式を㕘行列と稱す。㕘は兼ねるの意也。

以上諸種の方法を以下に例示說明すべし。

第二目　排行

排行の始源に付ては、李德懋の『盎葉記』に左の如き記事あり。

兄弟二名、而して其字《ジ》を一にして用ゆる者、世之れを排行と謂ふ。 蓋し左傳の長狄、僑如、焚如、榮如、簡如に始まる。

顧寧の人曰ふ、德宗、德文、義符、義眞の類晉末より起る。 水經注に、北平侯王譚、王莽の政に同せず、子の與五子を生む、並びに亂を避け隱居す。 光武位に卽き封して五侯と爲す。 元才、益才、顯才、仲才、季才、是れ後人の追撰妄說。 東漢の人二字名の者亦少なし。

單名偏旁を以て排行と爲す戰國『鶡冠子』龐煖、弟煥に始まる。

柳惠風嘗て此二人を指す。顧炎武曰ふ劉琦劉琮に始まると。

又聲韻を以て排行と爲すは、周の八士、伯達、伯适。仲突、仲忽。叔夜、叔夏。季隋、季騧。隋、騧と古韻相近しに始まる有り。

品物を以て排行と爲すは、楚の熊渠の後、伯霜、伯雪に始まる。

『盎葉記』の右の說は、支那に於ける命名上排行の起原と爲すが如し。されど、こは史上に見はれたる兄弟名、排行の古き記載としてのみ見るべく。命名の一般風習として見るを得ざるに似たり。又論語に出でたる周の八士は成王の時の人と爲し、或は宣王の時の人と爲す。其同韻の四組、各組の二人を以て各兄弟なりとの證無し。漢以後の帝王家を見るに左の如き者あり。臣民の之を用ひしものも亦史上に散見す。宋明に至ては此風習の命名一層增加せしを見る。

『朱舜水全集』には……中國從兄弟、再從、三從、族兄弟有りて。宗族中衆盛なる者、上下別無きを恐れ、故らに一二字を用ひ以て之を排す、之を排行と謂ふ。故に行幾ばくと曰ふ。一より百或は百外に至る者あり……と。あれど排行は必ずしも上下の別無きを恐れたるの理由にのみ基くものには非ざるべし。

前漢（同韻の例）

孝元帝
- 孝成帝　驁
- 恭王　康
- 孝王　興

後魏（旁偏同一の例）

孝文帝
- 宣武帝　恪
- 兆王　懷
- 敬王　懌
- 穆王　懷

隋（同上）

煬帝の孫
- 恭帝　侑
- 恭帝　侗

南北朝齊（同字の例）
- 廢帝　王昭業
- 廢帝　王照文

北齊（同上）

高歡
- 文襄王　澄
- 文宣帝　洋
- 孝昭帝　演
- 武成帝　湛

宋（同上）

度宗
- 恭宗　㬎
- 端宗　昰
- 衛王　昺

朝鮮に於ては、新羅金庾信の子に三光、元光、元直あり。後百濟甄萱の子に神劍、金剛、良劍。龍劍。あり。　此等は範を支那に取りたる排行なりと爲すべからざるに似たり。何となれば、兄弟は元來顏貌の相似たるものにして、親が之に命名するに當り、各似寄りたる名を命ずるは、人情自然の發露にして、古代何れの地にも此れに似たる風習あり。　又朝鮮の兒名にも第六章に說ける如く、頗る排行に似たる古き傳統あればあり。高麗朝に至つては、排行甚多く、左に其數例を擧ぐ。　皆支那を模倣せること無論なるべし。

△文宗の子七人　煦。烝。愭。忱。燾。燧。愉。

△肅宗の子五人　俁。俌。侾。偦。僑。

宣宗時代

李翰
　└李子淵
　　├李頲
　　│　├李資仁
　　│　├李資義
　　│　├李資忠
　　│　└李資孝
　　└李顥
　　　　├李資玄
　　　　└李資德

- 李子祥
  - 李頲
  - 李顓
- 李顥
  - 李資謙
  - 李資元
  - 李資訓

肅宗時代

- 金勤
  - 金富弼
  - 金富佾
  - 金富軾
  - 金富轍

同上

- 尹瓘
  - 尹彥仁
  - 尹彥純
  - 尹彥植
  - 尹彥頤
    - 尹鱗瞻
      - 尹宗諤
      - 尹宗誨
      - 尹宗誠
      - 尹宗諹
  - 尹彥旼

高宗時代

- 金方慶
  - 金愃
  - 金忻
  - 金恂
    - 金永旽
    - 金永暉
    - 金永煦

恭愍王時代

- 文益漸
  - 文中庸
  - 文中誠
  - 文中實
  - 文中晉
  - 文中啓

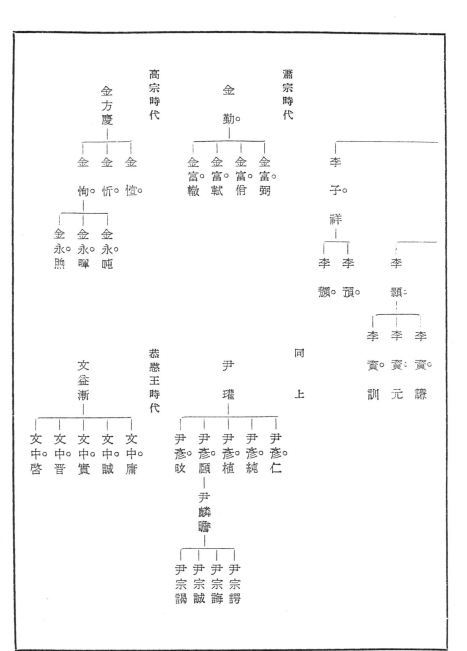

麗末

偰遜

偰長壽。偰筵壽。偰福壽。偰慶壽。偰眉壽。

李朝に至つては此排行の命名大に増加せり。一面姓名支那化の濃厚となれるを證するものなるべし。然れども唯兄弟に通じて、同文字、又は同傍偏字を用ゆる者多く。後期に比して其數も少なく、其考案も複雑ならず。是を王室に見るに。

△太祖八男、何れも二字名の其頭字に芳字を用ゆ。

芳果。(定宗)　芳遠。(太宗)　芳雨。　芳毅。　芳幹。　芳衍。　芳蕃。　芳碩。

△定宗十五男、何れも二字名の其下字に生を用ゆ。

元生。　羣生。　義生。　茂生。　貴生。　終生。　德生。　祿生。　福生。　原生。　好生。　末生。　普生。　隆生。　善生。

△太宗十二男、何れも一字名、ネ偏を用ゆ。且封號に寧の一字を用ゆ。

讓寧大君禔。孝寧大君補。忠寧大君裪(世宗)。誠寧大君種。敬寧君裶。誠寧君䄄。溫寧君裎。謹寧君襛。惠寧君祉。熙寧君袉。原寧君衦。益寧君袳。

△世宗十八男、何れも玉偏の字を用ゆ。

珦(文宗)。瑈(世祖)。瑢。璆。璵。瑜。琳。琰。瓔。璔。玒。𤥽。琛。玹。璉。瑭。璖。

以下歷代皆上と同じく、同一字又は同傍偏を用ひられ。李王殿下の王世子に至つて之を止めらる。

臣僚に至つても亦同じく、國初の權近、權遇を始めとし、世宗の朝の申叔舟、申末舟。姜希顏、姜希孟、世祖の朝の成任、成俔、成侃等の兄弟の名字の如き類少なからず。年代と共に排行法を增加したるは。門閥が社會上に重要さを加へ、一方黨爭の盛となりしに關係あるもの丶如し。

排行の用字例には數種あり、以下に記すが如し。

(1)　星辰二十八宿の名を用ひしもの。

天の二十八宿の名角、亢、氐、房、心、尾、箕、斗、牛、女、虛、危、室、壁、奎、婁、胃、昴、畢、觜、參、井、鬼、柳、星、張、翼、軫等の中より。符のある字を用ゆ。

〔慶州金氏〕
- 金星男
- 金井男
- 金奎男

〔晋州鄭氏〕
- 鄭應井
- 鄭應斗
- 鄭應軫

〔楊州趙氏〕
- 趙斗淳
- 趙台淳
- 趙箕淳

(2)　卦名を用ひしもの。

六十四卦の名の中より履、乾、咸、隨、晋、濟、鼎、恒、震、豐、觀、渙、益、孚、井、節、艮、頤、坤、謙、師、升、復、明、臨、泰、等等の文字を撰み用ひ。損、離、妹、解、賁、夷、蹇、剝、畜、等等不祥卑惡の字は用ひず。

〔全州柳氏〕
- 柳泰明
- 柳升明
- 柳復明
- 柳謙明
- 柳鼎明

〔幸州奇氏〕
- 奇大升
- 奇大恒
- 奇大鼎

〔慶州李氏〕
- 李全豐
- 李顯震
- 李顯益
- 李濟萬
- 李錫孚
- 李厚坤
- 李井男
- 李師佐
- 李裕明

〔全州李氏〕
- 李光臨
- 李光漸

(3) 支那名山の名を用ひしもの。

岱、嵩、恒、岳、崙、華、衡、等の字を用ゆ。

〔東萊鄭氏〕

鄭載岱
鄭載嵩
鄭載恒
鄭載岳
鄭載崙

〔潘南朴氏〕

朴齊岱
朴齊恒
朴齊嵩
朴齊華

〔德水李氏〕

李嵩鎭
李泰鎭
李衡鎭

(4) 洋々たる水名を用ひしもの。

沂、洙、泗、瀛、洛、河、海、等の字を用ゆ。

〔韓山李氏〕

李德沂
李德洙
李德泗

〔江陵金氏〕

金啓瀛
金啓洛
金啓河

〔安東金氏〕

金應海
金應河

(5) 支那古代國名を用ひしもの。

夏、殷、周、晉、漢等々の字を用ゆ。

〔東萊鄭氏〕
鄭殷默
鄭漢默
鄭晉默
鄭夏默
鄭周默

〔安東金氏〕
金夏鼎
金殷鼎
金漢鼎

〔全州李氏〕
李行夏
李行殷
李行周

（6）　支那古代賢人、名相等景仰すべき人名を用ひしもの。

說（商の賢人傅說）　尹（伊尹）　望（太公望）　皐（皐陶氏）　夔稷（后稷氏）　卨（以上四堯舜の臣）　曾（曾子）　閔（閔子騫）等の字を用ゆ。

〔潘南朴氏〕
朴東說
朴東尹
朴東望
朴東亮

〔全州李氏〕
李寅皐
李寅夔
李寅稷
李寅卨

〔幸州奇氏〕
奇孝曾
奇孝閔
奇孝孟

（7）靈異瑞祥の動物名を用ひし例。

龍、龜、麟、麒、駿、鳳、鵾等の字を用ゆ。

〔豐山洪氏〕

洪鳳漢
洪麟漢
洪駿漢
洪龍漢

〔安東金氏〕

金德麒
金德龍
金德鵬
金德鵾

〔恩津宋氏〕

宋麒壽
宋龜壽
宋麟壽

（8）瑞草佳木の名を用ひしもの。

芝、蘭、桂、柏、松等の字を用ゆ。

〔安東金氏〕

金芝淳
金蘭淳

〔晉州姜氏〕

姜栢年
姜桂年

〔全州李氏〕

李溎
李淞
李[illegible]

（9）珍寶たる玉に關する字を用ひしもの。

玉、琦、瓚、琮、珪、珠、瑄、瑒、珙、瑚等の字を用ゆ。

〔恩津宋氏〕
- 宋秉琦
- 宋秉瓚
- 宋秉琮
- 宋秉玉

〔潘南朴氏〕
- 朴珪壽
- 朴珠壽
- 朴瑄壽

〔禮安李氏〕
- 李瑒
- 李珙
- 李瑚

(10)　倫理道德的文字を用ひしもの。

仁、義、禮、智、信、溫、良、恭、儉、讓、謙、忠、義、孝、悌、剛、直等の字を用ゆ。

〔慶州鄭氏〕
- 鄭之仁
- 鄭之義
- 鄭之禮
- 鄭之智
- 鄭之信

〔晋州蘇氏〕
- 蘇世溫
- 蘇世良
- 蘇世恭
- 蘇世儉
- 蘇世讓

〔青松沈氏〕
- 沈孝謙
- 沈悌謙
- 沈忠謙
- 沈信謙

〔海平尹氏〕

尹忠○東●
尹義○東●
尹禮○東●
尹孝○東●
尹悌○東●

〔廣州李氏〕

李之●直○
李之●剛○

〔咸從魚氏〕

魚世●謙○
魚世●恭○

(11)　序次を表示するもの。

伯○、叔○、季○、仲○、一○、二○、三○、千○、百○、億○、兆○等の字を用ゆ。

〔晋州柳氏〕

柳伯○麟●
柳仲○麟●
柳叔○麟●
柳季○麟●

〔清風金氏〕

金致●一○(一)
金致●仁○(二)
金致●彦○(三)

〔豐壤趙氏〕

趙然●大○(一)
趙然●夫○(二)
趙然●春○(三)

〔星州李氏〕

李百○年●
李千○年●
李萬○年●
李億○年●
李兆○年●

〔德水李氏〕

李圭●一○
李圭●百○
李圭●萬○
李圭●億○

〔海州呉氏〕

呉億○齡●
呉百○齡●

(12)　同一偏傍と共に祈福の意味ある文字を用ゆるもの。

禎○、祥○、福○、惠○、祿○、祐○等の字を用ゆ。

〔韓山李氏〕

李址●禎○
李址●祥○
李址●福○

〔坡平尹氏〕

尹滋●福○
尹滋●惠○
尹滋●祿○

〔光山金氏〕

金必●禎○
金必●祐○
金必●祿○

(13)　同一偏傍の字を用ゆるもの。

〔安東金氏〕金。

- 金履鉉
- 金履鏞
- 金履鎭
- 金履鎬
- 金履鍈

〔青松沈氏〕辶。

- 沈連源
- 沈達源
- 沈通源
- 沈進源

〔廣州李氏〕土。

- 李克增
- 李克堪
- 李克墩
- 李克均

〔慶州金氏〕老。

- 金漢耉
- 金漢耆
- 金漢老

〔大邱徐氏〕雨。

- 徐景雨
- 徐景需
- 徐景霦
- 徐景霌

〔光山金氏〕人。

- 金相儼
- 金相儀
- 金相任

(14)　同一音韻を用ひしもの。

〔安東金氏〕

- 金昌•集○
- 金昌•協○
- 金昌•翕○
- 金昌•業○
- 金昌•緝○

〔坡平尹氏〕

- 尹滋•弘○
- 尹滋•承○
- 尹滋•膺○

〔全州李氏〕

- 李範•臣○
- 李範•隣○
- 李範•倫○
- 李範•民○

(15) 生年の天干を用ひしもの。

〔坡平尹氏〕

- 尹相•萬○(甲○寅生)
- 尹相•衎○(丁○巳生)
- 尹相•紀○(己○未生)
- 尹相•鐘○(辛○酉生)

〔全州李氏〕

- 李乾○夏•(乙○未生)
- 李熙○夏•(己○亥生)
- 李宰○夏•(辛○丑生)

〔豊山洪氏〕

- 洪祐•廷○(壬子生)
- 洪祐•震○(丙辰生)

(16) 雙字を用ひしもの。

〔海州呉氏〕

呉 喆。根●
呉 赫。根●
呉 兢。根●
呉 甡。根●

〔平山申氏〕

申 奭。熙●
申 樂。熙●

附記　雙字は往々雙生兒にも用ひらる。右平山申氏の例及愼天翊、愼海翊の如し。此二人は母が雙鶴來つて背に坐し、一は天上に飛び一は海中に入りしに由るとも傳へらる。『林下筆記』

(17)　文句を成す字を用ひしもの。

〔潘南朴氏〕

朴 齊 斌（文武）
朴 齊 鈺（金玉）
朴 齊 明（日月）

以上は大體各氏の取れる排行の方法にして、大抵右の外に出でず。されど間々珍らしく工夫を凝せしものあり。

其一例　天干地支、五行を皆合せて用ひしもの。

〔豐壤趙氏〕

年。午　午は卽ち南方也南方は火也
熙。己　戊己は卽土也
載。申　申は卽ち西方也金也
敦。子　子は卽ち北方也北方は水也
默。甲　甲は東方也東方は木也
丙。丙　丙は南方也南方は火也

其二例　口の數を增し用ひしもの。

〔安東金氏〕現在の人

金　口　鎭（口一）
金　日　鎭（口二）
金　品　鎭（口三）
金　器　鎭（口四）
金　吾　鎭（口五）

第三目　縱の系統字

朝鮮に於て縱の系統に同一脈絡ある文字を使用すること、何の時代より創まりしか。『高麗史』に太祖の先として記載せしものを系圖とせば、左の如くなるものありと雖も。後代の假作とすべく信ずるに足らず。

虎景—康忠—┬伊帝建●　唐の肅宗
　　　　　　│　　　　＋
　　　　　　└寶育—女辰義—作帝建●—龍建●—王建●（太祖）
　　　　　　　　　　　　　＋
　　　　　　　　　　　西海の龍女

高麗末より李朝の初に亙り。李穀—李穡—李種と禾扁を使用せるものあり。恐らく宋に其範を取れるものにして、高麗中期以降より始まりしなるべく。李朝に至りても、初期に於ては此流儀のもの少なし。宣祖以後に至つて多く現はるゝに至り。現時猶兩班の家に於て、之を用ゆるもの甚だ多し。以下其例を列擧すべし。

（1）五　行

〔全義李氏〕
李德燾（火）—李山培（土）—李昌會（金）—李玄永（水）—李根榮（木）—李僖魯（火）—李升世（土）—李鍾日（金）

〔慶州金氏〕
金永年（水）—金義集（木）—金秉熙（火）—金敎承（土）

(2)　天　干

〔全州李氏〕

李遇《甲》—李胤凡《乙》—李會《丙》斗—李柱宇《丁》—李舜儀《戊》—李起《己》龍—李康《庚》翼—李得宰《辛》

(3)　文　句

〔陽城李氏〕

李聖—李賢—李仁—李義—李禮—李智〔以下變更〕

(4)　世々水傍且單複交代

〔延日鄭氏〕

鄭淵—鄭自淑—鄭潙—鄭惟沈—鄭澈—鄭演—鄭沄—鄭世溍—鄭活—鄭一河〔以下變更〕

(5)　禾土木交代

〔韓山李氏〕

李秉《禾》—李重《土》—李來《木》—李羲《禾》—李在《土》—李承《木》—李稙《禾》—李珪《土》—李求《木》

(6)　水木交代

〔高靈申氏〕

申再清《水》—申持權《木》—申錫祿《水》—申光模《木》—申德雨《水》

以上の外、單字を用ゆるもの、單複交互に用ゆるものあり。第五章姓の字數の部に說示せり。また地支を用ひし江陵金氏(學《子》、秉《丑》、演《寅》、卿《卯》、振《辰》)あり。日月を交互に用ひし潘南朴氏(齊《月》陽《日》勝《月》緒《日》贊《月》)あり。仁義禮智信を用ひし安東金氏ある由なれど。其本名不明也。又左の如き變例もあり。

第四目　以上の外の變例

(1)　縱と横を併用せるもの。(李朝太祖の時の人)

李達衷
- 李　竴。
  - 李升商。
  - 李興商。
- 李　竱。
- 李　端。

達衷の諡、文靖公、其靖字の偏立字を用ゆ。

(2)　五行の變例

〔海州吳氏〕　廣州郡楸灘に居住せし人(李朝仁祖の時の名臣)

吳允謙(金)允音鉛、漢允吾縣を置く今青海の東北、黃河之源—吳達天(水)達里泊湖名也—吳道宗(木)申鑒道根—吳遂顯(火)解醒語遂心—吳命久(土)左傳、受命於天以有天下。

支邦には縦系圖に同一類字を用ゆること宋以來甚だ例多し。左に參考として朱文公の家譜と。明太祖の系譜を掲ぐ。

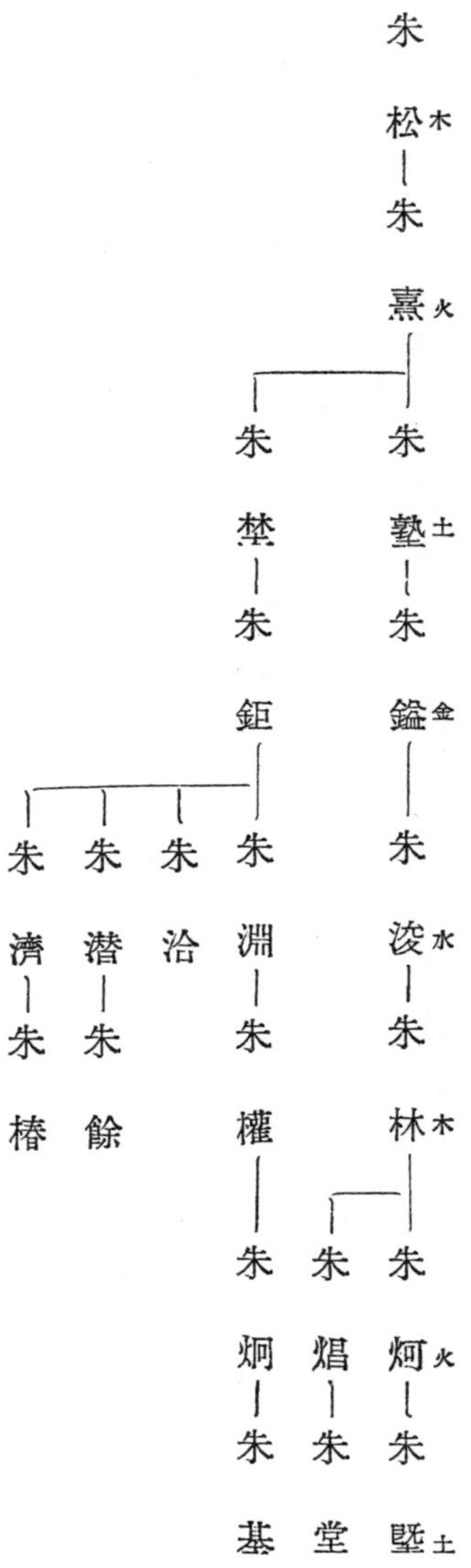

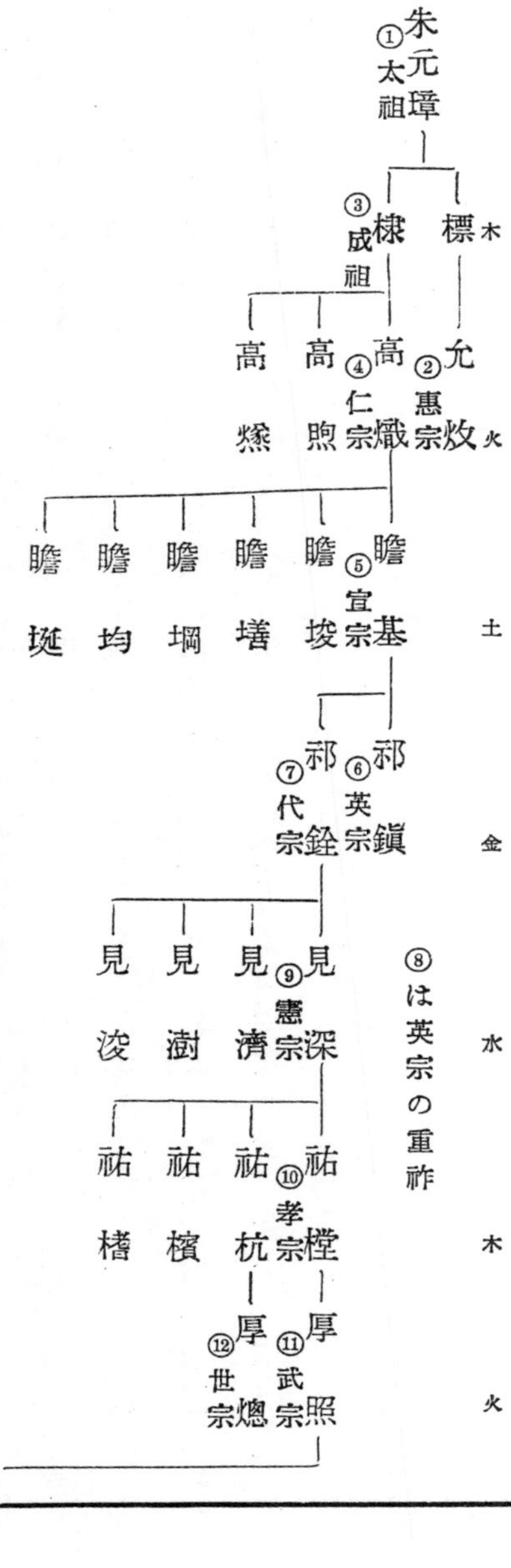

載屋（⑬穆宗）　土
　翊鈞（⑭神宗）　金
　　常洛（⑮光宗）　水
　　　由校（⑯熹宗）　木
　　　由檢（⑰毅宗）　木
　　　　慈烺　火
　　常浩
　　常洵
　　　由崧（福王）
　　常瀛
　　　由榔（永明王）
　翊鏐

太祖は二十有餘人の男子あり。其子孫皆此五行の字に縁れり。略之。

第五目　姓字に縁故ある名字を以てせしもの

例之ば內地の氏名、原田、耕。新階、登。玉井、清。井上、柳。大道、無門。吉野、櫻之助。大山、巖等等と同一構想の者あり。されど內地の此例甚多きに比すれば其數鮮少也。蓋し劉、崔、權、鄭等の如く名と併せて或る意味を持たせ難き姓字多く。加ふるに、名に高尙なる字を撰び用ゆる爲なるべし。本項に該當する者を例示せば左の如し。▲は現存者

△千一清（王子年、拾遺記、黃河千年一清、天瑞を云ふ）　△河　洛（河圖洛書）　△魚得江
△河一清（同上）　△河緯地　△魚海能
△河應圖（河圖洛書）　△魚有沼　△魚　江

▲魚　潭　△柳尋春　△田有秋
△池成海　△楊春發　△田九畹
△池泳鱗　△楊應春　△卞　璧（韓非子卞和の璧）
△池達源　△李　植　△卞相瑩（同上）
△池　淨　△李連松　△朴光玉（晋書樸玉千金？）
△黃石奇　△李新芳　△獨孤立（荀子、善用之則百里之國足以獨立矣）
△柳　根　△李潤雨　△南宮垣
△柳順汀　△羅　蔘（新羅人蔘？或は繁茂の貌？）　△房貴溫
△柳　蘋　△羅星遠（西都賦星羅雲布）　△卜應吉
△柳希春　△金琢玉　△南九萬（莊子逍遙篇大鵬圖南九萬里）
△柳成春　△金千貴（尉繚子千金不死）
△柳景深　△金千鎰

住地の名と姓名とを併せて意味付けしものに左の如き者あり。

▲靑松　白雲鶴　▲龍宮　魚得水　▲金海　魚成龍

同上支那の例

△羊舌赤　春秋
△烏枝鳴　同
△百里奚　秦
△天高　漢
△田疇　同
△戰競　同
△直不疑　同
△陸續　同

△牛牢　後漢
△華表　晉
△皮豹　北魏
△柳條　隋
△顏有意　唐
△高士廉　同
△鏡新磨　後唐
△車安行　宋

△朱錦繡　元
△史記言　明
△張四維　同
△七希賢　同
△八通　同
△趙完璧　同
△馬足輕　同
△靖安民　金

△白如梅　清
△白色純　同
△馬驥　同
△猛如虎　同
△葉舟　同
△海潮龍　同
△楊枝　同
△馬伯紐　同

（參考）日本の排行

日本の昔に於ても朝鮮の排行に似たる命名法行はれたり。其異なる點は、縱にも横にも同一文字を用ひ、又中途隨意に變更したるものもあり終始一貫せるもの尠なし。蓋し所謂名乘字と云ふものに使用する字數甚だ少き爲なるべし。之を通り名とも通り字とも稱せられたり『安齋隨筆』には、通り字の起りは中世よりなりとあり。『類聚名物考』には、武家其下の通り字は慶長以後のこととなりとありとあれど、其前よりも行はれたり。左に數例を掲ぐ。

〔皇室〕

阿保親王 ─┬─ 在原行平○
　　　　　└─ 在原業平○

文徳天皇 ─┬─ 惟○喬親王
　　　　　└─ 惟○條親王

後醍醐天皇 ─┬─ 尊良○親王
　　　　　　├─ 世良○親王
　　　　　　├─ 恒良○親王
　　　　　　├─ 成良○親王
　　　　　　├─ 護良○親王
　　　　　　├─ 宗良○親王
　　　　　　└─ 懐良○親王

〔中臣氏〕

可多能古 ─┬─ 鎌足○
　　　　　└─ 國足○

〔菅原氏〕

宇庭 ─┬─ 安人○
　　　└─ 古人○ ─┬─ 清○公
　　　　　　　　　└─ 清○人○

〔新田氏〕

朝氏 ─┬─ 義○貞 ─┬─ 義○顯
　　　│　　　　　├─ 義○興
　　　│　　　　　└─ 義○宗
　　　└─ 義○助 ─ 義○治

〔菅原氏〕

高辻祖 ─ 長○守 ─ 爲長○ ─ 長○成 ─ 清○長 ─ 長○宣 ─ 國長○ ─ 長○衡 ─ 久○長 ─ 長○卿 ─ 繼長○ ─ 長○直 ─ 章長○ ─ 長○雅 ─ 遂長○ ─ 長○純 ─ 豐長○ ─ 長○量 ─ 總長○（以下略）

〔安倍氏〕

泰○重―泰○廣―泰○福―泰○誠―泰○連―泰○邦―泰○兄―泰○信―泰○榮―泰○胤

〔藤原氏〕

- 基經
  - 時平○
  - 兼平○
  - 仲平○
  - 忠平○
    - 實頼
    - 師○輔
    - 師○氏
    - 師○尹

〔伊達氏〕

- 政宗○
  - 秀宗○
    - 宗○利
    - 宗○純
  - 忠宗○
    - 光宗○
    - 綱宗○
    - 宗○良
  - 宗○實
  - 宗○勝

〔楠木氏〕

- 正○遠
  - 正○成
    - 正○行
    - 正○時
    - 正○儀
      - 正○勝
      - 正○秀
        - 正○盛
      - 正○平
  - 正○季
  - 正○氏

〔藤堂氏〕

- 高○虎―高○次
  - 高○久―高○睦―高○敏―高○治（以下略）
  - 高○通―高○賢―高○陳―高○知（以下略）
  - 高○睦
  - 高○賢

右の外中世以後に現はれたる氏名の外の稱《ナノリ》と云ひし名にも亦排行に似たるものあり。『類聚名物考』には嫡子を太郎と稱し、妾腹を小太郎と稱すとあり。『年々隨筆』には兄太郎、弟二郎、三郎、四郎十郎より上は餘二と稱し。之を輩行と云ふ……云々と出づ。

第七章　實名以外の名

第一節　字《アザナ》　附小字

是を土俗學上より觀れば、人の名を命ずる風習に單名俗と複名俗との二樣ありて複名俗の中實名敬避の起原はダブーに出發せり。卽ち其人を尊奉畏敬し、是に接觸するを忌み是を見るを忌み。其思想は一層延長されて、其名を言ふを忌むに至りしもの也との有力なる學說あり。東洋に於ける人の別稱は、全部を一概にダブーに起原せりと謂ふを得ざるべきも。新羅の古王名とせられし、麻立干、居西干、尼師今、慈充等の如きは、尊奉心より出でし實名敬避の稱號なるべく、支那の古代に起りし字も亦實名敬避の趣旨より出しものなるは。『禮記』曲禮に……人生れて十年を幼と曰ふ冠す……鄭注に……冠するは是成人矣、其名を敬ふ……とあり。『事物起源』にも…

：冠して字いふ成人の道也。字は名を貴ぶ所以なり……とあるにより明かなり矣。

周代に於て名の外に字ありしこと右の如しと雖。孔子の名丘は其首が尼丘山に似たるより名つけられ、其子鯉は生れし時偶ま鯉を遺られしに因るとの說眞ならば、幼名と諱名との別無かりしとすべし。後代に至り名を尙ぶの思想一層助長せられ、人生れて小名あり、冠して本名と字を作るの風を慣成せり。唐の陸龜蒙の『小名錄』を見れば、古代人の小名の諸史に出でたる者を百有餘拾搜して記錄せり。其中の幾個を例示すれば。

△桓仲の子　豹　△淳于公少女　緹縈　△王　愉　駒
△司馬相如　犬子　△曹　操　阿瞞　△劉　湛　斑虎
△揚　雄　童烏　△王　戎　阿戎　△慕容冲　鳳凰

の如く春秋戰國以來南北朝迄の者あり。此等は家庭内の土俗的綽名とも觀るべく、一般に其時代に斯る風習ありしとは見られざるべく。畢竟するに千有餘年の傳統形式たる本名と字の二個を以てしては、人名の社會性に適應せざるものあり。特に大人と幼者との間に於ては名を別つべき自然の要求と在來の慣習が合致して遂に斯る風を發生せしか。或は潛在せし幼名が進出して表面化したるかと觀察すべきに似たり。

要之支那に於て古代には諱名と字あり。それが冠して字と諱名を命ずるの風は何の時代より行はれしかは不明なり。

朝鮮に於て兒名、冠名、字等の命名法が何時より行はれたるか。按ずるに一定の劃時期無く、後世相當の長年月の間に其風を慣成せしものなるべし。先づ字の方より攷說せんに、最も古きは『三國史記』の記載に左の如き者あり。

(1)　金仁問　字仁壽　西紀六五〇年頃

(2)　薛聰　字聰智　問　六八〇年頃

(3)　熊川孝子問德の父の字番吉　同　七五〇年頃

(4)　金陽　字魏昕　同　八三〇年頃

(5)　崔致遠　字孤雲或云海雲　同　八七〇年頃　『東國文獻』には字海天、號孤雲とせり

後の武烈王たる金春秋にも、金庾信にも字の記載無し。此時代上流の人々が皆字を稱する程に唐化せりとは考へられず。前揭崔致遠の外は史筆の修飾か或は在來の本名たる土名を字として記したりと見るべし。されど後期に至つては、士人に字を命ずるの風も唐化の一として、ある範圍には行はれたりと見るべし。

惠恭王時代の建立慶州高仙寺誓幢和上塔碑に、大師の字を仲業と記し。景文王時代の建立谷城大安寺寂禪塔碑に、禪師字體空とあり。眞聖王時代の建立忠州月光寺郎圓大禪師塔碑に禪師の字を大融と刻せり。右三師の字とせるもの皆法味を帶び、僧名を字としたる疑あれど。是により當時旣に字の思想存在し、上流階級に於て字ある者もありし事を推定するの資料たるべし。

高麗に至つては太祖王建以降歷代の王には字の記載あれど。創業の功臣には字ある者甚鮮し。凡そ高麗朝を通じて『高麗史』の記載には字ある者多からず。庾黔弼、王式廉、龔直、朴英規、崔承老、崔沆、崔忠獻、李資謙、鄭仲夫等の如き知名の人にして字の記載なし。また『朝鮮金石總覽』に出でたる毅宗、明宗、神宗時代の知名の人の墓碑銘を見るに字のある者と無き者と相半せり。李朝の初期も亦大抵同樣なり。

右の中には、字ありて是を史に佚したる者もあるべけれど、各士人が悉く字ありしとは觀るべからず。

次に兒名に付て考ふるに『高麗史』人名中には初名、小字、字等と實名の記載あり。それ等の名は

△幼　名

拔　都（蒙古語勇者）福　良　祁　同　三　哥　廣　大

雲　來　肱　開　砂　瑰　王　府　究　夫

△小　字

那　海（宋の孫穆の鷄林類事に……男子曰沙喃と云ふ、其〻나희即ち男兒の稱の訛なる？此名詞現今も通用す）小　公

福　壽　廉　允　海　莊

△字

叔　玲　達　可　處　康　益　甫　上　甫

△實　名

小　風　堅　昧　小　升　福　海　以　道

等の者ありて右四項の名相共通せる風格あり。加之庶民奴婢等の名、及近代迄使用せられし兒名と同音又は似寄りたる者あるは。後の史家が幼名を取つて字に充てたるか、本人が幼名を其儘字《アザナ》に使用したるかは是を斷定するを得されども。朝鮮の字《アザナ》の出來上る經過を示せるものと見るべきが如し。

李朝の初期に於ても、字に支那樣式の高尙なる者あれど。中には量河、平甫、得休、汝魁潤物、日三、初名に王八、從河、乙寶（以上『國朝人物志』太祖より世宗頃まで）等の名もありて前に述べたる

所に同じきものあり。

世宗以後に至つては士人は大抵字を有せざる無く。又其用字も皆高尚なる者となれり。爾後文武兩班の家は勿論中人胥吏より、苟くも多少文事ある者は、冠名と共に字を命ずるの風一般に普及し且實名を諱んで呼ばざるの禮俗も普及せしより以來、字は却つて本名よりも重要なるものとなり。友人相互間は言ふに及ばす、社交上互に字を呼び名を呼ばず、字は世に知らるゝも名は知られざるの本末顚倒を來し。京城に於て士人の家を訪ぬるに、字を以てするに非ざれば分明せざる時代もありしと云ふ。但だ本人自から字を稱せざるの慣例なりし。

李太王の末年海外各國との交通行はれ、文明の風潮に浸潤するに及び。本名を用ゆるの機會多く、其社會性に重きを加ふるに至り。之を使用することを忌まざるに至りても猶字が使用せられ、取引、社交等の私事より官邊の公事に至るまで、間々字を用ひし者もありしと云ふ。近來は必ず本名を呼びて字を使用する者無く。唯僅かに舊習に囚はれ禮節に拘泥する家に於て間々冠名と共に字を命ずる者あるに過ぎず。

（附記）支那に於ては女に字ありしことは、劉向の『烈女傳』に漢の班固の妹班昭に惠班の字ありしこと出づ。極めて稀に如此者ありしなるべし。朝鮮に於ては其例は『溪西野談』に……平壤の妓紫鸞字は玉簫仙……と出づ。

第二節　別號（雅號）

朝鮮に於ける人の別號も亦其範を支那に取れり。別號一に雅號、詩號とも稱し。其賜名に係るものは賜號と稱す。支那に於ける別號の起原は不明なれど。後漢末より點々之を稱したる如く、爾來仙道者流、老莊の思想に活きんとせし晉の竹林七賢の如き清談者流。後には佛教に心醉せし居士等何れも俗世と超脫せんとせし亞流が。通稱名を俗として、別箇の名稱を自稱し、或は他稱せしものが抱合して其風を爲せしもの丶如し。唐宋に至つては詩文の學鬱然として、盛に爾來文事に之を專用する風翕然として成れり。朝鮮に於ては、新羅の末葉に於て、唐との交通により此風を傳へたるならんも。今日に於て史に見出すは、崔致遠の號孤雲（孤雲一に字《アザナ》とも記せり）の如きものあるに過ぎず。

高麗に於ては宋風に倣ひて漸く別號を稱する者を生じ末期に於て此類大に增加せり。其中より知名のものを左に列示すべし。

△惶齋　崔冲　△雙明齋　李仁老　△益齋　李齊賢
△彝齋　白頤正　△菊軒　權溥　△忠順堂　羅興儒
△稼亭　李穀　△易東　禹倬　△石磵梅霞翁趙云仡
△雙梅堂　李詹　△牧隱　李穡　△騎牛子　李行
△晦軒　安裕　△夢庵　權呾　△潘南　朴尙哀
△仁思齋　偰遜　△蘿菖山人　金濤　△白雲居士　李奎報
△惕若　金九容　△冶隱　吉再　△三憂居士　文益漸

李朝に至つては文運更に隆昌に赴き。文臣、儒林、書畫家及、武臣の中にも文藻ある者大抵皆別號を有す。醫、風水、觀相等の技術家竝女子、妓生に至つても文事、畫事ある者稀に之を有せり。今左に例示として有名なる者の中より數例を掲ぐ。

△陽村　權近　△松堂　趙浚　△浩亭　河崙
△敬齋　許稠　△匪懈堂安平大君瑢　△學易齋　鄭麟趾
△保閑齋　申叔舟　△厖村　黃喜　△訥齋　梁誠之
△懦夫　黃守身　△靜庵　趙光祖　△二樂亭　申用漑
△花潭　徐敬德　△虛白堂　成俔　△佔畢齋　金宗直

△曉憁老人　沈逢源　△白沙　李恒福　△栗谷　李珥
△西崖　柳成龍　△芝峯　李睟光　△思任堂　栗谷母申氏
△西堂　金誠立　△花岩處士　李俶　△竹堂　申濡
△瓢翁　宋英耇　△藥泉　南九萬　△慕齋　金安國
△拭疣　金守溫　△尤庵　宋時烈　△阮堂　金正喜
△無爲翁　朴弼琦　△桂田　申應朝
△檀園　金弘道　△退溪　李滉

歷代の王室亦之を有し、太祖の松軒より前李王殿下の正軒に至るまで、皆別號あり。就中最長きは、正宗王の萬川明月主人翁にして、『三朝寶鑑』に其緣由を左の如く記せり。……上直提學李晩秀に謂つて曰く。予は萬川明月主人翁を以て自から號す。其義は自序に詳かなり、序に曰く、月は一也、水之類は萬也。水は世之人也、月者大極なり、太極者吾也、朝臣數十人に命じ書して以て進めしめ、刻して燕寢諸處に掲ぐ。即其點畫揮染之間、其人之規模と意象以て彷想すべし。此れ眞に所謂萬川明月也……云々。

太祖の號松軒は、成桂の桂字に對し共に節義を現はしたるものなりともまた咸興の潛邸に松を手植して之を賞翫せしに緣るとも稱せらる。

別號は大抵居る處の地名に緣由せるものあり。或は某る故事、事實に採りしものあり。身體の特徵に因るあり。又先賢の名を慕ひて其一字を取りしもの。故典の字句を以てせるもの。或は精神修養に資する字句を用ゆるもの。又或は無意味に美句を擇びし者等あり。其風樣は古代より今日迄日支鮮皆同一なり。別號はまた一人にて二つ以上を有する者もありて左の例示の如く他と同號なるもの多し。

△敬齋　許稠、河演、成近、慶世仁、南秀文、李基、閔九韶、洪般。

△省庵　李佑、李之蕃、金孝元、宋駿、成浩、趙明國、朴弼傳、柳儼。

△夢溪　宋世琳、金賁顯、任奎、丘永安、金傳相。

△陶谷　李宜顯、李必重、李養源。

別號は名及字と共に生前に使用し。死後に於ても其人の文集の題籤の如きには必ず是を冠し、碑文の如きものにも、之を記入するを例とす。

其使用の範圍は、斯道に使用する外、社會的には自稱他稱並に書簡口稱に通用するも。親友間並に下級者に對するときに限られ上長には用ひず。但字は名と異なり下級者が上級者に、年小者が年長者の號を呼ぶも不敬とせらるゝことなかりし。而してまた、尊族親より卑族親の雅號は呼ばさるの習慣なり。

第三節　諡號　附　徽號

諡は人の死後に於ける名稱なり。卽人死して其葬前に際し、死後の名を作り、之を本名に易へ且表彰するを諡と稱す。

諡は支那周代に始まりしものにして、實名を貴ぶの風習より起れり。『禮記』郊特牲に……死而諡、今也、古者生而無爵、死而無諡……。同曲禮に……卒哭すれば乃諱む……又已れ孤暴かに貴くして父の爲に諡を作らす……同檀弓に……公叔文子卒す（文子は衞の獻公の孫、名は拔）其子戍諡を君に請ふ。曰く日月時有り將に葬らんとす矣。請ふて其名を易ゆる所以なり……故に貞惠文子と謂ふとあり。『文體明辨』に……天子崩すれば則ち臣下諡を南郊に制す。之を天に受くるを明にする也。諸侯薨ずれば、則太子赴いて天子に告ぐ、之を君に受くるを明にする也。蓋し子は父を議するを得ず、臣は君を議するを得ず。故に之を天に受け、君に受く。卿大夫の如きは則有司議して之に諡す……とあり。春秋戰國に至り諡法漸く紊る。秦の始皇に至り之を廢せしと雖も、漢に至りて復興し。爾來諡法紊れて其權有司の手に歸せしも。明に至りて始めて古制に復したり。

朝鮮に於ける諡號の記事は『三國史記』に智證王以降の王諡を記せるを古きものとす。其智證王の諡號は梁の武帝よりの賜諡に非ざること明かなり。是れ後代よりの追上なるや、後世史家の修飾なるやは明かならず。百濟武寧王の諡號亦同じ、而して之を追上とするも、否らずとするも。何れにしても諡法を用ひ初めし時期は不明なれども。今殘れる太宗の碑に太宗武烈王の碑と刻せるより見れば。また新羅後期の塔碑等の石文に僧の諡名を刻せるより推せば、後代に於て諡を用ひしこと明かなり矣。詳しきは第九章諱名の項に述べたり。

高麗に至つては、太祖二年に三代の曾祖に、追諡を行ひしを始めとし、以來歷代の王に諡號あり。光宗二十六年に、太祖以下六代の王に尊諡の加上あり。穆宗五年に、先王の尊諡加上あり。忠肅王の代に至り、其薨ずるや元帝の賜諡あり。忠宣王の代に至り、元帝より神宗以降の王に、追諡賜號あり。辛禑十一年に、明の太祖が使を遣はして先王に賜諡ありしを。辛禑が其受冊を大廟に燒きし珍事ありたり。以上皆『高麗史』に出づ。

李朝に至つては、太祖以來宣祖迄、明帝より各代追諡賜諡あり。仁祖以降は明朝に對して行ひしと同樣、清朝に王の薨を報して諡を請ひ。各賜諡ありしも系譜には其記載を省きたり。日清戰爭後、大韓帝國となるや、明の賜謚を悉く璿源系譜より除き去れり。

王より臣下に對する賜謚、追謚に付ては。新羅時代のこと詳かならざれども。曩に述べたる如く、石文に僧の賜謚のこと記されあるより見れば、後期には重臣に對しては、行はれたるものなるべし。高麗に至つては、定宗四年に大匡王式廉卒して、文明と賜謚し。景宗三年に政丞金傅卒して、敬順と賜謚せし如き。また追謚に付ては顯宗の時に新羅の薛聰(弘儒)崔致遠(文昌)に對して、行はれたるを最初のものとし。爾來功臣重臣に賜謚追謚したる例甚多し。

李朝に至つては、國初より其法制も定まり、正二品(多少の例外あり)以上皆死して賜謚ありたり。

謚號の例左の如し

（高麗朝）

△文明　王式廉	△敬順　金傅	△恭靖　金忠賛
△順恭　崔承老	△匡彬　崔亮	△良寛　金方慶
△文成　安裕	△文肅　李齊賢	△文忠　鄭夢周

（李朝）

△文忠　趙浚　△文忠　河崙　△翼成　黄喜

△忠翼　金宗瑞　△文忠　柳成龍　△忠武　李舜臣

△文忠　南九萬　△文簡　李宜顯　△忠文　閔台鎬

賜諡は最名譽の表彰として尊ばれ、其諡號の下に公の字を附して呼ばれ。墓碣に記入し、墓誌に刻し。族譜に記入し。死後の戸籍にも、父祖の名として、官爵と共に記入せられたり。

諡を請ふには、其資格ある者死したる時、其行狀を作りて禮曹に呈し。賜諡の主管官廳たる奉常寺に於て之を議定するものにして、甚複雜なる手續を要したり。諡法には、周公諡法、春秋諡法、北魏元修諡議、蔡邕獨斷帝諡、蘇洵諡法、皇明通用諡法等あり。此等を參酌して定められたり。其諡號の文字、一字一字に各定義あり。各諡法之を異にす。例へば、志を立て衆に及ぼす公。と曰ふ。敬事供上恭。と曰ふ等の如し。諡名の如何は其子孫竝一門の榮譽的價値に影響し。また他との權衡にも亦問題となるを以て。其子孫としては大なる關心あり。故に後に至り改諡を請ふことも亦行はれたり。

私諡。諡は元と私諡に出てたること、前に述べたる『周禮』の記事の如し。朝鮮には『高麗史』には私諡の例一あり。李朝に至りては、高德の儒者等にして、官爵無く隨つて賜諡無き場合、友人又は門下相議して私諡したる例あり。『大東韵玉』に鄭之敬に廉義。金克一に節孝先生、金翼虎に篤誠と、友人門下より私諡せしこと出づ。但此例は甚だ鮮かりしと云ふ。

廟號、徽號（勳號又は尊號）

王及王妃には、諡の外に薨後に上る廟號（太祖太宗等の如き）あり。生前竝に薨後に上る徽號あり。後代屢加上せし者は頗長し、皆支那に範を取れるものなり。左に一例を擧ぐべし。

李朝英宗の例（英宗は明治二十三年英祖と追改す）

英宗（廟號）至行純清、英謨毅烈、章義弘倫、光仁敦禧、體天建極、聖功神化、大成禮運、開泰基永、寬明衆哲、乾健坤寧（以上徽號）翼文宣武、照敬顯孝（以上諡號）大王。

（附記）

高麗の廟號は、元宗を以て終りとしたり。其故は忠烈王以後は元朝より其使用を禁ぜられたるに因る。

第八章　職業的名稱

第一節　僧　名

凡そ人一たび佛門に入つて僧となれば、爾後は其の本來の姓名は俗名とし捨て之を用ひず。新に得たる僧名（法名法諱）を用ゆる慣例なること。日本、支那、朝鮮共に古來より今日迄皆同一の風なり。而して其名の用字も亦大抵同一の風を襲倒し來れり。

『日本書紀』、『日本諸寺の緣起』、『三國史記』、『三國遺事』、『東師列傳』、『朝鮮金石總覽』、『大東禪敎考』等に出てたる朝鮮の僧名を檢索するに、兢讓、慶甫、彥機、基弘、奉圭、壯弘、信淳、惟政等の俗人と同樣の者もあり。蓮潭、白波、羊岳、海峯等の雅號に似たるものもあれど、大體左に列記の如く、一種の法味を帶べる名を撰むを普通とせり。

（百は百濟。新は新羅。高は王氏高麗。李は李朝）

△曇　曇慧（百）　曇育（新）　曇諳、曇眞（高）

△惠　惠仁（百）　惠亮、惠通、惠瑜（新）　惠永、惠居（高）　惠義（李）

△法　法義（百）　法空、法雲、法海（新）　法鏡（高）　法宗（李）

△圓｜　圓勢(百)　圓光、圓安、圓晤(新)　圓明、圓眞(高)　圓輝(李)

△義｜　義覺(百)　義湘、義安(新)　義天(高)　義諶、義洽(李)

△智｜　智明、智鏡、智洗(新)　智宗(高)　智泉(李)

△一｜　一然(高)　一禪、一玉(李)

△普｜　普雨、普愚(高)　普雨(李)

△道｜　道傾、道義(百)　道詵(新)

△慧｜　慧河、慧照、慧資(新)　慧諶、慧勤(高)　慧彥(李)

右法諱の外に尊號を有する者あり。智證國師、朗空大師、無學王師、芙蓉祖師、逍遙宗師、懶庵講師、瑞巖禪師、妙嚴尊者、何大士、何禪伯、何講伯等の生前及寂後の尊稱、及封號諡號を有せし者あり。また、新羅の昔に於ては、般若跋摩の如き梵名を有する者もありたり。

現在の僧名も、其用字千有餘年前の昔と異ならず。また僧の法姓とも曰ふべき者に釋あり。此僧姓は晉の道安以來、定め用ひられ來りしものと傳へらる。朝鮮に於ても亦用ひられたり。

女僧に付ては『英宗實錄』に假仙の名あり。文獻の記載甚だ鮮し。最近に及び、僧尼は社會的には俗名卽本名を用ゆる者多し。尤現行法規の上に於ては、佛道に入りたる者は、本山の證明により僧名に改名し得るの規程あり。萬暦以來の古き戸籍には、僧尼は俗名と法名との双方を登錄せり。

（參考）現在京城附近寺院所屬僧尼名

△僧

雲松　性海　永相　鏡海　聖道

普潤　巨連　聖觀　永心　日華

愚敏　法心　慈訓　慧雲　圓明

性惋

△尼

妙蓮　松月　妙信　妙相　瓊浩

月河　壽松

第二節　妓名

新羅時代の娼名は傳はらず。『三國史記』に……眞興王の時、源花なる者あり。初め君臣以て人を知る無きを疾む。類聚群遊せしめ、以て其行義を見然る後擧て之を用ゐんと欲し。遂に美人二人を簡ぶ、一を南毛と曰ひ、一を俊貞と云ふ云々……とあり。此記事後世史家の粉修にして、娼に類せし者なるべし。

高麗に至つては『高麗史』に成宗十三年に、契丹に妓を進めし記事あり。顯宗卽位の初め敎坊を罷むとあり。又文宗二十七年に敎坊奏して女弟子を燃燈會に用ひし記事あれど、其妓名無し。崔忠獻の傳に、同人の妾として楊水尺なる種族の中の人、紫雲仙なる妓名初めて出づ。爾來娼妓は宴樂の必要物となり李朝に傳へ、地方各官府にも官妓を置くの風は日清戰爭の時迄行はれて、史上に妓名の出る者甚多し。試みに『高麗史』、『李朝歷代實錄』及『於于野談』、『謏聞叢話』、『慵齋叢話』、『溪陰漫筆』、『畸翁漫筆』、『松溪漫筆』、『海東雜錄』、『遺閒雜錄』、『稗官雜記』、『寄齋雜記』、『松窩雜記』、『盎葉記』等の正史野乘に出でたる其名稱を點檢せば。約一千年來今日の妓名と其風格に於て大差なし。左に其幾分を列擧例示す。

△高麗

紫雲仙　白蓮　七點紅　玉盤珠 李仁老改名掌中珠　楚英

玉肌香　千咄　花羞　小梅香　玉纖々

眞珠　燕雙飛　碧玉　動人紅　月娥

雪梅　謫仙來　好々　萬年歡　鳳池蓮

右七點紅、小梅香、燕雙飛の三人は辛禑の幸妓、封じて翁主とせり。

△李朝

紫洞仙	京妓	薔薇	羅州妓	動人紅	鐵原妓	今介	公州妓
梅花	谷山妓	桂生號梅窓	扶安妓	巫雲	江界妓	瀟湘梅	江界妓
一朶紅	錦山妓	銀臺仙	星州妓	千拙	洪城妓	陽臺雲	公州妓
洞庭春	平壤妓	金蘭	忠州妓	得玉	成川妓	玉樓仙	洪州妓
待重來	密陽妓	洪娘	洪原妓	論介	晋州妓	眞伊	松都妓
暎山紅	全州妓	鳳姬	宣城妓	福介	扶安妓	仙香	安岳妓
武貞介	平壤妓	斷人腸	成川妓	莫從	全州妓	石介	京城妓
勝楊妃	光州妓	無定價	平壤妓	紫鸞字玉簫仙	平壤妓		

以上兩朝の妓、何れも妓中の錚々たる者にして、正史野史に艶名、俠名を飾れり。就中論介の如きは、壬辰の變に於ける烈女として旌表せられ、其名を碑文に傳へらる。

以上大抵其名唐宋教坊の妓名と同一にして。現在の妓名亦同じく、其間毫些の變更を見ず。唯例外として論介、今介、千拙、眞伊等は、女の本名を其儘妓名としたる者にて、今日にも亦此類あり。

妓生は社會的には皆妓名を以て稱呼せられ。戸籍にも妓名を以て記されしこと下に出たる如く。引退の後も猶退妓として、戸籍に妓名を登錄せられたり。嘉慶十五年大邱府戸籍中より、妓生の戸の記載二三を例示として拔萃す。

第二新戸　府妓桂蕙年貳拾貳甲午、本慶州、父學生遇好、祖學生慶念、曾祖學生己連、外祖李有根本全州、母李姓年六拾九丁未、女年貳甲寅、等戸口相準印。

第三戸　營妓玉蘭年貳拾四、四祖不知婢九月年貳拾貳、等丁卯戸口相準印。

第五戸　巡妓生仙喜年貳拾八庚子、父業武崔天根、本月城、祖業武洪得、曾祖業武允桂、外祖業武高益和本濟州、婢根烈年四拾七、等戸口相準印。

(注) 府妓は都護府の妓。營妓は兵營の妓、巡妓は巡營の妓、各其所屬を指す。印。は捺印の印に非ず、畢りの意味にして日本の文書に以上と記せる如き意味のもの也。學生、幼學、業武、等の解は第二篇第二章に出づ。

(參考) 現在の妓名

△京　城

梅　紅　一　德　珊瑚珠　彩　玉　玉　仙

一枝紅　瓊蘭　雲仙　暎山香　綠珠
銀玉　蘭紅　蟾紅　桂香　又春
山紅　翠香　蓮花　松子　蓮香
海中月

右の中又春は兒名を其儘妓名としたるもの。松子は松の實の意味に非ず。近代內地婦女の例に傚ひ、子字を用ひしものなり。

△平壤

花中仙　一枝花　銀紅　眞實　一扇
花扇　牡丹　山月

妓生の外に昔無くして近代に現はれし、朝鮮娼妓なるものあり。大抵內地人經營の遊廓に所屬す。此等も亦妓生と全く同一風の名を使用せり。

（附記）妓名と婢名と同一の者あること

『星湖僿說』に……高麗の時楊水尺を邑籍に隷し、男を奴と爲し女を婢と爲す。婢多く守宰の寵昵と爲る。故に飾容歌舞を習ふ、之を目するに妓を以てす。……余謂へらく、列邑の妓は即官婢……とあり。『䡴畊錄』にも古は妓を稱して官婢と爲し、又官妓と云ふとあり、星湖の說承認し難きも、官婢の中には官妓に紛はしき脂粉の輩存在せしは事實なるべく。斯る沿革ある故にや。

萬曆以來の籍帳、野史、文記の婢名には間々妓名と同一なる。月下仙、花仙、雪梅、卓文兒、秀蘭等の如きものあるを見る。

第九章　名の忌避

姓は一族に共通のものなれば、之を忌避して言はざるが如き事無かりしは。『孟子』盡心章に

名を諱むも姓を諱まず、姓は同じき所也、名は獨する所也……。

とある如く、古來より今日迄不變の風なり。而して其名を諱むの風は周代に起り、後世禮法の繁褥に赴くと共に、其範圍も擴張せられ法制の上より、社會の習慣より、命名、稱呼、竝に記錄上種々の拘束を加へられ、其忌避の方法も亦甚だ複雜なるものとなれり。

右の外に禮儀上より、或は單に便宜の上より、また諸種の理由に因り、實際の名を呼ばず。文字に書かずして。之に代るべき名稱を以てするの風は、何れの世に於ても行はれたり。

本章に於てはその中の諱名に關するものを略說せり。

第一節　支那に於ける諱名の歴史

朝鮮の諱名は支那に其起源を倣へり。故に此を説明せんとするには、先づ支那に於ける諱名の歴史を略叙するの要あり。支那に於ける實名忌避の風は、君親の名を言はざるに起りしものにして。『禮記』曲禮に……男子二十なれば冠して字《アザナ》あり。父の前には子は名いひ、君の前には臣は名いふ……同郊特牲に……冠して之に字す、其名を敬する也……とあり。周代に於ては自から稱するに名を以てし、人を呼ぶには字を以てし、名を呼ぶを非禮とし。唯臣子及び幼者賤者に對してのみ名を呼ぶを禮法とせり。また生前のみならず、死後に於ても本名を稱するを忌むるの風起れり。『同郊特牲』に死して諡す今也、古は生きて爵無く、死して諡無かりき……とあり。『左傳』桓公六年に……周人諱を以て神に事ふ。名終り將に之を諱む……とあり。其の生前並死後の諱名の範圍は、『禮記』曲禮に……卒哭すれば乃ち諱む。禮、嫌名(同音の字)を諱まず。二名偏諱せず(二字名は一字を諱まず)とあり。又同じく……君所私諱無し、大夫の所公諱無し。詩書には諱まず、文に臨んでは諱まず、廟中諱まず……とあり。同檀弓に……二名偏諱せず夫子の母の名徵在。在を言ふも徵を稱せず。徵を言ふも在を稱せず・・・・とあり。其の諱名の範圍も極めて狹かりしを見るべし。後代に至りては、漸く虛禮化して甚しく煩雜となれり。秦の始皇の名、政の字を避け正の字は悉く之を改めて、正月を端月としたる如きは、嫌名の始とすべし。前漢に至つては、皇后呂氏の名、雉を諱みて、雉を野雞と改名せし如き。元帝の皇后王氏の父の名を忌みし如き。又宣帝即位の後、其父の諱進を避けて、前の字を以て代へし如きは。外戚避諱、廟諱忌避の始を爲し。吳に至つては儲嗣の名を避け、唐に至つては朝廷大臣の家諱を避くるの風を生じ。猶國諱、公諱に對して、私諱則ち父祖の名を避くるの風起れり。其禮弊に中毒すること、唐宋の時代を最も甚しとす。李賀の父は晉肅なるにより李賀が進士の擧に應じたるは、不敬不謹愼なりとして、世の批難攻擊を受け、爲めに韓愈が諱辯一篇を作つて世を啓蒙したる如きは有名の事實なり。蘇軾が祖の名、序なるにより、文集の序字を敘字に代へし如きは、未だ言ふに足らざれども。宋の劉溫叟が父の名嶽なるにより、終身樂を聞かず。岳に登らず。徐積が父の名石なるを以て石橋を踐まずと云ふ如き、常識を逸したる極端の事例少なからず。

元、明、淸に至ては、其弊稍薄らけりと雖も。君父の名を諱むの風は、依然として行はれたり。

秦以降其の忌諱の方法としては、地名、物名、人名を變更改正し。字劃を缺ぎ、新字を造り、傍扁を加へ、代用字を作る等種々の方法行はれたり。朝鮮に於ても此等の方法を皆採用せるものあり。後世東洋の史を閲する者をして惑はしむること甚し矣。

第二節　朝鮮の諱名

朝鮮に於ける諱名思想は、始め新羅に於て帝王の諱名に付て、唐との交通に依つて之を傳へられたり。其最初の記事は『三國史記』百濟本紀に、麟德二年（西紀六六五年）唐將が新羅王（文武王）と熊津に會し、白馬を刑して以て盟ひ。唐の社稷を立て、正朔及廟諱を頒つとあり。同孝昭王卽位の年（西紀六九六年）に、左右理方府の理字、王の諱理洪に觸るゝとして、左右議方府と改めしこと出づ。是れ國諱實行の最初の記事なり。是れより前眞興王の時代に之を忌まざりし事、金正喜の『金石過眼錄』に考說あり。按ずるに孝昭王の年代、若くは其少しく前に此支那思想を取入れしものなるべし。また憲康王二年（西紀八七六年）に建立し其碑文崔致遠の筆に成りし、河東雙谿寺、眞鑒大師塔碑文中に：：愍哀大王、號を慧照と賜ふ。昭字聖祖の諱を避くる也……とあり。此文は初め眞鑒大師が慧昭と稱せしを、其昭字、昭聖王の昭を冒すにより、照と改めしことを指すものにして。孝昭王以後國諱を實行し、臣子の之を忌諱せしを知る。

新羅の後を承けたる高麗に於ては、其初期より國諱を實行したる筈なるに、是を否定すべき資料あり。蓋し革命の際、新羅の因襲の破られし者の一なるべし。鮎貝房之進氏『雜攷』六輯によれば、廣島縣加茂郡竹原町照蓮寺藏、靈巖西院鐘の鐘記に伐昭大王當縣聰規沙干峻豐四年……云々の文あり。年時は高麗光宗十四年に當る。其伐昭大王とあるは、無論光宗の諱を稱したるものにして。此伐昭の昭は、諱の昭とは自から別にして、光宗未だ在世中にして方言を以て諱を稱したるものなり。云々と詳細なる興味ある考證あり。縱令方言とするも、昭字は明かに王諱の字也。之を鐘銘に記せるは、確かに國諱を云爲せざりし一證とすべし。

高麗國諱の最初の記事は『東國文獻備考』に顯宗の諱、詢を避け、安東の荀氏が孫と改姓せしこと出づ。次に『高麗史』に宣宗即位の初、翰林院の奏により。凡そ内外の州、府、郡、縣、寺院、公私門館、及臣僚以下の名、御諱を犯す者、及同音の者之を改む……とあり。爾來同書に以下の如き記載あり。

一、肅宗即位の初め有司の奏により、王諱と同韻の嘘、麌、俁、鯃、唄、喁等の字を避けしむ。

二、同五年翰林院の奏により、王諱と同音の字、秘書省をして板に彫し頒示し。人をして諱を避くる所を知らしむ。且雍和殿を祥和殿と改む。

三、神宗元年、明宗の諱昕を避け、醴泉の昕氏に權と賜姓す。

四、同即位の初め王の名を晫に改む、元年有司奏して王の嫌名を避けんことを請ひ、諸姓卓なる者に命じて外家の姓に從はしめ。若し內外姓同じければ、外祖母の姓に從はしむ。

五、忠宣王即位の初、僉議司は請ふて。王の嫌名、元、原、源、騵、嫄、䝠、盬、塬、黿、蒝等の字を避けしめ。命じて併せて遠字を諱ましむ。

六、忠穆王即位の初め、王の嫌名を禁じ。姓氏外家に從はしむ。

右の外、顯宗十二年に建立せし、玄化寺の碑中の文字、堯字を孳として缺畫したるは、定宗の諱を避けしに出づ。

『益齋記』には……高麗惠宗の諱は武、益齋李齊賢、元に仕へ嘗て蜀に使す漢の武帝の茂陵を過ぐ。蝶戀花の詞を作る、題して曰く、漢虎帝茂陵と。『東文選』仁宗の遺教に曰く。文虎百僚同心協德と。牧隱李穡鄭母の詩を作つて曰く。西原允虎允文、皆惠宗の諱を回避する也……とあり。

忠烈王時代の著述たる『三國遺事』にも……光虎帝使を遣はして樂浪を伐つ……

とあり。光宗十年建立、鳳巖寺の靜眞大師の塔碑文は、文虎兩班……とあり。文武兩班の稱を龍班虎班と改めしことも、茲に基くものなるべし。

以上の記事により國諱は、顯宗の時代より行はれ、爾來其の思想の强調により、漸く支那諱禮の中毒に罹りしを觀るべし。されど一方に於ては。

恭愍王が元に表請し、其名祺を顓と改めんとせし表文に……大にしては官師案牘、微にしては里巷の書詞、凡そ字を作る示に從ひ其に從ふ。而して其音相同じく、相近き悉く皆諱避す……自から更むるを便とす……云々。とあるによれば、其不便より臣民を免がれしめんとする考慮ありしを知る。

家諱に至つては其資料とすべき記事無く不明なれど。稀薄ながら多少は一部分には行はれしものなるべし。

李朝に至りても此思想を、高麗より承け繼ぎし事は。國初の法典たる『經濟六典』に王諱の規定ありしこと出づ、卽ち『世宗實錄』に……禮曹啓す、二名偏諱せざる禮律に著く。又經濟六典に載す。近年以來凡そ文書に於て、遐字を以て遠字に代ゆ。(註太宗の諱芳遠の遠也)遂に格例を成す。唯に古典に合せざるのみならず。實に聖祖の成憲に乖く。乞ふ自今一に法に依り以て臣子諂諛の端を杜かん。之に從ふ……とあるにより、窺知し得べく。また『太宗實錄』に上黨君李薆が初の名伯卿、其卿字定宗の諱と聲相近きより、佇と改め、又、佇字世子の禰と聲近きより薆と改めしこと出づ。以上により、法令の規定並、臣子の禮として王諱を避くるの風行はれしを知る。

宣祖の朝に至り、列祖諱の代用字を定めたること。『稗官雜記』に……本國列聖の御諱皆代用の字あり、今人罕に之を知る。度祖の椿を冲に、太祖の旦を朝に、太宗の諱二名偏諱せず、世宗の祹を禱に、文宗の珦を琳に、世祖の瑈を理に、德宗の祟を明に、睿宗の晄を光に成宗の娎を欣に、中宗の懌を豫に代ゆ……とあり。此事正史に見えず。太祖以前のものは疑を挾むべき餘地あり。されど國諱實行の漸盛なると共に、一方其不便を除かんとする王者の意志を看るべし。肅宗十四年に宗親の官階名、昭德が、睿宗の妃、章順王后の徽號を犯し。儀賓の官階光德が、太宗の徽號を犯すを以て、之を改めし如き。同四十四年に世子嬪の謚を溫懿と議定し、其溫字が嬪の先祖、沈溫の名に觸るゝとして端懿と更めし如き。英宗三十六年に慶德宮名が、元宗追尊の謚號の名と同音なるにより、慶熙宮と改名したる如き。稍末節に拘はるの弊を見れど。歴代の王の名、太祖の旦を除き他は曔(定宗)祹(世宗)棩(顯宗)祘(正宗)㷩(李太王)等々の如き、餘りに恒用せざる字を皆選びしは。臣民に不便迷惑を感ぜしめざる王者の德意を見るべし。

英宗三十六年判府事李宗城が、其姓名仁祖の嫌諱を犯すを以て。疏を上つて改名を請ひし時の、同王の敎に、東晋淸談の時、父子の名、兄弟の名の若きは道ふに足らずと雖も、國初の習俗亦此の如し。云々……末世嫌路甚だ廣く重ずる所の外嫌名を諱む者多し。

心常に慨然たり、今何ぞ必ずしも過中の路を開かん。聞く故判書李聖龍の初名は雲龍、故參議李亮臣の初名は宗臣、兩人の名を更ゆる敢てせざるに由ると雖も。余は曰く過てり矣。昔し唐の韓愈の諱辨、其中李賀の爲めに抑揚の語無からずと雖も、大意は則ち誠に是なり。末世嫌路太だ廣く、旣にして更む己故の人、初に復し難しと雖も。豈此を以て廣く嫌路を開くべけんや。此の後二字名の上字を擧げ、姓に連ねて之を諱む者、一切之を禁ず。其の名を製するを以てす亦此れを以て之を諱む勿れ……とあり。

同王の敎に……子の幼諱、四十年に近く下敎を爲さず、此頃他事に因り偶ま諭す。今鄕騎士の啓本承旨は讀まざるに因り、予は則ち曰く、此の若きを必せず。此二字は徒らに常人のみに非ず、士子と雖も必ず曉る者の莫き有らん。科榜に於て其の或は抜去す、父名に於て其れ或は咎と爲す。此豈に四十年諭さゞるの意ならんや。此後の文、政院に於て付籤し榜に更書し、其れ咎と爲す勿れとあり。

純祖六年の教にも……近年印本書冊御諱の删畫、所見甚だ駭然たり。勅教に勤むと雖も即古に復せず。甚しきは諱稱字音、中間並び諱むに至る以て、矯正の端とすべきに非ざるは無し。自今此の習ひに似たるの法一切嚴禁……とあり。

『盎葉記』に……頃年文苑の諸公教を奉じ御定の宋史筌を校閲す。沈直學(念祖)建議し、凡そ本朝諱に當るの字石經缺筆の法を用ゆ(註、顧炎武の金石文字記に唐の石經の虎字皆末筆を缺ぎ、虍に作るとあるを指す即唐帝の諱をさけたる也) 此後公私の書籍往々此式を用ゆ……とあり。

儒教學問の隆興と共に利弊相伴ひ、中世以後諱禮稍々盛となりしを見るべし。

家諱に付ては其消長と範圍不明なり。國初に於て名に父子同字を用ひし例あるより見れば、忌諱薄かりしを知る。中世以降禮法の發達と共に、忌諱の程度增長せしことは『林下筆記』に柳觀(世宗朝)の子季聞が京畿觀察使を拜せし時。其官啣父の名と同字なりとし、辭して赴任せず。遂に柳觀が觀字を寬と改めしこと出づ。是れ稀例なるべきも、唐宋時代の家諱中毒に感染せる者ありしを知り。其思想が漸く彌蔓せしを觀る。

近代迄に行はれ、現今に於ても猶舊套墨守の家に於て行はれ居るものを摘記せば左の如し。

一、子孫に名を命ずる時、父祖の名は必ず諱避して用ひず。二字名中の一字と雖も之を用ゐず。謚號と字《アザナ》の字は避けざるも其二字の同名は用ひず。以上總て同音の字も亦之を諱む。

二、書翰中父祖の二字名は必ず諱避して書かず。之れに音近き字も亦同一なり。其場合に於ては字義近き字を代用す。

三、父祖の名は口外せず。同等の間に於ては、他人の父の名を言ひ、又之を問ふを非禮とするも。上長より問はるゝ時等の如く之を言はざるべからざる場合あり。此時に於ては、例之ば其名宗植なれば宀《ウカンムリ》に示《シメス》の字と、木扁に直の字と云ふ如く稱し。或は宗の字と植の字と言ふ如く答ふ。若し一字名なれば植物の植の字と言ふ如くに答ふ。

四、祖廟祭祀攝行の時、父病む時は子代行す。其時祭文に父宗植病により子某代つて攝行すと云ふ文無かるべからず。其父の名を讀む時、宗と讀み、中間に噫の歎を作し次で直と讀む。若し一字名なるときは、唯噫と言ひて讀まず。是廟中諱まづの本則に反するものと謂ふべし。

併合により國諱は消滅したり。家諱は近代思想の風潮により大變化を來し。必要の時父祖の名を言ふ如き、之を以て非禮とせられざるに至れり。

第三節　外國主權者の諱名に對する忌避

上國皇帝の諱を避けたる最古のものは、前に述べたる如く、新羅聖德王の諱隆基が唐の玄宗の諱に觸るゝとし、改名を命ぜられしを初とす。同神文王の時に建てられし文武王の碑、同眞聖王の崇福寺の碑に、共に丙午の干支を景午とせるは。唐の高祖の名昞字を避けしに由る。高麗文宗九年生辰回謝使として、契丹に赴きし戶部侍郎崔宗弼が、其名の宗字帝の諱宗眞の宗字を犯すものとし詰責せられ。表狀の中の名を崔弼と改め。門下省は斯る場合點畫を減すべく、擅まゝに表文を代ふるは使命を辱めし罪ありとして、彈劾せし事件あり。また肅宗が遼帝の嫌名を避け、名を顒と改め。神宗が金帝の諱を避けて、名を晫と改めし如き、恭讓王三年に元帝の諱を避けて元の用字を禁し源に代へし如き以上皆『高麗史』に出たるより推せば。新羅の中期より高麗朝以後に於て、大に此點に付ては意を注ぎたるものあり。李朝に至つて國初奏文の用字に不敬ありとして、明朝より嚴責を受け其起草者の引渡を要求され、之を雲南に流されたる大事件を惹起せり。事は諱に關係無かりしも、之に由て奏文の用字に付ては甚大の注意を拂ひしにより、忌諱の事に關しては十二分の關心を持ち。奏文は無論臣僚の名に於ても、明の皇帝の嫌名を避けたること察するに難からず。況んや李朝の律令として、李太王光武九年刑法大全の發布せらるゝ迄、五百有餘年遵用し來れる。大明律の吏律、誤犯御名、上書、奏事犯諱の項に。

「凡そ上書若くは奏事、誤つて御名及廟諱を犯す者杖八十、餘の文書誤つて犯す者笞四十、若し名字觸犯を爲す者杖一百、其犯す所の御名及廟諱の聲音相似て字樣の各別、及二字有りて止だ一字を犯す者其罪に坐せず」

と法文の儼然たるあるをや。されど國內的には餘りに拘泥せざりし如し。

日本との國交關係に於ては『肅宗實錄』三十七年に德川家宣の將軍襲職を賀すべく。正使趙泰億以下を遣はしたる時。日本の答書文中に「書辭且縟、其於憾懌。罔罄敷陳」とある其懌の字が、中宗の諱を犯せるとして使臣より云爲し。日本側に於ても朝鮮の國書文中に「竊承殿下光。紹基圖」の光の字が三代將軍家光の諱を犯す者としての反駁あり。遂に双方に於て字を改むることゝして落着したる事件ありたり。

支那の國書が朝鮮の王諱を犯したる例は、肅宗三十八年冬至使として金昌業が北京に赴きし際、禮部の回咨文中、肅宗の諱名を犯せる文字ありしこと。同行金昌業の『老稼齋燕行錄』に出づ、同書には、禮部咨中有御諱字見之罔極……とあれば、如何ともする事を得ざりし如し。

（附　記）

一、聖賢の名を諱みしこと。

△聖賢の名を忌避することも亦、支那思想を承けて行はれたり。其特殊なる史料として『林下筆記』に下の如き記事あり。……宣祖壬辰、前代の忠賢致祭の文を議定す。鄭夢周に於て、高麗侍中鄭公之墓と稱して名いはざらんと欲す。禮判李廷龜啓して曰く、上を用ひて下を敬ふ、之を尊賢と謂ふ。賢者の爲めに屈するは聖帝明王の盛事なり。鄭某は斯文に功あり、且本朝に不臣之意あり。豈に名を墓前に唱ふるに當るべし。之に從ふ……とあり。

二、俚間庶人等の大臣の名を諱みし資料。

△正宗丙午大司諫沈豐之の語に……近來綱紀紊亂解弛、街上の兒童宰相の姓名を斥呼す……云々と『正宗實錄』に出づ。

△吏曹より朝報を大官の邸に配達するに當り。其封皮に金〇〇、李〇、趙〇〇と云ふ如く名に當る部分に〇を付し。之により大抵使喚は見當を付て配達したりと云ふ。

△各人の門標に姓名を表示するは近代の事にして、昔は門標無く大臣等の名は、俚間に於ては知る者稀なり。今より四十餘年前に、議政李某。始めて議政李宅と門札を出せしことあり。之

を見る人奇異の思を爲し、怪訝の目を以て之を目睹し、中には嘲笑せし者もありしと傳ふ。

第十章　姓名に關する神話傳說

附　諺傳、世傳、譜傳

本項に該當するもの甚多し。其中參考となるべき者を拔記せり。

(1)　新羅朴氏始祖傳說

『三國史記』新羅本記に新羅朴氏起源に付左の如く記せり。

始祖姓は朴氏、赫居世、前漢孝宣帝の五鳳元年甲子四月丙辰一に曰ふ正月十五日位に即く、居西干と號す。時に年十三、國號徐那伐。是より先き朝鮮の遺民山谷の間に分居す、六村を爲す。一を閼川楊山村と曰ふ、二を突山高墟村と曰ふ、三を觜山珍支村と曰ふ或は于珍村と云ふ四を茂山大樹村と曰ふ、五を金山加利村と曰ふ、六を明活山高耶村と曰ふ、是を辰韓の六部と爲す。高墟村長蘇伐公、楊山の麓を望む、蘿井の傍ら林間に馬あり、跪ひて嘶く。則ち往て之を觀れば忽ち馬を見ず、只だ大卵あり、之を剖く嬰兒ありて出づ焉。收めて之を養ふ年十餘歲に及び岐嶷然として夙成す。六部の人其の生、神異なるを以て之を推尊す、是に至つて立て君と爲す焉。辰人瓠を謂つて朴と爲す、初め大卵瓠の如きを以て、朴を以て姓と爲す。居西干、辰王を言ふ（或は云ふ貴人を呼ぶの稱と。）

（２）新羅金氏始祖傳說

『三國史記』新羅本記、脫解尼師今九年に、新羅金氏の起源を左の如く記せり。

春三月王、夜金城の西始林の樹間に鷄鳴あるを聞き、遲明瓠公を遣はし之を見るに、金色の小櫝あり。樹枝に掛く、鷄其の下に鳴く、瓠公還つて王に告ぐ。人を使はして櫝を取る、之を開けば小兒其中に有り、姿容奇偉なり。上喜んで左右に謂つて曰く、此豈に天、我に遺るに令胤を以せしに非ざらんや。乃ち收めて之を養ふ、長ずるに及び智略多し、乃ち閼智と名く。其金櫝に出るを以て姓金氏、始林を改めて鷄林と名く、因つて以て國號と爲す。

（３）新羅昔氏始祖傳說

『三國史記』新羅本記に昔氏の起源を左の如く記せり。

脫解尼師今立つ（一に吐解と云ふ）時に年六十二、姓は昔、妃阿孝夫人、脫解は本と多婆那國の所生也。其國倭國東北一千里に在り。初め其國王女國の王女を娶つて妻と爲す、娠めるあり、七年乃ち大卵を生む。王曰く人にして卵を生む不祥也、宜しく之を棄つべし。其女忍びず帛を以て卵竝に寶物を裹み櫝中に置き、海に浮べて其の往く所に任す。初め金官國の海邊に至る、金官の人之を怪んで取らず。又辰韓阿珍浦口に至る、是れ始祖赫居世在位三十九年也。時に海邊の老母繩を以て海岸に繫き櫝を開て之を見る、一小兒の在る有り焉。其母取つて之を養ふ、壯なるに及び身長九尺、風神秀朗、智識人に過ぐ。或は曰く此の兒姓氏を知らず、初め櫝の來る時、一鵲あり飛び鳴いて之に隨ふ、宜しく鵲字を省いて昔を以て氏と爲すべし。又韞櫝を解て出づ宜しく脫解と名くべしと云々。

以上の三神話は姓卽ち、支那樣式たる姓を核心とせる點に特質を有す。

(4)　濟州島開闢神話

瀛州初め人物無し、忽ち三神人地より湧出するあり、長を高乙那と曰ふ、次を良乙那と曰ふ、次を夫乙那と曰ふ。忽ち紫泥石函を封するあり、浮いて東海濱に至る。開いて之を視れば中に玉函、羅衣の淑女三人あり、容貌窈窕且駒犢五穀之種を持し來る、東海碧浪國王の三女也。三人卽ち潔牲を以て天に告ぐ、歲第を以て之を分娶す、泉甘土肥の處に就く、矢を射て地を卜す。高乙那の所居第一都と曰ふ、卽ち今の濟州牧。良乙那の居る所第二都と曰ふ、卽ち今の大靜縣。夫乙那居る所第三都と曰ふ、卽ち今の旌義縣。高を以て君と爲し、良を以て臣と爲し、夫を以て民と爲す。國を乇牟と號す、其後高乙那十五世の孫、高厚高淸等三人海を渡つて耽津に泊す。時に客星南方に見はる、太史奏して謂ふ異國來朝之象なりと。俄にして厚等來朝す、新羅王厚を以て星主と爲す、淸を以て令して袴下に出しむ己の子を愛する如し、命じて王子東宮と曰ふ、季を以て都內と爲す。國號を改めて耽羅と爲す、子孫蕃盛す世々其職を授く。

右『瀛州志』に出づ『耽羅誌』には右の三女を日本國王の女とせり。

現に濟州には此三神人の出でしと云ふ土穴あり。三姓祠と稱し子孫之を祀れり、其子孫と稱する高、良(梁と改めし者もあり)夫の三姓甚多し。

(5) 檀君賜姓傳說

檀君の時余守己濊國君長と爲る、九子諸郡を分掌して衆民に功あり。故に衆人邊に從ひ姓を徐氏と賜ふ『東國文獻備考』

(6) 始祖、支那の名族東來傳說

此種の傳說甚多し。中には歷史とは相容れざるものあり。されど之れを傳說として相傳へ族譜に記入し、其傳統を尊重する、祖先崇拜の風は人の感情生活の範圍に屬し。之を云爲するには該らざるべし。

△韓氏、△奇氏、△鮮于氏

太祖文聖太王箕子より哀王準に至る四十一姓周武己卯に起り漢高丙午に盡く。又馬韓康王卓に始まり稽王に至る八世漢惠戊申より成帝鴻嘉四年甲辰に盡く。溫祚の所と爲る、並に其世代名諡紀年纖悉載錄す、又曰く馬韓元王子三人あり、友平、友誠、友諒と曰ふ。國亡んで友平高句麗に奔り、琉璃王に仕へ、北原鮮于氏となる。友誠は百濟に降り、溫祚王に仕ふ、德陽奇氏となる。友諒は新羅に歸し、脫解王に仕へ、上黨韓氏と爲る。『德陽奇氏譜』

我が韓氏は箕子の後也……兄弟三人あり友諒姓を得て韓氏と爲る、後に諱蘭あり清州に居り力穡し饒を致す、家貲累巨萬、里名今に至つて稱するに務農亭を以てす。蓋し公の故を以て也。麗の太祖甄萱を征す、路清州を過ぐ、公迎へて軍を犒ふ三日：：子孫因て籍す……『南塘集』

△柳　氏

夏の禹氏十三世の孫、孔甲之弟、祖明、劉累と共に龍を擾《ナラ》すことを學ぶ。劉累逃るゝや祖明と共に東海中平壤日出之源に避けて居る焉。祖明之后を王受兢と曰ふ、箕子東來し八條之敎を設く、國人受兢を薦めて士師と爲す、冑子を敎ゆ民を化し俗を成す、姓を王氏と賜ふ。蓋し居る所日出之土、其傍點を升せ横にし之を長くす、受兢五十七世の孫康箕準の時杜國と爲る。康の十三世の孫、車宂一に初名蒙、新羅始祖に事へて侍中と爲る。時に日出草家王と爲るの讖あり。禍の已に及ばんことを畏れ第七子琳と共に名籍を收め、地理山に入り修道十餘年、又異人の訓を受く。姓名を變するもの三だび、王字初め東西二畫を加へ田と爲す、再び中畫上下を出し申と爲す、三たび天地兩畫を益して車と爲す。蒙の名を宂一に改む、琳の名を申乙に改む。蒙の第三子式時之后、王建高麗太祖と爲る、其讖此に應ず、申乙の子夫起十四世の孫濟能、新羅味鄒王時の丞相子建甲、丞相の子柳穡、初名承穡、新羅哀莊王の時大相となる上大等彥昇、王を殺して自立す。丞穡子司空恭淑と謀つて讎を復す、事露はる其祖丞相儉夫妻楊氏の姓を冐し遼東左翼衞士となる。又母甥金盤に傳告せられ遁れて儒州富箕の家に倩はる、姓名を變し柳穡と曰ふ恭淑柳淑と爲し因つて儒州に家す、今文化縣なり。『典故大方』

△全　氏

公諱德麟、字祥卿、其先は夏の禹より出づ。王蒙なる者あり、孔甲の亂東檀氏朝鮮に奔る會ま童謠草家の人當に王たるべしと。乃ち懼れ匿れ姓を變じて全氏と爲る。『全公行狀』

△吳　氏

太伯吳に封せらる、仍つて國を以て氏と爲す。太伯の弟仲雍曾孫周章、周章二十世の孫夫差、夫差の玄孫起、楚の將と爲る。四十五世孫瞻、輿販を以て業と爲す。新羅景明王の時賈人に從つて東來す。『增補文獻備考』

△黃　氏

顓頊高陽氏之後。一說に漢の光武建武四年、儒臣黃洛あり、交趾に奉使す、漂ふて新羅東北海上に到る。平海郡の東越松浦の上越松峰南麓に居る、自ら黃將軍と號す。三子あり長を甲古と曰ふ、平海之祖と爲る、次を乙古と曰ふ、長水之祖と爲る、季を丙古と曰ふ、昌原之祖と爲る。我東之黃多く此に出づと。云ふ懷德黃氏之先、黃洛、亦元朝の閣老を以て新羅に流さると云、則ち或は相互訛傳ありて然か之ふ歟。『典故大方』

△李　氏

公の諱希烈字は壽卿、遠盧堂と號す。姓は李氏其先中朝の人也、諱槃なる者あり、漢の文帝に仕へて諫議大夫となる。其孫某漢武帝朝鮮を伐つ時都護を以て師を率ひ出來る。仍つて朝鮮に居つて固城を貫とす。本貫を改め母夫人柳氏の貫晉州に從ふ。『李公行狀』

△孔　氏

先聖五十二世の孫孔紹始めて東來す。李穡の牧隱集を按ずるに、孔伯恭有り字說に云ふ、孔氏東來陜川の咸陰縣に居る。先世上將軍伯恭あり卽ち紹の孫俯の子、此れ孔紹初來の說と異なるあり。『增補文獻備考』

△嚴　　氏

嚴泓の族譜に云、唐天寶年間嚴氏上价と爲り命を奉じ東來す。仍つて寧越に居り返らず。『典故大方』

△林　　氏

本譜に云ふ中朝翰林學士林八讒せらるゝに及び。竄逐し來つて本國平澤龍浦里に泊す。新羅敬順王の時吏部尙書となる。忠節公の子孫仍つて居る。我東の林は此れより分派す『增補文獻備考』

△姜　　氏

始祖以式兵馬元帥、隋の煬帝高句麗の時元帥を以て隋を禦ぐ。或は云ふ、隋の元帥を以て隋の將に亂んとするを知り。仍つて留まつて返らずと。孰れが是なるを知らず。『同上』

△南　　氏

始祖南敏、本の姓名は金忠、中朝鳳陽府の人。唐の玄宗天寶十四年乙未、按廉使を以て日本に奉使す。海中颶風に遇ひ、本國寧海府丑山島に漂泊す。新羅王其事を以て天子に馳啓す。詔に曰く、十生九死之臣は以て臣とすべからず。之を招く依つて攸居之願に從ふ。忠曰く、普天之下王土に非ざるは莫し、願くは之に居らん、王之を許す。其の南より來るを以て南氏と賜ふ名を敏と改む。英毅公に封す、其の天姿英俊なるを以て也。始め居を安東英陽縣にトし食邑と爲す。敏の後孫大將軍鎭勇、三子を生む第一子は洪甫、英陽の始祖と爲す、第二子は君甫宜寧の始祖と爲す、第三子は匡甫固城の始祖と爲す。『增補文獻備考』大抵同一の記事『藥泉集』に出づ。

△卜　氏

新羅の末卜學士あり。五季の亂を避けて海に浮んで東來し、沔川唐村に泊す。海賊を剿殺し居民を保聚す、因て家す。智謙は卽ち其後孫なり。『增補文獻備考』

△劉　氏

唐朝翰林學士を以て謫せられ東土居昌縣に來る。中世江陵に移る。『增補文獻備考』

△安　氏

本姓は李氏始祖安瑗は中國の人、唐憲宗元和二年丁亥東して本國松岳山下に入る。三子あり長を枝春、次を蓁春、次を花春。新羅景文王四年甲申の倭亂に、三兄弟亂を平ぐ、故に姓安氏を賜ふ。枝春改名邦俊、竹山君に封す、蓁春改名邦傑、廣州君に封す、花春改名邦俠、廣州君に封す。海東安氏之姓此に始まる。『增補文獻備考』

△黃　氏

黃氏五代譜安郞府君の行狀。黃氏之望一二ならず其の最も古きは、箕域に若くは莫し、今の江原道平海郡是也、郡の東七里の濱海越松亭なる亭あり、亦た月松と曰ふ。始祖東漢學士諱は洛建武四年に當る。南國に奉使し丘將軍大林と新羅に漂到す。實に儒理王五年なり、自から將軍と稱し因つて亭北崛山の下に居る。西崖柳文忠公集及郡誌、遺墟祭壇碑紀迹あり。其後三兄弟あり、或云其子也と。仲乙古昌原に移る。季丙古長水に移る、而して伯諱の甲古仍は留つて土姓と爲ると。『頤齋遺稿』

△文　氏

全林幹中朝に入り文章を以て名あり、宋朝姓を文氏と賜ふ、是れを旌善文氏と爲す。金高駿は鬪智之後中朝に入り文章を以て名なり、亦文氏を賜ふ、是れを甘泉文氏と爲す。『增補文獻備考』

△張　　氏

張氏の蔚珍に居る者、皆な張鶱を以て祖と爲す。諺傳に漢の滄海郡の時、張鶱槎に乘して九萬村に到る。故に仍つて仙槎を以て縣に名く。今九萬里村あり蔚珍の張は皆な以て祖と爲す。『仙槎志』『見睫錄』

△呂　　氏

咸陽の呂は大將軍林淸を以て始祖と爲す。中國萊州の人、唐の乾符中黃巢の亂を避けて東に來る。卽ち新羅眞聖女主の時也。『呂氏譜』

△朱　　氏

朱文公曾孫潛、宋末東來して錦城に居る。後綾城に移る。遂に綾城朱氏となる。『增補文獻備考』

(7)　雜

以下に記す如き者甚多し。玆には參考として其中の數例を列示せり。

△强首頭骨異常傳説

强首は中原沙梁の人なり、父昔諦柰麻。其母夢に角ある人を見て姙身す、生るゝに及び頭後高骨あり。父是を以て當時の所謂賢者に就て問て曰く。此兒の頭骨此の如きは何ぞや。答て曰く、吾れ之を聞く、伏羲は虎形、女禍は蛇身、神農は牛頭、皐陶は馬口、則ち聖賢類を同ふして、其相亦凡ならざるあり……王（太宗）驚喜して相見るの晩きを恨む。其姓名を問ふ、對て曰く、臣は本と任那加良の人、牛頭と名く。王曰く卿の頭骨を見る、强首と稱すべし……『三國史記』

△金庾信吉夢命名傳說

金庾信は王京の人なり……舒玄（金庾信の父）庚辰の夜熒惑、鎭の二星已に降るを夢む。萬明（金庾信の母）亦辛丑の夜を以て夢に金甲を衣るの童子雲に乘じて堂に入るを見る。尋で娠めるあり。二十月にして庾信を生む、是れ眞平王建福十二年也、名を定めんと欲するに及び。夫人に謂て曰く、吾れ、庚辰の夜の吉夢に此兒を得る宜しく以て名と爲すべし。而して禮日月を以て名と爲さず。今庚、庾字と相似たり、辰、信と聲相近し。況んや古の賢人庾信の名あり、蓋し以て之に命せん。遂に庾信と名く焉。『三國史記』

△神唱空聲命名傳說

佛國寺は吐含山中に在り、新羅人金大城の創むる所なり。初め牟梁里の貧女に子あり、大城と曰ふ早く死せり。其死する夜。國宰金文亮の家、空に神唱ありて云ふ。牟梁里の大城今汝が家に托すと。文亮の妻果して身めるあり。男を生む因て以て之に名く。『三國遺事』

△曹氏脅下字文傳說

昌寧曺氏の始祖に繼龍なる者あり、脅下に曹字あり、故に仍つて姓を曹氏と賜ふ。長ずるに及び、眞平王の女壻となる、昌寧府院君に封す。『典故大方』

昌寧曺氏に關する民間傳說には猶左の如きものあり。

新羅翰林學士李光玉の女、禮香は腹病の爲め苦しみを、ある人の指示により火旺山上の池に祈る中、忽然去る處を知らず。後に池中より湧出して一人の男を生めり、其子の脅下に曺字あり、因て姓とす。

又一說に、富家の女あり、病を得て、昌寧火旺山上の池水に浴せば癒ゆべしとて、日每轎子に乘じて行ひて浴する中、ある日池中より大貝出で、之と通じ、後娠みて子を生めりと。

△金氏黑痣傳說

南鮮の某金氏の男子には、身體の某る一部分に黑痣ありとの傳說あること『盎葉記』に出づ。此事は現今に於ても俚間に傳稱せり。

△魚氏鱗甲傳說

魚贊成有沼の遠祖重翼の本姓は池、生れながら體貌奇異にして腋下に三鱗甲あり。長ずるに及び麗の太祖に仕ゆ。時の人咸な其三鱗の常人に非ざるを稱す。王太祖之れを見て曰く、汝鱗甲あり反つて是魚也、因つて姓を魚と賜ふ。『東閣雜記』『溪西野談』

△魚氏鯉魚祖先傳說

平安南道龍岡郡陽谷面に住する魚姓は、本貫咸從にして、咸從面鳳凰里(舊名魚村)の魚姓は疇昔にありて、其村落江海に瀕し居たる爲、水族の祟りあり。村内の某る處女に一人の男夜々訪ひ來りしも、娘は其男の何れの者なるかを知らず。之を問ふも答へず。女は遂に娠みたり。其子の出生後の處置の爲め、男の身許を知らんとして、ある夜密かに絹の絲を男の足に繫ぎ置き。翌朝其絲を便りに跡をたどりしに、海岸より海中に入れり。之れを繰りて大魚を見たり。之により其姓を魚とす。其一族今に鯉を食はずとの傳說其附近にあり。

△南平文氏岩穴傳說

南平文氏の祖先は岩穴より出でしとの傳說あり。『盎葉記』に……南平文氏之先出於巖隙……とあり。其地今の慶尙南道泗川郡南陽面にして、今に其裔孫其岩窟に火を焚きて祭祀を行ふの風を傳ふ。一說に昔し同氏の文泰鳳なる人某る夜の夢に、白髮の老人出現して、南方に亂起るを告げ、避難の地を啓示す。泰鳳一族を率ひて其夢告の地たる洞窟に入る。間も無く壬辰の亂起り數里の廣野七千五百の住民跡を絕せしも。此文氏のみ難を逃れて今日子孫綿々として繁榮す……とも傳稱せらる。

△魚氏㺚種傳說

肅宗の朝豆滿江舟中に、魚皮を着たる小兒の遺在せるあり。邊臣以て聞す、命じて取來り京中に長養し軍門に付す。魚皮㺚子（黑龍江沿岸に住せし蒙古の一種族の名）の遺種なるを以て仍つて魚氏と賜ふ。『林下筆記』

△書氏自稱傳說

諺傳山中遺棄の小兒あり。姓氏を知らず。自から以爲らく、文字ありて後に姓氏あり。書字を以て姓と爲す。『增補文獻備考』

△天氏自稱傳說

海西の地小兒を遺棄し、人に收養せられ姓氏を知らざる者。自から以爲らく。天は萬物の祖と爲すと、天を以て氏と爲し延安に貫す。『同上』

△裵氏緋衣傳說

慶南の裵姓は太古檀君の時、裵天生なる者あり、緋絳色の袍を着て今の慶尙南海地方に來到す。檀君よつて南海の部長を命ず。爾來緋衣に因みて此姓とす。此民間傳承同地に傳へらる。

△喬氏大鳥傳說

昔しある吏胥戶籍を調査するに際し、己の姓を知らざる者有り。詳問すれば、其母野に出でゝ某漢に辱しめられ、遂に妊みて吾を產めり故に父を知らず。唯野合の時に大鳥ありクォク、クォクと鳴いて天を翔れりと、母より聞けるのみと。吏胥之に緣て姓を喬とすと。右民間の傳說也。

△畜獸名賜姓傳說

高麗の太祖の時木州の人屢叛す。王之を嫉んで其姓を賜ひ、皆畜獸の名を以てす。後に至り其姓の者牛は于に、象は尙に、豚は頓に、獐は張に、變更したりと云ふ。此說諺傳として『東國輿地勝覽』に出づ、『東國文獻備考』には……參奉牛起聖なる者あり、自から言ふ本とは木州の于姓。高麗太祖の時、州人屢叛するを以て之を嫉み、姓を賜ふ獸畜の名を以てす。于を以て牛となす、尙を以て象と爲す、頓を以て豚と爲す、張を以て獐となす、其後は皆舊姓に復す。而して牛姓中の學儒一派は復して于と爲す。其餘は尙ほ牛姓に仍る、尙、張諸姓の復せるに依らんことを朝廷に乞ふ。文籍の据るべき無きを以て許さず……とあり。

支那には『南齊書』子響傳には……法獄治罪姓蛸氏と賜ふ……『梁書』に悖氏、虢氏等『唐書』に蟒氏、梟氏、虺氏等、皆懲罰的に賜姓したる例あり、此等の歷史より、ヒントを得て作られし諺傳たるべし。

△鄭夢周夢龍傳説

圃隱の母李氏娠めるあり、夢に蘭盆を抱く驚き墮ち寤て公を生む。初の名夢蘭、生れて秀異肩上に七黑子あり、北斗の形の如し、九歲夢に黑龍園中の梨樹に升る、驚き出でゝ視れば乃ち公也。名を夢龍と改む。又夢周と改む。『高麗史』

△成三問、空聲傳説

李朝世宗の時の人、所謂六臣の一たる成三問に付て左の傳説あり。成三問は洪州赤洞の外家に生る。始め生る時、空中に問者三たびあり故に名づく。『見睫錄』

△麗祖賜名傳説

高麗の太祖南征し馬上に困睡す。一吏あり酒を進む、太祖睡り覺めて乃ち飮む。其吏に名け愁歎と曰ふ。『海東雜錄』

△李氏夢龜命名傳說

縣令李公獜は忠正公朴彭年の婿也。委禽（奠雁のこと即ち婿入）の夕夢に白髮の老翁あり。八子の爲に命を祈る。厨人に詢ふに三大鼈あり、將に以て朝餐に供せずとする也。公獜命じて取來り之を水に放つ。其夜復其翁來つて謝するを夢む。後八男を生む龜、鼈、黿、鼂等の屬を以て之に名く。皆人に聞するとなる。『林下筆記』

△仁宗幼名傳說

中宗乙亥、章敬王后仁宗を誕して三月二日昇遐す。薨ずるに臨み中廟に啓して曰く。上年此兒を娠む時に夢に神人天より一佳兒を授く、語るに明年三月を以て當に人の世に生るべし。須らく億命を以て名とすべし、愼んで忘るゝ毋れと。覺めて之を異む、卽ち筆を操つて以て億命の二字を記す、某閣內の第幾窓なり、上之を察す言訖つて天に賓す。中廟親しく往て審す。字畫宛然たり。故に小名此を以てす矣。右『列聖誌狀』『銀溪筆錄』に出づ。

第二編　氏　族

第一章　總說、氏と姓との區別

朝鮮の氏に付て說明せんとするには、先づ其稱號の起源たる支那の氏に就て一應說明するの要あり。其大略に付ては第一編第一章に於て說明せりと雖も。更に本章に於て詳說する所あるべし。

支那に於ける氏と姓との區別に付ては學者の說甚多し。されど古代に於ては氏も姓も共に族名の一にして、二者の間に截然たる實質上の區別ありしには非ず。凡そ人類が社會發達の迹より人の稱呼を考ふれば。最古の時代に於ては、各人の名の外に、優族には其族名を表示する名稱ありて。其族名には姓とか氏とか謂ふ如き二樣に解釋すべき實質無かりしことは。以下に縷述批判を試みし支那古典の記載。並に現に近代猶文化未發達の域にありし、蠻族の風習に稽へて。其然る所以を立證するを得べし。但だ玆に一言すべきは、其等族名の中には。大別して血族團體を現はす氏族。(clan或はgens)と。血族には關係無く單に政治的團體たる部族(tribe)との二樣式ありて。社會形體としてそれが民族進化の道程に發現せし一事は、東洋の姓氏を研究する上に於ても亦考慮の中に加ふべき一要件なりとす矣。

先づ最初に支那の古典に付て、姓と氏の區別明確ならざる事例を擧げんに。『左傳』各篇の中には、支那の古姓姜、嬴、嬀等、明かに氏に非ず姓なりとせられし者に。姜氏、嬴氏、嬀氏等と記せり。次に『史記』の記載中にも、黃帝姓は公孫名は軒轅とあり、氏を擧げず。夏の禹は本紀には姓氏を擧げず。贊に詩書に采つて禹を姒姓とし、其後分封國を以て姓と爲す、故に夏后氏……とあり。殷本紀には契を子姓（殷代の人名、子魚、子伐等の子字は王名なりとの攷証學說あり）とし、贊には殷契姓を子氏と賜ふとあり。列傳穰侯傳に姓芊氏、孟嘗君傳に姓田氏。秦本紀には始皇姓趙氏とあり。左丘明、史馬遷の筆を以てすら猶斯の如きは。上代に於ても此二者の區別劃然たらざりしを想ふべし。

姓と氏とを最も觀念的に區別し解釋したる――其說は後代支那學者の一部代表說とも見るべき――宋の鄭樵の『通志』の說を擧げて、之を批判せんに。同書に……(1)三代の前姓氏別れて二となる。(8)男子は氏を稱し婦人は姓を稱す。(3)氏は以て貴賤を分つ所以。貴き者は氏あり、賤しき者は名ありて氏無し……(4)三代の後姓氏合して一となる……云々とあり。此說の中(1)は支那上古の神話的存在たる、三皇五帝に關する古典の記載。大皞庖犧氏、風姓。女禍氏、風姓。神農氏、姜姓。黃帝姓公孫、有熊氏。或は軒轅氏堯祁姓陶唐氏。舜姚姓、有虞氏等とあるを、歷史事實として承認せるものなれど。文字未だあらざる夏代以前に、豈此姓の字稱あらんや。殷に於ては始めて文字ありと雖も、上流人の名には、子魚子伐、陽亥等の如き者を除きては、多くは十干の一字の上に某る一字を冠して充てし、盤庚、小辛、小乙、武丁、日丁、日登、妣乙、父乙、祖甲、祖甲等の如きもののありしに過ぎざるは。史書の記載と殷墟甲骨文字により燎然たる事實也。

此等は後代、姓氏の解釋の何れにも當らざる也。結局(1)(2)共に科學的根據無き臆說と稱すべし(2)は古代の族名多くは庶民の上に立ちて勢力を揮ひし雄族の專稱たりし事實に適合し。(4)は周以來或は姓と云ひ或は氏と稱するも、實は其實質に差異なかりし事に偶然適合するものと謂ふべし。又同書に……(5)秦六國を滅して子孫皆庶民となる。或は國を以て氏と爲し。或は姓を以て氏と爲し、姓氏の失此に始まる……とあれど。國を以て氏とせし記載は春秋戰國以前にもあり。『史記』殷本紀の贊に……太史公曰く、余頌を以て契の事に次ぐ。成湯より以來書詩に采り契を子姓と爲す。其後分封國を以て姓と爲す。殷氏、來氏、宋氏、空桐氏、稚氏、北段氏、目夷氏あり……とあり。此各氏の中幾分は歴史事實として認め得べし。また(5)は姓と氏との二者の相關聯したる系統的存在が、春秋戰國以前には保持せられ、秦の統一により之が紊亂したりと爲すものなれど。周の時代に於ても、某る族が姓は□、氏は□と双方を併せ稱したるは、僅かの一部分に過ぎず。姓と氏の稱へ方の區々たりしこと、共に前段後段各所に說くが如く。結局此說も亦獨斷的の解釋と謂ふべく總じて『通史』の上の記載は承認し難し。

姓氏の起原に付ては『書經』禹貢に……四海會同す、六府孔だ修り、庶土交々正し財賦に愼し、咸な三壤を則し賦を中邦に成す。土姓を錫ふ……とあり。孔安國の注に……天子德を建て生に因て以て姓を賜ふ。有德の人此地に生るれば地を以て之に姓を賜ふ。以て之を顯はすを謂ふ……。蔡沈の注に：土姓を錫ふと言ふは、之に土を錫ふて以て國を建て、之に姓を賜ふて以て宗を立つ。左傳の所謂天子德を建て生に因て以て姓を賜ひ之に土地を胙して之に氏を命ずる也……とあり。『左傳』隱公八年に……無駭卒す、羽父諡と族を請ふ。公族を衆仲に問へば、衆仲對て曰く。天子は德を建て生に因りて以て姓を賜ひ。之に土を胙して以て之に氏を命ず。諸侯は字を以て諡を爲り因りて以て族となす……『潛夫論』志氏姓にも……昔は聖王象を乾坤に見、度を神明に考へ、命暦の去就を探り、羣后の德業を省み。而して姓を賜ふて氏を命ず。因つて德功を彰はす……云々とあれど。以上は皆古典の神話的記述を根據とし。或は凡そ事實の起源を皆三皇に歸するに非ざれば慊らずとする、崇古思想の現はれにして。また或は周代以降に行はれし天子賜姓の一斑の事實を擴げて全豹を推定するものと謂ふべし。元來族を表示する名稱は最古に於ても之を有せし者あるべく。天子の賜號により始めて發生するものに非ざることを究めざるの說と謂ふべし。

氏と婚姻との關係に付ては『路史』に……太昊伏羲氏、姓氏を正し媒妁を通ず……以て其禮を嚴にし、合姓の難きを示し、人情を瀆れざらしむ……『史記補』劉恕外記に……上古男女の別無し、太昊始めて嫁娶を制し儷皮を以て禮と爲す。姓氏を正し媒妁を通じ以て人倫の本を重んず。而して民始めて瀆れず……とあり。以上の說皆同姓不婚の目的より姓氏を正したりとするものなれど。現在の蠻族中には同姓不婚の俗が嚴格に固守せらるゝあり。最近親の血族婚を敢てして憚らざるあり。文化の發達したる民族中にも古今、同姓婚を忌むものと、忌まざるものとの二樣ありて。姓氏の族稱と婚姻形態とは何等因果的の關聯あるに非ず。凡そ人類が社會發達の途上に於ける男女關係の迹を視れば。大略之を四期に分つことを得べく。即第一期は亂婚時代とも謂ふべきもの、第二期は女權女系の時代、第三期は男權男系の時代、第四期は前期の後代に至り一夫一婦制の確立したる時代是なり。

支那の古代に於ても『呂氏春秋』恃君覽に……昔太古には嘗て君長たる者無し、其民聚りて生き、群りて處り。母を知りて父を知らず。兄弟、夫妻、男女の別無く上下長幼の序無く、進退揖讓の禮無く……云々とある如き第一期の時代もあり。次で女系相續の行はれしことは、『詩經』大雅生民に……厥れ初め民を生ず、時れ維れ姜嫄、民を生むは如何、克く禋し克く祀し以て子無きを弗ふ………とある文字。『書經』『詩經』中に后の字を帝王の意味にも使用せること。家の後繼者の意味にも后の字を使用せること。『易經』中に出でし王母の文字。『穆天子傳』にある女酋長と見るべき西王母の稱。殷商に於ては周代と異なる特に先妣を祭る風習ありしこと。等に徴すべく。また男系確立後の周代に於ても同姓婚の行はれしことは。『左傳』襄公二十八年……慶舍の士盧蒲葵に謂つて曰く、男子姓を辨つ。子は宗を辟けざるは何ぞや。曰く……余獨り焉んぞ之を辟けん……云々、同書昭公元年……僑又た之を聞く內官(御嬪)同姓に及ばざるにあらざれば、其生殖せず。美先づ盡さば疾を相生す。君子是を以て之を惡む。故に志に曰く妾を買ふ其姓を知らざれば之をトす。此の二者に違ふは古の愼行也。男女姓を辨ずるは禮の大司也。今君內に四姬あり(同姓の姬也)其れ乃是とする無らん乎……。同書僖公二十三年にも……叔詹曰く。臣聞く天の啓く所、人及ぶ弗き也。晋の公子三あり焉天其或は云ふ將に儲を建てんとす。君其れ焉を禮せよ。男女姓を同くすれば其生蕃せず、晋公子は姬の出也(姉妹の子を出となす)……云々とあり。以上の記事より見れば周代に於て必ずしも同姓不婚の原則が確立し一般に行はれ居りしと解するを得ず。唯近親婚の結果其生子が往々健康體ならざるを經驗によつて曉り之を忌む風のありし事を知る。『禮記』曲禮に……妻を取るに同姓を取らず、故に妾を買ふに其姓を知らざれば之をトす……とある記事。同士昏禮に……昏禮は將に……二姓の好みを合せ、上は以て宗廟に事へ、下は以て後世に繼がんとする也……とある如きは。上流より實行せる人倫禮則の大本を示し、之に準據せしむべく、範を垂れ示したりと解すべく。同、大傳に……百世にして昏姻を通ぜざるは周道也、然らば則ち周法此の如き耳、前代は則ち然らずとあるは。少しく誇張の言なるべし。結局同姓不婚の俗確立してより姓氏の詮索嚴重となりしと解するを正しとすべし。

まだ族制の上より古典の記載を檢討せんに。『左傳』定公四年に……昔し武王の商に克つや……魯公に分するに(1)殷の民六族、條氏、徐氏、蕭氏、索氏、長勺氏、尾勺氏を以てし……。康叔に分するに(2)殷の民七族陶氏、施氏、繁氏、樊氏、饑氏、終葵氏を以てし……。唐叔に分するに(3)懷姓の九宗を以てし……云々。とあるは、(1)(2)は部族(3)は氏族とも解せられ。『山海經』大荒、海内、海外諸經の中、各地の住民に付て記せる中に(4)姚姓、阿姓、於姓、肦姓、姜姓等とあるは氏族名にして。(5)烏氏、羊氏、雍氏、緱氏、皮氏、苗氏等とあるは。部族名と觀るべく。『穆天子傳』に周の穆王が西巡したる地方中の(6)剞閭氏、鵛韓氏、濁繇氏、重雍氏、智氏、閼氏、赤烏氏、壽余氏等と擧げある氏稱は。其地名の名と一致したる部族或は氏族の名とも解せらる。

以上(1)より(6)迄の記載の姓とあるは全部氏族名、氏とあるは全部部族名と斷定するを得ざるべきも。二者の何れかに當り、其双方を包含せることは。各其當時の支那の社會事情竝各書の總體的記載の前後より稽へて是を明言し得べく。まだ支那後代の學者が觀念的に區別したる、姓と氏との差異説には、少しも當てはまらざるものなる事を曉るべし。

また氏の稱の何々氏と云ふべきを略して單に一種の敬稱の如くに用ひしことも

ありしは『左傳』各篇中ある舅氏母氏等の例により知らる。

猶姓氏の用字例に付て他の方面を詮索するに。『書經』立政に……帝欽みて之を罰し、乃ち我をして夏を有ち、商の受命に式つて萬姓を奄《コトゞ》く甸せしむ……同堯典に……克く峻德を明かにし、以て九族を親む。九族既に睦し。百姓を平章にし、百姓昭明、萬邦を協和す。黎民あゝ變り時雍らぐ……『詩經』小雅鹿鳴天保に……群黎百姓徧く爾の德を爲さん……毛傳には百姓百官は族姓也……とあり。茲に百姓とある熟字は、後代に庶民一般を指稱せるとは異なり、庶姓を總括的に指したる者にして、姓字に意義を置くべきものとすべく『左傳』隱公十一年に……藤侯、薛侯來朝す。長を爭ふ。薛侯曰く我は先封なり。藤侯曰く我は周の卜正也、薛は庶姓也。我以て之に後るべからず……とある、此庶姓を周の姫姓外と解するあれど、貴姓に對する庶姓なること明かなり。

また『周禮』冬官考工記に、工人を氏と人とに別ちて記せり。例へば陶人、染人、筐人等、等とあるものと。金を攻むる者に築氏、冶氏。聲(樂器)を爲る者に鳧氏。量を爲る者に㮚氏。鎛器を爲る者に段氏。刃を爲る者に桃氏等等とある如し、漢の鄭玄の注に……事官の屬六十此職、其五材三十工略ば其事を記す耳。其の某人と曰ふ者は其事を以て官に名くる也。其の某氏と曰ふ者は官に世功あり、族に世業あり、氏名を以て官とする者也……とあるより觀れば。我國古代の齋部。王造部。馬飼部の如く職を世襲にしたる氏族の名と全く同一揆なること明白にして。是亦後代學者の姓氏區別說には、該當せざるものなり矣。

『史記補』劉恕外記の中に……姓は其祖考の自から出る所、氏は其子孫の自から分るゝ所の者也……とあれど。此說は大族が小族に分岐して本據地以外各地に發展し。別箇の族名を以て稱するに至りし事實を認識せるものなれど。必ずしも歷史上の事實は悉く如此なりしに非ず。所謂姓と稱する者も百世にして變ぜし者もあり。氏に稱する者も數百世不變の者もあり。此說も觀念的演繹より出發せる誤謬に陷りしものと謂ふべし。

『禮記』喪服小記に……復と書終とは天子より士に達し其辭一也。男子には名を稱し、婦人には姓と伯仲とを書す。如し姓を知らざれば則ち氏を書す……また儀禮士昏禮に……婦の姓を祝告し、某氏來歸と曰ふ……とある如きは。氏と姓とを强ひて區別して取扱へる記事にして、周代の一部に行はれし事例と見做すを適當とすべし。

之を要するに、支那の姓と氏との間には曩に述べたる如く——氏の中には部族名と、氏族名あることを除き——何等實質上の差異あるに非ず。畢竟するに周代に於て、王室の支族に姓を與て分封したること、隣近、化外の土族に政略上賜姓したることゝ。上代の神話的帝王に各姓ありとしたる思想あり。其神裔なりとする爲めに其姓を用ひしこと等が、姓と氏を二樣に別つ原因となりしと推想すべく。此思想は後代に流傳したること『唐書』宰相世系に……李氏は嬴姓より出づ。劉氏は姬姓より出づ……とある如くに殘存せしと解すべきに似たり。

古典の記載を見るも、ある時は同一對照に對し姓とし、また或は氏と稱し歸一する所無きこと前數項に縷述する如し。後代の學者が强ひて。之を區別せし議論に、一も首肯すべき、合理的科學的のもの無きは。蓋し元來本質上に於て區別無きものなればなるべし。

第二章　朝鮮の氏族

朝鮮は比較的に社會の進展遲く國新らしく。支那の文化を模倣し、支那の文字を受取り。人の名稱も亦支那樣式に表現すべく試みられたるは六朝以來の事にして。

最先に百濟に於て扶餘族固有の氏族名を、解氏、沙氏、木氏、苩氏、眞氏、燕氏、木劦氏、等と云ふ如く飜案したること。第一編姓の部に於て述べたる如し。此等の氏は族稱と解すべし。駕洛、新羅等南鮮地方の昔の土着人は扶餘族の如く族制甚だ鞏固ならざりし如し。『三國遺事』駕洛國記に……開闢の後此地未だ邦國の號あらず、亦君臣の稱なし。越えて、我刀干、汝刀干、彼刀干、五刀干、留水干、留天干、神天干、五天干、神鬼干等の九干なる者あり。是酋長百姓を總領す、凡そ一百戶七萬五千人……云々とあり。本書は僧侶の著佛敎の功德を稱へ强ひて舞筆したりと思はるゝ點ありと雖も。此九干なる者は或は部族名なりとも考へらるゝも、確乎たる考據無し。『三國史記』『三國遺事』に新羅前期に於ける酋長の名二三現はるゝも、族名とは認め難し。また右二書に出たる六村、六部說の如き――賜姓說を除きても――傳說以上に出でず。此を以て部族又は氏族と認むべき根據無し。唯駕洛の王たる金氏は雄族たりしことを推定すべし。新羅に至りては其貴姓金、昔、朴三氏は當時の雄族と認め得るも、之に準ずべき後代の所謂兩班に相當する者の家門、其稱へ方及それ等氏族と社會の構成との關係は甚だ明瞭ならず。されど『新唐書』にある如く王姓金、貴人の姓朴、民に名あつて氏無しとある如く、其上代は甚簡單なるものなりしならんも、其統一後に至りては領域も擴大せられ政治組織も膨脹し。社會の文化も進展して。後代の兩班に相當する者も其數を増加し。何れも支那樣式の姓名を用ひたり。此等の一族は、素より鞏固なる族制を有せしには非ず。時に逢ひ立顯世代と共に門閥を漸々積成せしと觀るべきが如し。而して其新羅文化の母國たる唐に於ては。姓と氏とに實質上の區別無かりしと言へ、猶李は嬴姓、劉は姫姓と云ふ如き思想存在したりしも。新羅に於ては之を其儘に飜案すべき素材が存在せざりしが故に姓の外に氏を有する者も、氏の外に別箇の姓を有する者も有る無く。姓と云ふも氏と云ふも畢竟同一の意味に於ての稱號となれり。

此等特權階級の數、及其抽象的名稱は新羅時代に於ては明かならず。其後期の石文には、金氏、朴氏、顧氏、華氏、白氏等と氏を附せるは、士族出身の僧の俗姓竝其生母の姓を表示せるものゝみなれば、其末期には、士族のみに氏稱を充てたることを知る。高麗に至つては、之を氏族なる名稱を以て呼びたることは。『高麗史』に……文宗九年内史門下奏す。氏族付せざる者擧に赴かしむる勿れ……とあり。此文の氏族付せざるとあるは。官の簿冊に登錄無き者は、科擧に應ぜしむる勿れの意味にして。當時既に支那の制度に傚ひ、氏族の系統を記せる簿冊の官に備付ありしを知る。此の氏族なる熟字は『高麗史』の中に點々散見せり。新羅時代に比し閥族を貴ぶ思想も濃厚となり、其數を增加し。社會の經濟的發展と共に庶民と氏族との二大階級の對立を見るの形勢漸次濃厚に赴けるが如し。それ等特權階級の中に於ても、家系の古く正しき閥族並に權力に預りたる家門を貴しとせられしこと『宋史』に……柳、崔、金、李、四姓を貴種となす……『高麗古都徵』に……士人望族を以て相高き柳、崔、金、李、四種を貴種と爲す……『海東韻玉』に……東韓の名閥一に非ず。高麗の時より奕世絕えざる者李、金、朴、沈、尹、韓、鄭、崔、柳、任、許、申、趙、曹、成、安、盧、南、宋を最とす。『陶谷叢說』には著姓十二として李、金、朴、鄭、尹、崔、柳、洪、申、權、趙、韓、之に次ぐ者を吳、姜、沈、安、許、張、閔、任、南、徐、具、成、宋、兪、元、黃の十六姓として擧げあり。此等の特權階級は氏族とも姓氏とも云ふべき執字を以て表はすべき觀念、一名兩班なる名稱を以て他の庶民とは區別して自から高く居り。社會上に於ても此の階級を一段上位のものとして認識せられたり。たゞ其數が李朝に迨び漸次增加したると。政治上より來る其家門の盛衰汚隆に依り其勢力の消長を變へたるのみなりしなり。

此の氏族觀念は、李太王甲午の歲（明治二十七年）四民平等の令を發してより。旣に四十年の歲月を經過したる今日に於ても。猶未だ全く此舊思想より蟬脫し得ず家門を云爲し族譜を尊ぶの風として殘存せり。支那日本の同じ經過に比し、特異なる社會現象と觀ざるべからず。

玆に分り易く朝鮮の氏族の呼び方と姓と氏の區別を例示せば

一、金、李、柳と云ふときは姓也。貴賤士庶區別無し。但兩班に於ては姓にして又氏也。近代に於ては社會の變動により其階級價値の幾分を失ふ。

二、安東金氏、延安李氏、文化柳氏と云ふときは氏族なり姓氏なり。但兩班のみの事也。

近代に於ては兩班階級に非ざる者も亦自由に氏を稱するが故に。姓氏の區別混同せりと雖も歷史上の事實は全く異なれることを說明すべし。

『東國輿地勝覽』は、成宗十七年に成り、爾來正宗の時迄數回に修補せられたるものなるが。其各州郡記載事項の中に姓氏の一項目あり。此の用字は姓と氏との二箇を示したるに非ずして姓氏なる一箇の熟字として表はしたるものなり。其記載振を檢するに。漢城府には僅かに十一姓あり。開城六姓、平壤一姓、穩城、利城、富寧、慶興、慶源、鏡城の如きは一姓の記載も無し。總じて各州郡の姓數鮮なし。知るべし所謂兩班階級と認めたる者のみの姓氏を揭げたることを。またそれを以て姓氏とし、庶民階級奴婢、白丁等の中、姓を有せし者の姓は姓氏として認めざりしことを。

英祖の時に成りし『東國文獻備考』には帝系考の次に氏族を附し、姓系竝に賜姓を記せり。此氏族も亦兩班階級を指せること明かなり。

氏の稱が兩班階級の特有物たりしことは。戸籍の記載振に於ても亦之を認むることを得。現代の戸籍には常民の妻にも、安氏、李氏の如く氏を付せる者或は金姓、閔姓女、又申、權等と記せる者と、于蘭、召史等實名を記せる者と相混ぜるも。今殘存せる萬曆年代より李太王初年の戸籍には、兩班の妻のみ悉く金氏、李氏と云ふ如く登錄せられ。庶民以下の妻には閔姓、安姓と云ふ如く記し、或は實名を登錄し、何氏とせるもの一も有る無し。兩班と雖も幼學(文科の家系の士にして未だ科に登らざる者)の妻は皆氏とし。閑良(武科の家系の士にして未だ科に登らざるもの)の妻は氏とせるあり、妻とせるあり、實名を記せるあり。業儒(庶孼にして幼學に相當する者)業武(庶孼にして閑良に相當する者)の妻は皆、何姓又は實名を記し、一も氏と記せる者無し。又古文記に見るも、兩班に非ざる女を何氏と書かれたる例一も無し。知るべし氏の稱を重んじたることを。

此點に於ける文獻の記載は『寒水齋集』に……氏は以て其姓を別つ所以也。庶孼の氏を稱する乃ほ僭ならざる無からん乎。且つ無官者の妻、孺を稱道す。禮を以て窮むれば下に從ふの義、之を觀るに、庶孽と雖も亦孺人を稱せんか。然らば則ち何を以て嫡庶の分を別たん乎。庶孽の氏を稱する、疑を禮問解に見る。孺人の稱は未だ其當るを知らざる也……とあり。『白沙集』三醫司官妻戶籍稱氏名議に……此れ古に於て據どころ無し。例に於て考無し。只召史と稱する有り、寸等に着手の事據どころと爲すべきに似たり。又金國祥の妻あり、明白彼の如きは極めて參定し難し。試みに臆意を以て之を揣れば、君所私諱無し。然して本國の舊俗婦人に優假す。凡そ上言に於て圖書(印章)を用ゆ、已に古法に非ず。況んや降つて庶女に至る何ぞ敢て氏を稱せん。其召史と稱する金石撓め難し矣。版籍公務に至ては、凡民と異なり婦は夫の爵に從ひ氏を公簿に稱するを得るもの庶民と差別せざらん歟。甞て我國先賢の書を見る。本色の文字は則忘れて記《ヲボ》えず矣。槩論すれば氏宗禮法に於て別に特異尊隆の義無し。庶女の喪、某封某氏を以て書名す、何の不可あらんや云々……。則ち氏を稱するの義大段隆殺の別無きに似たり。敢て此に具陳して以て覽に備ふとあり。(以上全文)

兩班の庶女にしても、猶氏を稱するに議論ありしを見る。而して文獻古文書には、間々妾に何氏と書けるものありと雖も。例外又は濫稱の默認、或は妾の中には士家出身の者もあり。或は又士人の妾は第二妻とも見做され、優假されたりと觀察解釋すべし。また妾の死したる時葬の銘旌には、金召史之柩と云ふ如く召史名を用ひし風もありしと云ふ。

歷代李朝實錄の記載振を見るも。士人の妻には何れも金氏、崔氏、朴氏等の氏號を以て記されあるも、庶民罪人等の妻を記すには、金姓、鄭姓、尹、孫、或は其實名、或は單に妻と記し。（罪人は兩班の妻も氏を記さず）一も氏を付したる例外なし。庶民の男にして名の知れざる者は金姓の人、李姓の人と云ふ如くに記載せり。

兩班の妻の氏稱は神主の記載振にも亦現はれたり、其例は。

顯祖妣淑夫人驪興閔氏神位（祖父三品、祖母の例）

顯妣孺人淸風金氏神位（官位無き父卽學生、母の例）

以上本章に於ては氏族の階級的存在と、其特權の中より稱呼に關する部分の歷史と實際を記述せり。猶以下各章の記述と相參照すべし。

第三章　本　貫

第一節　總　說

本貫はまた本籍、貫籍、鄕貫、氏貫、籍貫、姓貫、族本等とも稱し。亦略して本、籍、鄕とも稱せらる。大體に於て皆意義同一なれど。而も時代に於て多少の差異あり。

鄕は漢代行政區劃の名稱にして『漢書』食貨志に……五黨を州と爲し、五州を鄕と爲す、是一萬二千戶也……とあり『周禮』にある周代地官鄕大夫の制よりの系統を行けるものなるべし。

貫の用字は錢が緡により數十百を貫けるを一族の關聯せしに喩へたるに出づ。『漢書』食貨志に……京師の錢累百鉅萬貫朽ちて校すべからず……とあり『說文』に貫、錢貝の貫……とあり。『佩文韻府』に……本貫は鄕籍也……とあり。

籍は典籍の意味にして、古代文籍は竹片に書かれしに由來す。「左傳」昭公十五年に……高祖晉の典籍を司どる……『史記』蕭何世家に……高祖關に入る、何獨り先づ丞相府に走つて圖籍を收む。是を以て具さに天下戶口の阨塞を知る……とあり。

戸籍の制度の周に始まりしことは『周官』司民の條に……萬民の數を登することを掌る、生齒より以上版に書す。……とあり。『鄭氏正義』に……登は上也、男八月女七月にして齒を生ず、版は今の戸籍也……とあるより見れば。戸籍の名稱は漢代より始まれりとすべし。後に戸籍を略して籍と云ひ、又轉じて戸籍の所在地を籍と稱し。之を動詞化して籍す、籍せりなど、稱するに至りしものなり。

支那に於ては古代より地方に占據せる大族の在る有り。歴代之れに地位に與へて地方行政に參與せしめたり。後代の望族と同じく、其鄕貫を稱せしことに社會的意義ありしこと。恰も日本に於ける王朝時代以降の源平藤橘と相同じかりしなり。朝鮮に於ては、政治經濟、社會上諸種の因由により。支那の大族、日本の大氏の如く家の子郎等、數百人を收容し大邸宅を構へて四方に雄視するが如き者の發生を見ざりしも。細粒の鄕族各地方に團居したり。此等の氏族は支那に倣ひて各其鄕貫を稱せり。

其鄕貫を稱するに至りし最初の時代は、新羅の末葉と推定すべし。憲康王二年に建立し其文、崔致遠の筆に成りし河東雙谿寺眞鑒禪師塔碑文中に……仍つて大皇龍寺に貫籍す……とあり。此時代に貫籍思想ありしを看るべし。また眞聖王時代に建立せし。 忠州月光寺圓郎大禪師塔碑文に……母□氏族。本。取城郡の人也……とあり。

僧の貫籍を記したる例は、高麗顯宗時代の尙州、若木郡の淨兜寺石塔造成形止記中、僧覺由本貫壽城郡、貞元皇本貫義全郡、と若木郡外出身の僧の本貫を記しあり。

『謏聞瑣錄』に……佔畢齊云ふ、新羅の宗支苗裔の四方に蔓延散處する者勝て記すべからず。厥の後競ふて豪武を用ひ州郡を覊す。據つて其の土地人民を保ち以て貢賦を國に輸す、因つて以て所在の戶長と爲る。其の子孫を育し遂に本貫と爲る。高麗の太祖統合の初め、戶長の能く鄕兵を團結し率先歸服及其軍陣に功ある者朝に登らしむ。至中大匡に至る者あり、其間或は本貫の俗往々强梗にして法度に遵はず遂に蕩弛に至るを患ひ、綏治して之を鎭服せんと欲す。則ち大官の事へを朝に謝し還つて戶長と爲り、守宰を扶輔して以て民治を聽く。其身若し爲すを欲せざれば、則ち嫡子若くは支子一人をして之を爲さしむ。是の故に吾が東方鄕吏の族凡そ貢擧應試の諸士族を視る。安東權氏、金氏、星州李氏、茂松尹氏、韓山李氏、廣州李氏は奕世衣冠海東に日しと云……とあり。

『高麗史』太祖元年王、韓粲に謂つて曰く、卿の貫鄕靑州の土地沃饒云々。 同十六年後唐の明宗が使を遣はし、薨じたる妃を追封せる文に……高麗國王妻河東柳氏……とあり。『金石總覽』中に出たる大邱申崇謙忠烈碑に……申は谷城に出づ、麗祖籍を平山に賜ふ……とあり。『高麗史』列傳に……韓彦恭（光宗朝の人）は湍州の人也……王郡を巡省して長湍縣に至る。彦恭に謂つて曰く、此れ卿の本貫也、卿の功勞を念ひ陞して湍州と爲すべし……。同書仁宗十三年二月に……京居大小人の子弟徭役を避くるを謀り、各々本貫親戚の戶籍に類付し、以て名實混淆を致す。自今京人の外籍に付すを痛禁……とあり。同書列傳に、林衍（文宗朝の人）初の名承杜、其父何許の人たるを知らず。鎭州に僑寓し州吏の女を娶り衍を生む。遂に鎭州を以て貫と爲す……。同書元宗十四年十月に試に赴くの諸生に、卷首に姓名、本貫及四祖を寫し糊封し試前數日に試院に呈するの記事あり。

以上の記載によれば、高麗朝に於て旣に士族が一般に其の本貫を稱する風ありしことを知るべし。

李朝に至つては國初の『經國大典』中に、戶籍の樣式を定め、京城は戶、某部某坊、第幾里、地方は某面、某里、住、某職姓名、年甲、本貫、四祖、妻某氏、年甲、本貫と四祖（以下略）等を記載すべく規定せしより。士族は無論庶民も亦本貫を記すことゝなれり。

第二節　本貫の本質と種別

本貫は一名郷貫の名の示す如く、始祖が其居を長期に定めたる土地を稱する者にして、門閥が社會上に有効に役立ちし時代に於て之を誇稱するに出てたることゝ深き關係あり。故に主として士人の間に於てのみ稱呼せられたるものたり。是れ姓氏と不可分にして、何々何氏と稱する何々は其本貫の地名と一致する所以にして、之を本貫の第一義とす。

李朝に於ては徭役忌避を防ぐべく、戸籍整頓の上より、本貫の記載を庶民に迄、强ひたるに因り。其意義は擴張せられて、上典の戸籍内に編入せる奴婢を除くの外、庶民は無論白丁、海尺の如き賤民に至るまで、兎も角戸籍上には本貫を有することゝなれり(但例外として本不明と戸籍に記されし者もあり)。之を第二義の本貫とす。されど第一義のものが本來の本貫なれば、今日に於ても庶民は士族の如く金海金氏、全州李氏、驪興閔氏等と云ふ如くには自稱他稱せず。——兩班の零落して庶民に伍したる者及兩班を僣稱する者は別として——兩班の派系に非ざる者は、縱令金、李たりとも、金海金姓、全州李姓と云ふ如くにも自稱他稱せず。唯本は金海なり本は全州なりと稱するに過ぎずして、數代の中屢轉々したる勞働者の如き者は、其祖先の住地の何れかを隨意に本とする等何等の意義無き者多し。

總て本貫の稱に付ては、何代前の始祖に遡りて稱するかは、別に定まれる社會上の規範なきが故に。各姓氏區々にして、中には傳說を本として歷史上確乎たる根據無き者もあり。門閥を尊重し祖先を崇拜するは美風とする處なれど。凡そ人の世には盛衰汚隆あり、數十代を重ねるに至つては。杳として祖宗を知り得ざる者多きに至るは、人世の常にして何れの國に於けるも同樣の狀態なりとす。『高麗史』恭讓王二年の都堂の啓にも、近來戶籍の法廢れて、唯に兩班世系の尋ね難きのみならず。良を壓して賤と爲し、賤を以て良に從ふ……。云々とある如きを普通とすべく。況んや歲に月に生活を逐ふて轉々する勞働者階級に、本を記さしめし如きは、全く意義無き者と謂ふべく。特に本籍を詐る者甚多かりしに於てをや。支那に於ては旣に唐の劉知幾が『史通』に於て、歷代の革命戰亂に因つて住居の移動行はれしにより。各人其遠祖の住地を知るを得ずして猶本貫を云爲するは、全然意義無きを說けるは、事理に徹底する卓見なりと謂ふべき也。

第三節　本貫の變例

本貫の本來の性質は、第二節に於て說きたる如く、祖先の居住地又は永く居住したる其出身地を指稱すべきものなれど。其變例とすべきものに、實際住居せざりし地の本貫を稱する者と。茫漠として考據し難き數千年前の祖先なりとせる其の支那の本貫を稱する者とあり。

(1)　賜貫(賜籍)竝王命による本貫の變更

本貫の稱號は、之を重んじたる時代に於ては。家に必要にして之れ無き時は、物足らぬ感情ありしなるべく。玆に於てか、王より榮譽の典例として鄕貫を下賜する賜貫、或は賜籍なる形式、支那の例に倣ひて行はるゝに至れり。賜貫は亦其變更を便宜とせし時に於ても行はれたり。其數例を擧ぐれば。

△申は谷城に出づ、麗祖籍を平山に賜ふ、大邱『申崇謙忠烈碑文』。

△忠肅王、王彬に貫を南陽に賜ふ『高麗史』。

△濟州の、高に麗季に於て貫を長興に賜ふ『亂中雜錄』。

△元より亂を避けて東來せし偰遜に、太祖(李朝)命じて慶州に本貫を賜ふ『東國輿地

勝覽』。『世宗實錄』地理志。

△正宗壬子孔氏に貫、曲阜を賜ふ『孔氏家譜』。本件『正宗實錄』には同十八年……諸孔氏に命じ。本貫書するに曲阜を以てせしむ……とあり。曲阜は山東孔子の鄕。

△李太王光武六年朱氏に新安に復貫せしむ『朱氏家譜』。（新安は朱熹の本貫）。とある類の如し。

采食の地を以て貫としたる者に德水張氏あり。『谿谷集』に出づ。官地仁川を以て貫としたる者に蔡允浩あり。『本人墓誌』『錦谷集』に出づ。密陽に封ぜられ之を貫としたる者に孫碩佐あり。『同墓碣銘』『海谷集』に出づ。謫處延安を貫としたる者に金塋あり。本人墓碣銘、竝『定齋集』に出づ。（以上五何れも高麗朝）以上の類例猶多し、記載を省略す。

其外に、兩班を僭稱したる者が、併せて其氏の本貫を冒稱せし者も多かりしを推定す。女眞人の裔たること明かなる咸北の在家僧の中、慶州李氏の系としての族譜を有せる者の如きは其一例なり。

右の沿革により、隆熙三年三月法律第八號として發布せられたる民籍法にも。始祖の出生地を記載すべしと規定し。民籍に本慶州と云ふが如く記載せられたり。

大正十一年十二月總督府令百五十四號を以て發布せられたる戶籍令にも、戶籍に戶主及家族の姓名及本貫、從前の戶主の姓名を記すことを規定し。出生屆にも父の本貫。婚姻、養子緣組の屆書にも、當事者の本貫を記すことに規定せり。

（附記） 本貫邑號の陞降

高麗朝以來大逆、叛逆罪人を出したる時、其邑號を降し、縣を部曲に（部曲の名は李朝明宗の時廢止）郡を縣に、府を郡に改むるが如きこと行はれたり。 但し李朝に於ては王后の本貫と、王の胎峰（エナを埋めし山）ある地の本貫は、斯る場合に降等せざるの事例もありたり。 また上と反對に、功臣、特殊の善行者、王后を出したる本貫、名僧を出したる地の本貫（名僧は高麗朝に限る）は之を陞すこと亦行はれたり。 斯る處置は、支那に於ても其例無く、一人の善惡行爲が行政の區劃に影響を及ぼすは謂れ無き事たるのみならず。其處分の結果が、地方人民に及ぼす害甚しきより。 其不當なる事を論ぜし者に柳馨遠（磻溪隨錄に出づ）あり、南九萬あり（藥泉集に出づ）丁若鏞あり（經世遺表に出づ）しも、遂に近代迄行はれたり。

第四章　本貫と姓氏竝に族との關係

姓字同じきも必ずしも同族に非ず、同族は必ずしも本貫を同じくするものに非ず。其の異同と姓氏との組み合せに於ては、左の如き六箇の區別を生ず。 故に某る一家を基として、他數家と對照すれば、其六箇の中の何れかに該當するものなり。以下之を說明すべし。

（1）　同族同本の同姓

同姓同本は百代の親なる諺あり。即ち血脈相繫がれるものなり。例へば玆に金姓二家あり、其の何れもが慶州金氏なりとせば、本項に該當す。

（2）　異族同本の同姓

南陽洪氏は、其外に俗に土洪と稱する別箇の南陽洪氏あり。又唐洪と稱する別箇の南陽を本とする洪氏あり。其三者は本項に該當す、また金海を本とする金氏にも、所謂金海金氏と土金との別あり、他の氏にも此の如きもの多し。

（3）　同族異本の同姓

江陵金氏と光州金氏は始祖を異にするも、何れも新羅の金閼智より出たるものとして同族とせり。楊州趙氏、豐壤趙氏、漢陽趙氏、亦始祖を一にして同族なりとせり。此等は本《ホン》異なるも婚姻を通せず。此類猶多し。

（4）　異族異本の同姓

延安李氏、韓山李氏、光州李氏、何れも族を異にし、又本《ホン》を異にす、此類も甚だ多し。

（5）　同族の同本異姓

同族と雖も賜姓、又は都合による姓の變更により、異姓となるも。其血族の關係は解消するものに非ざるが故に、同族の同本異姓を生ず。金海金氏、金海許氏は、姓異なりと雖も、何れも駕洛首露王の裔なりとなし。又安東權氏は元金氏なりしも、高麗太祖の賜姓により權氏となりしものなれば、安東金氏とは同族なりとす。如此類のもの皆婚姻を通せず。其大始祖を祀る時には皆相會同す。

（6）　異族の同本異姓

慶州孫氏と慶州李氏、晋州姜氏と晋州柳氏の如く、唯本のみ同一なるものなり。

第五章　姓氏の數及其名稱別

第一節　世宗實錄地理志竝東國輿地勝覽の記載

朝鮮の姓に關して割合に詳しく書ける最初の記述は『世宗實錄』附錄地理志なり。其巻頭に……東國の地志は略ぼ三國史に在り、他に稽ふべき無し。我世宗大王は尹淮、申穡等に命じ、州郡の沿革を考へ乃ち此書を撰む、歳は壬子に書成る‥‥云々とあり。今其中より姓に關する記載を檢するに、姓の種別を。

土姓　加屬姓　屬姓　亡姓　次姓
次吏姓　續姓　入續姓　入姓　來姓
京來姓　來接姓　投化姓　向國入姓　向國姓
賜姓　天降姓　百姓　入鎭姓　戎戍姓

の二十種に書き分けあり。先づ此等各別の考說を試みん。

（一）土　姓

土姓に付ては、最初の廣州牧の中に‥‥土姓三、李、安、金、加屬性三、朴、虞、張‥‥と記し、其下割註に‥‥此に姓と云は、古籍及今本道開錄に據る。其の加屬と云ふは、古籍書する所也。後皆此れに倣ふ。‥‥次に亡姓五、尹、石、韓、池、秦‥‥割註に‥‥凡そ亡姓と稱するは、古籍有る所にして今之れ無き者を謂ふ。後皆之に倣ふ‥‥とあり。此の註に據れば玆に土姓と稱するは、地理志編輯の資料として、各道の監司が提出したる當時現在せる其土地ハヘヌキの姓、而も其上流階級の者を揚げたること知る。而して後代に於て土洪、土金等と稱する土姓とは、意味を異にせるものなり。

(二)　加屬姓　屬姓

加屬姓とは前項註にある如く、古き文籍に存在し、且つ其當時文籍にも在り。現住存在したる者にして、前項に比しては稍社會的地位の劣れる者なるべく、屬姓は其略稱なるべし。此加屬の語は借音か、或は吏讀なるやも知れず。

(三)　亡　姓

亡姓は(一)の註にある如く、古き文籍に存在したるも、地理志編輯の當時存在せざりし者なり。

(四)　次吏姓　次姓

本項は不明なるも、吏胥階級の姓なるべく。次姓は次吏姓の略なるべきか。『增補文獻備考』に姓氏を列擧せる中の某る氏には、吏姓と頭書せるものあり、之れに該る者なるべし。

(五)　續姓　入續姓

二者畢竟同一なるべく、續姓の項を見れば何れも他地より入りたる者にして、且つ割註に、鄕吏階級を示したる者多きを見れば。ある時代に鄕吏として地方へ配付したる者の後なるべきか。また續姓は入續姓の略ならんか。

(六)　入姓、來姓、來接姓、京來姓

四者皆同じく其土地生へぬきの者に非ずして、他地方より移住したる者ならん。其中京來姓は京城より移住したる者ならん。

(七)　投化姓、向國入姓、向國姓

此三者も皆同一にして、國外より投入歸化したる者ならん。而して此項に當る者、全國州郡を通じて甚だ少なし。公州の投化姓一、金と、梁山の投化姓一、陳と。咸興の向國入姓一、朱、の三姓は支那系なるべく想像せられ。三水の向國姓六は、野人と推定せらる。未だ後代の如く祖先を支那名族の投化者とする如き風の少なかりしを考へらる。

(八)　賜　姓

本項に該當する者も甚少なくして二姓に過ぎず、其中に林川に李一、割註に……李玄は本と畏吾《ウイグル》國人也、來つて投化通譯に功あり、命じて林川に付籍す……とあり、他は慶州の偰あり、共に回鶻系の人にして賜貫せし者なれば、現住せざりし者をも擧げあるを知る。

(九)　天　降　姓

天降姓は慶州の下に朴、昔、金の三姓を擧げあり。慶州土姓の中に此三姓無きより考ふれば。『三國史記』記載の神話傳說を承認したるものなるべし。同じく天降の傳說ある金海の金、地中より湧出したる濟州の高、梁、夫は皆土姓の中に入れあり。

（十）百　姓

百姓は慶山に金、全、白の三を擧げあるに過ぎず其意義不明なり。下民階級の姓に非ざることは、僅かに三姓なるにより知らる。或は百の字、士の誤なるべきか。或は又百姓は士姓と同一に見做せし別名なる歟。

（十一）入鎭姓、戎戍姓

此二者は同一なるべく、入鎭性は、祥原、三登、江東、順安、甑山、咸從、安州、成川に。戎戍姓は安邊に揭げあり。其文字の示す如く、他州郡の來姓と大抵同じく他より入來せしものにして、鎭營管下なるを以ての稱なるべし。

以上姓と言ひて皆氏を謂はず。唯注意すべき點は、慶州の部に土姓六、李、崔、鄭、孫、裴、薛と、所謂六村賜姓說に該當する六姓を擧げあることゝ。其次に「謹按璿源所即慶州李氏」と唯一の李氏のみに氏を揭げある點なりとす。また鏡城、富寧、慶源、穩城、慶興、平壤等に一も姓の記載なきより考ふれば、庶民に姓ありし者も、其等の性は一切本書より除外して取扱はざりしと考へらる。

總て姓の區別稱號が抽象統一せられずして、區々に渉れるは、其資料たる「本道開錄」なるものが區々に渉りしを其儘に採り用ひしに因ると認む。

次に『東國輿地勝覽』の記載を檢せんに、同書は成宗十年に撰進し、同十七年にも其稿本を修補し、燕山君五年、正宗十三年にも增補したるものにして。各府州郡縣の記載の中に「姓氏」の一項目あり、其記載例は左の如し。

漢城の部

(姓氏)(本府)韓、趙、閔、申、艾、村、咸、洪、夫、崔、鄭。　並來。姓氏竝依周官六翼、尹淮地理志、慶尙、全羅觀風案。凡自他州來居者姓下只注本籍後倣之。

開城府の部

(姓氏)(本府)高、金、王、康、田、李。　來。凡自他州來居本籍不可考者只注來。或云續或云屬後倣之。

(註)『周官六翼』は、麗末辛禑王の時金九容の撰。『觀風案』とは、各地方廳に備付せし一の帳簿にして。其土地の主要なる事項を摘記しあり、新任長官の參考に資し、且つ牧使、郡守等の來任、退任の月日、氏名、其官が在任中の業績等を略記するものにして。猶現に昔ながら續いて記帳せる地方も稀にあり。觀風の文字は、古への州牧任地に入れば、先づ民風を觀るの語より出でたるものなるべし。

『世宗地理志』と本書を比較するに、主要なる相違は、他は姓とせるに本書は姓氏とせる點と。他は主として現實を記載するを以て目的とせるに、本書は必ずしも現實を目標とせず、各其地方に昔より存在せりとせる姓を網羅せる點なりとす。故に前者に亡姓として擧げある者も大抵は收拾し『周官六翼』の壽城の古の三城の姓賓、羅、曹、嵇の四姓(大邱の部に出づ)同じく何の地か未詳なる新法なる地の姓、朴、徐、玄の如き(唐津の部に出づ)單に古典上の存在をも採錄せり。また唐の投化姓少しく增加し。且新たに日本の投化姓を十數餘(正宗十三年修補の時に加ふ)を擧げある點なりとす。

主眼として二書同一なるは、此姓氏なるものが兩班、準兩班とも云ふべきものに限られたることは、第一編姓の部に於て述べたる如し。

第二節　增補文獻備考の記載

『增補文獻備考』は英祖の時に成りし『東國文獻備考』を正祖の時補修し、更に李太王の代に增補したるものにして。姓氏考なる一項は、第一回補修の時に加へられ、更に第二回に增補せられたるものなり。本書の特徵は、氏貫に重きを置きたる點と、各氏李は李、金は金と、別箇に各其本貫を集めて記載したる點にあり。而して現實を目標とせず、昔より其時迄に史上に存在したる姓氏は、當時の存否に關せず洩れ無く收錄したり。

本書の記載は甚雜駁にして、史的價値薄しと雖も、各氏の地方別と古地名を見る上に參考とすべきものあり。索覽の便を計り、道別に編成替へして玆に採錄せり。

同書には……廣州李氏、開城李氏、靑丘水原地方李氏……と云ふ如く記載しあれど。玆には是を省略して左の如く地名のみを掲げたり。

京畿

△李氏之部

廣州　陽城　安城　加平　陰竹　富平
水原　江華　南陽　振威　龍仁　仁川
楊州　竹山　砥平　交河　開城　果川
漣川　河陰江華屬縣　豐壤楊州屬縣　靑丘水原地方　宗德水原地方　臨津長湍屬縣　深岳交河屬縣　德水豐德屬縣　沙川楊州屬縣
內彌水原地方　臨江長湍屬縣　僧嶺朔寧別號　秋溪陽智別號　鎭江江華屬縣　坡平坡州別號　爭忽水原地方　南川利川別號　幸州高陽別號
永新振威屬縣　高安陽智地方　驪興驪州舊號　貞州豐德別號　漢陽楊州屬縣　雙阜水原屬縣　今音水原地方　守安通津屬縣　處仁龍仁屬縣
衿川始興舊號。

△金氏之部

安山　江華　水原　安城　楊根　長湍
廣州　開城　南陽　驪州　仁川　通津
金浦　龍仁　陽川　積城　喬桐　振威
漣川　交河　砥平　陰竹　朔寧　加平

抱川　陽城　永平　漢陽（楊州屬縣）　五朶（水原地方）　黃利（驪州別號）　樹州（富平別號）　楊干（水原地方）　桂陽（富平地方）　南川（利川別號）　鎭江（江華屬縣）　川寧（驪州屬縣）　臨津（長湍屬縣）　沙梁（水原地方）　黃魚（富平地方）　漢南（水原別號）　坡平（坡州別號）　德水（豐德屬縣）　松林（長湍屬縣）　公村（水原地方）　臨湍（長湍屬縣）　河陰（江華屬縣）　見州（楊州別號）　貞松（水原屬縣）　貞州（豐德別號）　桂石（水原地方）　爭忽（水原地方）　臨江（長湍屬縣）　幸州（高陽別號）　處仁（龍仁地方）　永新（振威屬縣）　延昌（竹山別號）　高安（陽智地方）。

△朴氏之部

竹山　江華　楊州　開城　廣州　驪州　水原　南陽　楊根　高陽　利川　安山　交河　龍仁　仁川　安城　抱川　豐德　朔寧　加平　漣川　雙阜（水原屬縣）　貞州（豐德別號）　河陰（江華屬縣）　漢陽（楊州屬縣）　靑丘（水原地方）　爭忽（水原地方）　楊干（水原地方）　豐壤（楊州屬縣）　驪興（驪州舊號）　朝宗（加平屬縣）　陽良（陽智別號）　高安（陽智地方）　深岳（交河屬縣）。

△鄭氏之部

金浦　江華　南陽　仁川　坡州　通津　廣州　驪州　水原　利川　開城　富平　喬桐　楊州　安山　龍仁　砥平　高陽　陽川　麻田　陽城　交河　漢陽（楊州屬縣）　貞州（豐德別號）　河陰（江華屬縣）　德水（豐德屬縣）　靑丘（水原地方）　臨江（長湍屬縣）。

△尹氏之部

水原　南陽　加平　衿川　竹山　楊州　陽川　驪州　積城　廣州　豐德　高陽　坡平（坡州舊號）　漢陽（楊州屬縣）　龍城（水原屬縣）　載陽（南陽屬縣）　貞松（水原屬縣）　沙川（楊州屬縣）　乳石（永平地方）　豐壤（楊州屬縣）　守安（通津屬縣）

△崔氏之部

朔寧　開城　富平　長湍　麻田　加平　砥平　陽智　水原　楊州　通津　龍仁　積城　果川　江華　利川　安山　金浦　振威　漣川　陽川　驪州　南陽　仁川　安城　交河　陽城　川寧（驪州屬縣）　漢陽（楊州屬縣）　河陰（江華屬縣）　坡平（坡州別號）　竹州（竹山別號）　幸州（高陽別號）　貞州（豐德

別號　漢山(廣州別號)　貞松(水原屬縣)　漢南(水原別號)　永新(振威屬縣)
衿川(始興舊號)。

△柳氏之部

廣州　水原　仁川　振威　陽城　富平
驪州　朔寧　開城　楊州　南陽　竹山
廡田　陽川　江華　楊根　安城　貞州(豐德)
別號　幸州(高陽別號)　宗德(水原地方)　德水(豐德屬縣)　松莊(振威地方)
坡平(坡州別號)　甘彌呑(富平地方)　衿川(始興舊號)。

△洪氏之部

南陽　開城　廣州　坡州　水原　利川
高陽　安山　陽城　陽川　豐壤(楊州別號)　坡平
(坡州別號)　漢陽(楊州舊號)。

△申氏之部

利川　坡州　長湍　永平　朔寧　竹山
砥平　江華　水原　南陽　高陽　積城
仁川　陰竹　豐壤(楊州屬縣)　德水(豐德屬縣)　漢陽(楊州舊號)
坡平(坡州別號)　廣德(水原屬縣)　見州(楊州別號)　幸州(高陽別號)

△權氏之部

開城　安山　水原　高陽　南陽　陽川
利川　坡平(坡州別號)　川寧(驪州屬縣)　漢陽(楊州舊號)　黔川(衿川)
別號　驪興(驪州舊號)。

△趙氏之部

江華　利川　楊根　陽川　漣川　水原
仁川　安山　積城　陽城　楊州　廣州
富平　豐德　高陽　果川　安城　開城
南陽　竹山　交河　豐壤(楊州屬縣)　坡平(坡州別號)　漢
陽(楊州舊號)　河陰(江華屬縣)　驪興(驪州別號)　衿川(始興舊號)。

△韓氏之部

廣州　水原　仁川　安城　楊州　驪州
南陽　楊根　交河　坡州　利川　安山
陽川　開城　朔寧　積城　漢陽(楊州舊號)　湍州
(長湍別號)　坡平(坡州別號)　德水(豐德屬縣)。

△吳氏之部

江華　長湍　廣州　水原　通津　楊州

南陽　竹山　利川　安城　高陽　陽川
陽城　坡平坡州別號　漢陽楊州屬縣　僧嶺朔寧屬縣　永新振威屬縣。

△姜氏之部

驪州　南陽　安山　抱川　開城　楊州
利川　交河　江華　竹山　龍仁　廣州
水原　砥平　漢陽楊州屬縣　貞州豐德別號　衿川始興舊號。

△沈氏之部

開城　水原　廣州　通津　驪州　雙阜水原屬縣　漢陽楊州屬縣　僧嶺朔寧屬縣。

△安氏之部

廣州　水原　果川　竹山　利川　安山
開城　龍仁　松都開城別號　鎭江江華屬縣　陽良陽智別號
驪興驪州舊號　守安通津屬縣　秋溪陽智地方　坡平坡州別號。

△許氏之部

陽川　楊州　南陽　楊根　高陽　水原
長湍　安山　陽城　廣州　仁川　朔寧
竹山　安城　漢陽楊州屬縣　沙川楊州屬縣　漢山廣州別號
坡平坡州別號。

△張氏之部

江華　楊州　仁川　通津　朔寧　陽川
抱川　富平　安城　高陽　振威　積城
廣州　南陽　長湍　楊根　交河　陽城
開城　喬桐　利川　安山　加平　砥平
德水豐德屬縣　水城水原別號　川寧驪州屬縣　豐壤楊州屬縣　龍城水原地方　海豐豐德別號　漢陽楊州屬縣　驪興驪州舊號　延昌竹山別號　河陰江華屬縣。

△閔氏之部

竹山　驪興驪州屬縣　黃驪驪州別號　漢陽楊州屬縣。

△任氏之部

果川　陽川　驪州　豐德　陽城　楊州
竹山　漣川　沙川楊州屬縣　漢陽楊州屬縣　乳石永平地方。

△南氏之部

安山　水原　富平　南陽　陽川　驪興驪州

別號

△徐氏之部

利川　開城　豐德　加平　振威　漣川

安山　龍仁　果川　南陽　驪州　富平

安城　楊州　水原　仁川　高陽　陽城

漢陽（楊州屬縣）　雙阜（水原屬縣）　漢山（廣州別號）　坡平（坡州別號）　宗德（水原地方）　峰城（坡州別號）　處仁（龍仁屬縣）　唐城（南陽別號）　乳石（永平地方）　平當（坡州別號）　衿川（始興舊號）。

△具氏之部

廣州　朔寧　漣川　安山　驪興（驪州舊號）　延昌（竹山別號）。

△成氏之部

江華　廣州　水原　楊根　衿川　漣川

坡平（坡州別號）。

△宋氏之部

南陽　水原　朔寧　江華　利川　仁川

安山　豐德　長湍　麻田　竹山　永平

陽川　龍仁　振威　漣川　見州（楊州別號）　驪興（驪州別號）　工二（水原屬縣）　臨津（長湍屬縣）　雙阜（水原屬縣）　沙川（楊州屬縣）　龍城（水原屬縣）　高峰（高陽別號）　河陰（江華屬縣）　豐壤（楊州屬縣）　沙梁（水原地方）　坡山（坡州別號）　桂石（水原屬縣）　德水（豐德屬縣）　松林（長湍屬縣）。

△俞氏之部

驪州　砥平　陰竹　開城　喬桐　抱川

江華　竹山　積城　坡州　安城　果川

川寧（驪州屬縣）　隋城（水原別號）　登神（驪州地方）　漢陽（楊州舊號）　河陰（江華屬縣）。

△元氏之部

廣州　利川　陽川　通津　喬桐　水原

龍仁　漢陽（楊州舊號）　坡平（坡州別號）。

△黃氏之部

江華　楊州　富平　長湍　高陽　陽城

豐德　南陽　開城　利川　安山　陽川

廣州　水原　仁川　安城　漢陽（楊州舊號）　德水（豐德屬縣）　德陽（高陽屬縣）　坡平（坡州別號）　永新（振威屬縣）　衿川（始興舊號）。

△曹氏之部
開城　楊州　富平　江華　楊根　驪州
漣川　南陽　漢陽（楊州舊號）　南漢（吾州別號）　坡平（坡州別號）
竹州（竹山別號）。

△林氏之部
開城　富平　豐德　高陽　楊州　南陽
楊根　振威　果川　廣州　利川　安山
陽川　漣川　水原　仁川　朔寧　抱川
衿川（始興舊號）　坡平（坡州別號）　河陰（江華屬縣）　漢陽（楊州舊號）　驪興（驪州別號）。

△呂氏之部
南陽　豐德　驪興（驪州舊號）　五朶（水原地方）　今音村（水原地方）。

△梁氏之部
楊州　水原　竹山　龍仁　開城　南陽
通津　陽川　廣州　德水　楊根　陽城
驪州　仁川　痲田。

△禹氏之部
江華　南陽　楊州　竹山　水原　漢陽（楊州舊號）。

△羅氏之部
廣州　坡州　楊州　水原　安城。

△孫氏之部
廣州　南陽　豐德　龍仁　漣川　楊州
楊根　永平　水原　富平　安城　陽智
仁川　加平　果川　載陽（南陽屬縣）　黃魚（富平地方）。

△盧氏之部
交河　廣州　開城　江華　水原　通津
陽川　陽城　南陽　喬桐　漣川　長湍
安山　抱川　高陽　積城　鎭江（江華屬縣）　童城（通津屬縣）　驪興（驪州舊號）　漢陽（楊州舊號）　臨江（長湍屬縣）　衿川（始興舊號）。

△魚氏之部
陽川　交河　衿川（始興舊號）。

△睦氏之部

水原　桂陽（富平別號。）

△蔡氏之部

江華　南陽　利川　長湍　通津　安山

仁川。

△辛氏之部

廣州　水原　高陽　朔寧　衿川　載陽（南陽屬縣。）

△丁氏之部

廣州　開城　驪州　南陽　喬桐　漢陽（楊州舊號。）

△裵氏之部

水原　仁川　朔寧　開城　南陽　加平

竹山　陽川　長湍　利川　安山　果川

驪興（驪州別號）川寧（驪州屬縣）漢陽（楊州舊號）坡平（坡州別號）貞州（豐德別號。）

△孟氏之部

坡州　楊州　漢陽（楊州舊號。）

△郭氏之部

南陽　豐德　坡平（坡州別號。）

△邊氏之部

廣州　楊州　水原　南陽　利川　豐德

竹山　安山　高陽　陽川　果川

△卞氏之部

楊州　南陽　安城　安山　陽川　漢陽（楊州舊號）坡平（坡州別號。）

△愼氏之部

果川　雙阜（水原屬縣。）

△白氏之部

開城　江華　廣州　驪州　水原　南陽

安山　振威　楊州　金浦　砥平　加平

積城　利川　龍仁　陽城　内彌（水原地方）漢陽（楊州舊號）盆村（水原地方）坡平（坡州別號）豆也甫（南陽地方。）

△全氏之部

開城　竹山　通津　喬桐　漣川　江華

驪州　仁川　楊根　振威　廣州　水原
南陽　永平　楊州　長湍　豐德　安城
積城　漢陽(楊州舊號)　心岳(交河屬縣)。

△康氏之部

江華　通津　永平　坡山(坡州別號)　豐壤(楊州屬縣)　幸州(高陽別號)　高峰(高陽屬縣)　處仁(龍仁屬縣)。

△嚴氏之部

廣州　安城　龍仁　拘川　河陰(江華屬縣)　漢陽(楊州舊號)　坡平(坡州別號)　隋城(水原別號)。

△高氏之部

開城　江華　廣州　楊州　驪州　仁川
南陽　喬桐　竹山　利川　高峰(高陽別號)　坡平(坡州別號)　鎭江(江華屬縣)　幸州(高陽別號)。

△田氏之部

南陽　喬桐　開城　江華　廣州　水原
仁川　長湍　安城　麻田　永平　龍仁
果川　抱川　陰竹　漣川　河陰(江華屬縣)　坡平(坡州別號)　松林(長湍屬縣)　幸州(高陽別號)　高峰(高陽屬縣)　豐壤(楊州屬縣)
盆村(水原地方)　貞州(豐德別號)　漢陽(楊州舊號)。

△玄氏之部

開城　竹山　漣川　廣州　水原　安山
陽城　驪州　利川　安城　積城　仁川
加平　抱川　坡平(坡州別號)　川寧(驪州屬縣)。

△文氏之部

南陽　利川　仁川　長湍　楊根　朔寧
陰竹　開城　江華　廣州　驪州　坡州
楊州　水原　臨江(長湍屬縣)　高安(陽智地方)　河陰(江華屬縣)
漢陽(楊州舊號)。

△尙氏之部

果川。

△河氏之部

江華　水原　南陽　仁川　豐德　喬桐
楊根　交河　陽城

△蘇氏之部

鎭江江華屬縣。

△池氏之部

廣州　開城　驪州　坡州　楊州　水原
南陽　仁川　陽川　陽城　處仁龍仁地方　秋溪
陽智屬縣。

△奇氏之部

幸州　開城　豐壤楊州屬縣。

△陳氏之部

開城　廣州　水原　南陽　富平　豐德
竹山　楊根　朔寧　陽川　陽城　驪興驪州
別號　漢陽楊州舊號。

△庾氏之部

廣州　竹山　安城。

△琴氏之部

桂陽富平別號。

△吉氏之部

開城　驪州　通津　河陰江華舊號　漢陽楊州屬縣　坡
平坡州別號。

△延氏之部

開城　廣州　南陽。

△朱氏之部

開城　廣州　水原　南陽　利川　仁川
通津　喬桐　竹山　朔寧　安城　高陽
交河　振威　陽川　陽智　坡平坡州別號。

△周氏之部

開城　廣州　楊州　水原　南陽　利川
豐德　安山　交河　瑞原坡州舊號　漢陽楊州屬縣　豐
壤楊州屬縣　石淺交河地方。

△房氏之部

南陽　水原　抱川　漣川　川寧驪州屬縣　梨浦
仁川地方。

△方氏之部

開城　江華　廣州　驪州　楊州　水原
楊根　安山　安城　麻田　高陽　交河

砥平　南陽　坡平坡州別號　樹州富平別號　花梁南陽地方。

△孔氏之部

坡平　水原　富平　南陽　仁川　長湍
安山　金浦　陽川　臨湍長湍屬縣。

△王氏之部

開城。

△劉氏之部

開城　江華　廣州　驪州　楊州　水原
富平　南陽　利川　仁川　長湍　通津
喬桐　竹山　楊根　安山　麻田　高陽
交河　陽川　抱川　果川　積城　漣川
漢陽楊州舊號　德水豐德屬縣　衿川始興舊號。

△秦氏之部

廣州　楊州　水原　南陽　長湍　朔寧
永平　漣川　河陰江華屬縣　臨湍長湍屬縣　德水豐德屬縣
高峰高陽別號。

△卓氏之部

廣州　南陽　安山　楊根　加平　龍仁
砥平。

△咸氏之部

楊根　開城　廣州　驪州　楊州　富平
南陽　豐德　通津　永平　砥平　積城
陽城　陽川　坡平坡州別號　漢陽楊州舊號　臨津長湍屬縣
恒陽楊州屬縣　迷原楊根屬縣。

△楊氏之部

楊州　水原　南陽　安城　高陽　陽川
南漢廣州別號　漢陽楊州舊號。

△薛氏之部

開城　廣州　安山　安城。

△奉氏之部

江華　廣州　安山　安城　陽川　陰竹
陽城　河陰江華屬縣。

△太氏之部

龍仁　陽川　坡平坡州別號。

△馬氏之部

開城　水原　河陰江華屬縣。

△表氏之部

楊州　水原　竹山。

△殷氏之部

幸州高陽別號。

△芮氏之部

水原　南陽。

△牟氏之部

仁川　永平。

△魯氏之部

江華　開城　廣州　楊州　仁川　利川

交河　鎭江江華屬縣　河陰江華屬縣　坡平坡州屬縣　德水豐德

屬縣　高峰高陽別號。

△玉氏之部

開城　廣州　仁川　交河。

△宣氏之部

利川　長湍　陽城　臨湍長湍屬縣。

△都氏之部

坡平坡州別號　奢牛水原地方。

△蔣氏之部

金浦　豐德　安山。

△陸氏之部

衿川始興舊別。

△車氏之部

開城　江華　廣州　坡州　水原　南陽

利川　仁川　長湍　豐德　富平　安山

安城　麻田　龍仁　漣川　峰城坡州別號　漢陽

楊州舊號　深谷水原地方　楡梯水原地方　柱石水原地方　宗德水原地方

松林長湍屬縣　德水豐德屬縣　幸州高陽別號　石淺交河地方　龍城

水原屬縣。

△邢氏之部

富平　漣川　臨津長湍屬縣。

△韋氏之部

江華　驪州。

△仇氏之部

幸州高陽別號　仁川近自稱綾城具氏。

△明氏之部

漢陽楊州舊號。

△莊氏之部

衿川始興舊號。

△葉氏之部

公村水原地方　處仁龍仁屬縣。

△皮氏之部

廣州　坡州　南陽　長湍　安山　見州楊州別號

衿川始興舊號。

△承氏之部

楊州　陽川。

△公氏之部

金浦　開城　仁川。

△石氏之部

廣州　楊州　水原　南陽　豐德　楊根

龍仁　漢陽楊州舊號　坡平坡州屬縣　德陽高陽別號。

△馮氏之部

長湍。

△翁氏之部

金浦。

△空氏之部

金浦。

△董氏之部

開城　廣州　水原。

△貢氏之部

水原　利川　金浦　仁川近稱曲阜孔氏　幸州高陽別號。

△宗氏之部

通津。

△鍾氏之部

豐德　河陰江華屬縣。

△龍氏之部

廣州　仁川　楊根　龍仁。

△麗氏之部

開城。

△邦氏之部

廣州　坡州。

△箕氏之部

幸州高陽別號。

△知氏之部

利川。

△追氏之部

開城。

△史氏之部

坡平坡州別號　臨江長湍地方。

△起氏之部

漢陽楊州舊號。

△智氏之部

坡州。

△異氏之部

童城通津屬縣。

△季氏之部

江華。

△於氏之部

麻田。

△蘆氏之部

廣州。

△夫氏之部

漢陽楊州舊號　幸州高陽別號。

△杜氏之部

豐德。

△扈氏之部

楊根　石淺交河地方。

△傅氏之部

楊根。

△素氏之部

廣州　豊德。

△附氏之部

童城通津屬縣。

△米氏之部

松林長湍屬縣。

△桂氏之部

衿川始興舊號。

△艾氏之部

漢陽楊州舊號。

△雷氏之部

喬桐。

△甄氏之部

南陽。

△莘氏之部

豊德。

△印氏之部

江華　南陽　仁川　楊根　喬樹喬桐別號　河陰

江華屬縣　驪興驪州舊號。

△晉氏之部

楊根。

△震氏之部

江華。

△員氏之部

德水豊德屬縣。

△門氏之部

仁川　松林長湍屬縣。

△萬氏之部

開城　江華　廣州　鎭江江華屬縣。

△干氏之部

南陽。

△桓氏之部

陰竹。

△段氏之部

豊德。

△班氏之部
開城。
△簡氏之部
加平　南陽。
△堅氏之部
金浦　川寧驪州屬縣　沙梁水原地方。
△千氏之部
開城　江華　廣州　水原　仁川　富平
竹山　喬桐　南陽　安城　麻田　金浦
楊根　永平　陽川　果川　漣川　陽城
砥平　漢陽楊州舊號　貞州豐德別號。
△專氏之部
陽川。
△片氏之部
楊州　南陽　利川　通津　長湍　竹山
龍仁　陽川。
△姚氏之部
水原。
△標氏之部
臨津長湍屬縣。
△邵氏之部
南陽　仁州仁川別號　加良加平地方。
△陶氏之部
南陽　豐壤楊州屬縣。
△何氏之部
乳石永平地方。
△邢氏之部
幸州高陽別號。
△麻氏之部
永平。
△夜氏之部
開城　原平坡州別號　石淺交河地方。
△舍氏之部
富平。

△甞氏之部
高陽。
△浪氏之部
楊州。
△平氏之部
富平　仁川。
△庚氏之部
仁川。
△貞氏之部
楊州。
△卿氏之部
臨江長湍屬縣。
△井氏之部
漣川　楊根　鎭江江華屬縣　沙川楊州屬縣。
△敬氏之部
楊根　安城　砥平。
△靈氏之部
漢陽楊州舊號。
△秋氏之部
開城　江華　坡平坡州別號　衿川始興舊號。
△祐氏之部
載陽南陽屬縣。
△守氏之部
開城　廣州。
△陰氏之部
竹山　廣州　驪州。
△骨氏之部
江華。
△葛氏之部
楊根　楊州　陽城。
△決氏之部
南陽。
△栢氏之部
抱川。

△席氏之部
江華　通津。
△釋氏之部
水原。
△力氏之部
河陰（江華屬縣）。
△則氏之部
幸州（高陽別號）。
△丣氏之部
陰竹。
△合氏之部
喬桐。
△皇甫氏之部
巾子山（高陽地方）。
△昔氏之部
龍仁。
△畢氏之部
驪州。

慶尙南道

△李氏之部
固城　陜川　咸陽　咸安　泗川　梁山
蔚山　晋州　昌原　金海　密陽　巨濟
河東　草溪　昆陽　南海　居昌　宜寧
彥陽　漆原　鎭海　靈山　昌寧　熊川
機張　江陽（陜川別號）　梁州（梁山別號）　東平（東萊屬縣）　鉢山（固城地方）
坤義（固城地方）　有寶（昆陽地方）　鹿鳴（固城地方）　積珍（固城地方）
嘉壽（三嘉別號）　丹溪（丹城別號）。
△金氏之部
金海　彥陽　蔚山　晋州　南海　密陽

固城　東萊　巨濟　昌原　陝川　草溪
昆陽　三嘉　漆原　鎭海　靈山　昌寧
泗川　熊川　機張　咸陽　梁山（或稱梁州又宜春曲梁山
別號）　京山（星州別號）　檜山（昌原別號）　班城（晋州屬縣）　江陽（陝川屬縣）
曲山（固城地方）　保安（固城地方）　丘墟（固城地方）　神義（固城地方）　鹿鳴
（固城地方）　道善（固城地方）　珍餘（固城地方）　安陰（安義別號）　利安（安義別號）
莞浦（熊川屬縣）。

△朴氏之部

密陽　咸陽　昌原　固城　蔚山　彥陽
晋州　金海　河東　梁山　昆陽　南海
宜寧　熊川　丹城　靈山　昌寧　泗川
義昌（昌原屬縣）　蘭浦（南海屬縣）　岳陽（晋州屬縣）　薩川（晋州地方）　來進
（密陽地方）　義安（昌原別號）　冶爐（陝川屬縣）　海濱（固城地方）　丘墟（固城地方）
保安（固城地方）　魚禮（固城地方）　積珍（固城地方）　利安（安義別號）　加乙
山（安義地方）　三岐（三嘉屬縣）　嘉壽（壽一作樹三嘉地方）　楮旨（宜寧地方）。

△鄭氏之部

東萊　晋州　河東　草溪　昌原　昆陽

金海　密陽　蔚山　梁山　咸陽　南海
咸安　昌寧　機張　義安（昌原別號）　冶爐（陝川屬縣）　蘭
浦（南海屬縣）　莞浦（熊川屬縣）。

△尹氏之部

咸安　密陽　金海　巨濟　河東　南海
冶爐（陝川屬縣）　加山（安義地方）。

△崔氏之部

晋州　密陽　蔚山　東萊　河東　草溪
梁山　咸安　咸陽　固城　三嘉　宜寧
甘城　昌寧　彥陽　漆原　義昌（昌原別號）　臨海
（金海別號）　江陽（陝川別號）　安陰（安義舊號）　感陰（安義屬縣）　山陰（山淸舊別）。

△柳氏之部

晋州　東萊　金海　密陽　咸陽　居昌
宜寧　丹城　昌寧　安陰（安義舊號）。

△洪氏之部

晋州　昌原　金海　密陽　咸陽　居昌
宜寧。

△申氏之部

晋州　昌原　金海　密陽　蔚山　河東
梁山　昆陽　咸陽　靈山　昌寧　鎭海
桂城(靈山屬縣)　山陰(山淸舊號)。

△權氏之部

晋州　昌原　金海　密陽　東萊　河東
丹城。

△趙氏之部

南海　河東　密陽　咸安　晋州　昌原
金海　東萊　陜川　草溪　咸陽　居昌
靈山　彥陽　鎭海　昌寧　丹城　安陰(安義舊號)。

△韓氏之部

晋州　昌原　金海　密陽　河東　宜寧
昌寧　溟珍(巨濟屬縣)　山陰(山淸舊號)。

△吳氏之部

咸陽　三嘉　晋州　昌原　金海　陜川
昆陽　固城　南海　泗川　靈山　昌寧
岳陽(晋州屬縣)　山陰(山淸舊號)　皆品(山淸地方)　新繁(宜寧屬縣)。

△姜氏之部

晋州　金海　密陽　河東　梁山　宜寧
感陰(安義屬縣)。

△沈氏之部

宜寧　晋州　昌原　金海　密陽　咸陽
南海　山陰(山淸舊號)。

△安氏之部

晋州　金海　南海　靈山　陸昌(靈山地方)　東平
(東萊屬縣)加乙山(安義地方)。

△許氏之部

金海　晋州　密陽　溟珍(巨濟屬縣)　梁州(梁山別號)。

△張氏之部

昌寧　晋州　南海　昌原　金海　密陽
蔚山　河東　咸陽　陜川　草溪　梁山
咸安　固城　彥陽　丹城　機張　熊川

安陰安義舊號

△閔氏之部

密陽。

△任氏之部

晋州　金海　密陽　蔚山　草溪　漆原

永善晋州屬縣　岳陽晋州屬縣　溟珍巨濟屬縣　新繁宜寧屬縣。

△南氏之部

宜寧　固城　晋州　密陽　咸安　南海

居昌　跪村固城地方　釜谷漆原地方　弓叱漆原地方。

△徐氏之部

宜寧　晋州　金海　密陽　咸陽　固城

南海　昌寧　熊川　守山密陽屬縣　安陰安義舊號　感陰安義屬縣　丹溪丹城屬縣　新繁宜寧屬縣　桂城靈山屬縣。

△具氏之部

晋州　金海　密陽。

△成氏之部

昌寧　晋州　金海　密陽　昌原　陜川

咸陽　宜寧　鎭海　班城晋州屬縣。

△宋氏之部

金海　晋州　昌原　東萊　密陽　陜川

咸陽　丹城　漆原　高靈　靈山　昌寧

熊川　冶爐陜川屬縣　河淸巨濟地方　有實昆陽地力　岊山安義地方　丹溪丹城別號　丹城中國人投化。

△兪氏之部

昌原　晋州　金海　密陽　草溪　昆陽

昌寧　金浦昌原屬縣。

△元氏之部

晋州　金海　河東　咸陽。

△黃氏之部

晋州　金海　密陽　陜川　咸陽　淸道

昆陽　泗川　河東　昌寧　昌原　感陰安義屬縣。

△曺氏之部

昌寧　晋州　密陽　蔚山　東萊　巨濟

河東　咸陽　梁山　陝川　南海　靈山
鎭海　咸昌　宜寧　丹城　居昌　溟珍巨濟屬縣　鵝洲巨濟屬縣　古丁巨濟屬縣　竹吐巨濟屬縣　鍊汀巨濟屬縣
馬淺咸陽地方　平山南海屬縣　利安安義別號　加祚居昌屬縣　山陰山淸舊號　皆品山淸地方　三岐山淸地方。

△林氏之部

南海　晋州　金海　密陽　蔚山　陝川
東萊　河東　梁山　昆陽　宜寧　昌寧
居昌　利安安義別號　永善晋州屬縣　義安昌原別號　山陰山淸舊號。

△呂氏之部

咸陽　金海　密陽　昌寧　靈山　宜寧
江陽陝川別號。

△梁氏之部

南海　晋州　昌原　金海　密陽　河東
宜寧　彥陽　利安安義屬縣。

△禹氏之部

晋州　昌原　金海　密陽　東萊　丹城。

△羅氏之部

晋州　金海　昌寧。

△孫氏之部

密陽　晋州　金海　巨濟　咸陽　昆陽
南海　宜寧　丹城　昌寧　岳陽晋州屬縣　松邊巨濟屬縣。

△盧氏之部

晋州　金海　密陽　河東　咸陽　昆陽
固城　宜寧　漆原　昌寧　豐角密陽屬縣。

△魚氏之部

晋州　金海　咸陽。

△睦氏之部

泗川。

△蔡氏之部

晋州　密陽　草溪　咸安　固城　昌寧。

△辛氏之部

靈山　晋州　宜寧　加祚（居昌屬縣）。

△丁氏之部

昌原　晋州　金海　東萊　密陽　咸陽
草溪　宜寧　彥陽　昌寧　居昌　漆原。

△裵氏之部

金海　昆陽　晋州　昌原　密陽　草溪
咸安　固城　南海　靈山　昌寧　丹城
安陰（安義舊號）。

△孟氏之部

密陽　金海　昆陽。

△郭氏之部

晋州　昌原　蔚山　東萊　密陽　河東
草溪　昌寧。

△邊氏之部

晋州　金海　密陽　河東　草溪　咸陽
泗川　昌寧。

△卞氏之部

草溪　密陽　金海　宜寧。

△愼氏之部

居昌　晋州　昌原　密陽　巨濟　昌寧

△慶氏之部

河東。

△白氏之部

南海　晋州　金海　密陽　蔚山　河東
陜川　咸安　昆陽　固城　昌寧　泗川
昆明（昆陽屬縣）　平山（南海屬縣）。

△全氏之部

晋州　昌原　金海　密陽　河東　昆陽
機張　靈山　宜寧　彥陽　丹城　昌寧。

△康氏之部

晋州　金海　密陽　咸陽　宜寧　彥陽。

△高氏之部

晋州　金海　密陽　河東　宜寧　末谷（陜川地方）
坐伊（陜川地方）　蘭浦（南海屬縣）　加乙山（安義地方）。

△田氏之部
晉州　金海　密陽　咸陽　固城　熊川
宜寧　昌寧　豐角(密陽屬縣)　菀浦(熊川屬縣)　三日浦(熊川地方)　安陰(安義舊號)。

△玄氏之部
昌原　金海　密陽　永川　昆陽　宜寧
河陽　漆原　丹城　昌寧　班城(晉州屬縣)　合浦(昌原別號)　安陰(安義舊號)。

△文氏之部
靈山　密陽　昆陽　宜寧　丹城。

△尙氏之部
宜寧。

△河氏之部
晉州　昌原　金海　密陽　河東　昆陽
昌寧　泗川　安陰(安義舊號)　海濱(固城地方)。

△蘇氏之部
金海　密陽　晉州。

△池氏之部
晉州　昌原　金海　密陽　河東　草溪
南海　宜寧　利安(安義別號)。

△奇氏之部
晉州　金海　密陽　河東。

△陳氏之部
南海　晉州　金海　巨濟　草溪　固城
昌寧　宜寧　鎭海　丹城　彥陽　密陽
江陽(陝川別號)　新繁(宜寧屬縣)　桂城(靈山屬縣)。

△庾氏之部
金海。

△延氏之部
密陽　咸陽　晉州　金海。

△朱氏之部
金海　密陽　陝川　草溪　南海　居昌
泗川　晉州　昌原　安陰(安義舊號)。

△周氏之部

草溪　咸安　晉州　密陽　森湖靈山屬縣　班城
晉州屬縣。

△廉氏之部

晉州　宜寧　靈山　昌寧　密陽。

△潘氏之部

巨濟　密陽。

△房氏之部

密陽　梁山。

△方氏之部

金海　密陽　東萊　陜川　梁山　昆陽
宜寧　昌寧。

△孔氏之部

晉州　金海　居昌　宜寧　昌寧　感陰陜川
屬縣　昌原改貫曲阜。

△王氏之部

密陽　東萊。

△劉氏之部

東萊　河東　咸安　固城　宜寧　機張
熊川　晉州　金海　密陽　加祚居昌屬縣　豐角
密陽屬縣。

△秦氏之部

晉州　南海。

△卓氏之部

晉州　金海　密陽　東萊　河東　宜寧。

△咸氏之部

昌寧　密陽　河東　咸陽　宜寧　丹陽
昌寧。

△楊氏之部

晉州　金海　密陽　河東　永善晉州屬縣。

△薛氏之部

巨濟　宜寧　昌寧。

△奉氏之部

金海　河東　咸安。

△太氏之部

密陽　陜川　太山金海地方。
△馬氏之部
晋州　密陽。
△表氏之部
昌原　密陽　昌寧　安陰安義舊號　代如草溪地方。
△余氏之部
密陽　宜寧　草溪　丹溪丹城別號　砥山宜寧地方　山陰山清舊號。
△芮氏之部
金海　密陽　草溪。
△魯氏之部
晋州　昌原　密陽　河東　咸陽　昆陽
昌寧　豆也浦密陽地方　嘉壽三嘉別號。
△玉氏之部
東萊　宜寧　草溪　丹城　班城晋州屬縣　正骨宜寧地方。
△宣氏之部
晋州　固城　河陽。
△都氏之部
密陽　陜川　固城。
△蔣氏之部
密陽　梁山。
△陸氏之部
蔚山　陜川　泗川。
△車氏之部
晋州　昌原　金海　密陽　東萊　河東
昆陽　靈山　南海。
△邢氏之部
晋州　昌原　班城晋州屬縣。
△唐氏之部
密陽。
△仇氏之部
昌寧　昌原　宜寧。
△皮氏之部

咸陽。

△甘氏之部

居昌　昌寧　合浦昌原別號。

△鞠氏之部

晉州。

△承氏之部

密陽　咸陽　金海。

△公氏之部

金海　三岐三嘉別號　川邑熊川地方。

△石氏之部

晉州　金海　密陽　草溪　靈山　昌寧

新繁宜寧屬縣。

△董氏之部

晉州　昌原　金海　河東　南海　宜寧。

△貢氏之部

昌原　昌寧。

△龍氏之部

宜寧。

△史氏之部

晉州　密陽　居昌　加祚居昌屬縣　丹溪丹城別號。

△水氏之部

金海。

△智氏之部

密陽。

△異氏之部

密陽。

△諸氏之部

河陽　漆原　南海　伊音多密陽地方　今音勿密陽地方　江陽陜川別號　龜山柒原屬縣　寺法熊川地方。

△胡氏之部

岳陽晉州屬縣。

△扈氏之部

昌寧　金海　河東　宜寧　靈山。

△午氏之部

密陽。

△啓氏之部

咸陽。

△槐氏之部

昌原。

△苔氏之部

豐角（密陽屬縣）。

△苟氏之部

昌原。

△印氏之部

昌寧。

△晋氏之部

昌原　巨濟　晋州。

△溫氏之部

晋州。

△班氏之部

固城。

△板氏之部

東萊。

△千氏之部

晋州　昌原　密陽　金海　居昌。

△遷氏之部

金海。

△片氏之部

晋州　密陽　草溪。

△和氏之部

平山（南海屬縣）。

△華氏之部

長楊（咸陽屬縣）。

△章氏之部

居昌。

△陽氏之部

金海。

△相氏之部

密陽。

△程氏之部

東萊。

△僧氏之部

密陽　咸安　靈山。

△登氏之部

固城。

△秋氏之部

晋州　金海　密陽　河東　夏山(昌寧別號)。

△陰氏之部

密陽　蔚山。

△森氏之部

嘉壽(三嘉別號)。

△獨氏之部

丹城。

△燭氏之部

金海。

△葛氏之部

鵝洲(巨濟屬縣)　加祚(居昌屬縣)。

△釋氏之部

晋州　金海。

△南宮氏之部

宜寧。

△西門氏之部

安陰(安義舊號)。

△牟氏之部

晋州。

△浪氏之部

晋州。

△荊氏之部

班城(晋州屬縣)。

△段氏之部

晋州。

△景氏之部

密陽。

△門氏之部

慶尙北道

△李氏之部

慶州　星州　眞寶　禮安　永川　咸安　高靈　安東　大丘　善山　青松　仁同　順興　清道　醴泉　榮川　興海　金山　盈德　義城　開寧　寧海　河陽　龍宮　奉化　清河　新寧　聞慶　咸昌　知禮　玄風　迎日　長鬐　京山(星州別號)　碧珍(星州別號)　廣平(星州別號)　加利(星州屬縣)　商山(尙州別號)　杞溪(慶州屬縣)　比安谷(慶州地方)　豐山(安東屬縣)　臨河(安東屬縣)　甘泉(安東屬縣)　海平(善山屬縣)　安德(青松屬縣)　若木(仁同屬縣)　黄金(金山地方)　安心(河陽地方)　迎命(金山地方)　梨旨(新寧屬縣)。

△金氏之部

感陰(安義屬縣)。

慶州　安東　義城　善山　尙州　高靈　龍宮　青松　金山　開寧　星州　大丘　寧海　醴泉　榮川　興海　慶山　順興　仁同　清河　宜寧　奉化　聞慶　玄風　軍威　延日　長鬐　盈德　眞寶　英陽　清道　義興　禮安　英陽(或稱石陵石陵安東別號)　春陽(安東屬縣)　安康(慶州屬縣)　杞溪(慶州屬縣)　吉安(安東屬縣)　甘泉(安東屬縣)　臨河(安東屬縣)　中牟(尙州屬縣)　永順(尙州屬縣)　海上(尙州地方)　加利(星州屬縣)　花園(星州屬縣)　河濱(大丘屬縣)　安德(青松屬縣)　若木(仁同屬縣)　永陽(永川地方)　殷豐(豐基屬縣)　迎命(金山地方)　黄金(金山地方)　缶溪(義興屬縣)　安心(河陽地方)　虎溪(聞慶屬縣)　茂松(龍宮地方)　陽井(龍宮地方)　豐壤(龍宮地方)　河南(龍宮地方)　平丘(龍宮地方)　曲溪(龍宮地方)　德峰

咸昌地方　利安咸昌地方　豐山安東屬縣　海平善山屬縣。

△朴氏之部

高靈　尙州　寧海　比安　慶州　軍威
安東　星州　青松　大丘　順興　善山
仁同　淸道　永川　興海　義城　禮安
龍宮　聞慶　新寧　開寧　知禮　延日
河陽　奉化　慈仁　義興　京山星州別號　豐山
安東屬縣　吉安安東屬縣　青里尙州屬縣　中牟尙州屬縣　長川尙州地方
海上伊尙州地方　禦侮金山屬縣　殷豐豐基屬縣　安心河陽地方　海
平善山屬縣。

△鄭氏之部

延日　慶州　奉化　醴泉　長鬐　盈德
永川　安東　星州　尙州　寧海　善山
青松　仁同　順興　巨濟　大丘　淸道
比安　禮安　龍宮　慈仁　河陽　義城
慶山　淸河　咸昌　玄風　永定豐基別號　仇史
慶州地方　春陽安東屬縣　加利星州屬縣　海平善山屬縣　松生青松屬縣

禦侮金山屬縣　黃山義城地方。

△尹氏之部

醴泉　玄風　永川　新寧　慶州　安東
星州　順興　善山　盈德　奉化　龍宮
野城盈德別號　杞溪慶州屬縣　神光慶州屬縣　臨河安東屬縣　春陽
安東屬縣　加良安東屬縣　長川尙州地方　白原尙州地方　河海尙州地方
壤寧尙州地方　保良尙州地方　連山尙州地方　加利星州地方　松生
青松屬縣　僖川醴泉地方　連川醴泉地方　龍川醴泉地方　買吐奉化地方
勿也奉化地方　梨旨新寧屬縣　加恩聞慶屬縣　咸寧咸昌別號　海平
善山屬縣。

△崔氏之部

慶州　興海　尙州　大丘　寧海　善山
青松　仁同　順興　淸道　榮川　金山
慶山　義城　盈德　河陽　開寧　龍宮
聞慶　咸昌　軍威　延日　禮安　永川
安東　鷄林慶州別號　星山星州別號　多仁醴泉屬縣　安心河陽
地方　豐山安東屬縣。

△柳氏之部

善山　慶州　安東　尙州　星州　大丘
仁同　順興　永川　榮川　興海　盈德
義城　河陽　咸昌　延日　英陽　杞溪（慶州屬縣）　海平（善山屬縣）。

△洪氏之部

慶州　義城　安東　青松　仁同　順興
豐基　尙州　善山　興海　咸昌　玄風
義興　開寧　達城（大丘別號）　永陽（永川別號）　達烏（開寧地方）
豐山（安東屬縣）　茂佽（開寧地方）　下活（開寧地方）　今勿刀（開寧地方）　上
烏知（開寧地方）　缶溪（義興屬縣）。

△申氏之部

高靈　寧海　慶州　安東　星州　尙州
大邱　青松　仁同　順興　淸道　永川
河陽　咸昌　新寧　禮安　延日　長鬐
殷豐（豐基屬縣）　神光（慶州屬縣）　臨河（安東屬縣）　化寧（尙州屬縣）　山陽
（尙州屬縣）　生物（尙州地方）　丹谷（尙州地方）　主善（尙州地方）　解顏（大丘屬縣）

安心（河陽地方）。

△權氏之部

安東　醴泉　慶州　星州　善山　仁同
順興　興海　知禮　高靈　禮安　迎日
迎命（金山地方）。

△趙氏之部

慶州　安東　豐山　尙州　星州　大邱
青松　仁同　順興　淸道　永川　盈德
開寧　禮安　聞慶　龍宮　奉化　眞寶
咸昌　高靈　玄風　迎日　新寧　甘川（安東
地方）　加利（星州屬縣）。

△韓氏之部

慶州　尙州　星州　善山　仁同　順興
青松　玄風　新寧　慈仁　一直（安東屬縣）　若木
（仁同屬縣）　永善（星州地方）。

△吳氏之部

延日　長鬐　義城　慶州　星州　大邱

順興　寧海　仁同　醴泉　金山　淸道
軍威　咸昌　殷豐豐基屬縣　杞溪慶州屬縣　海平善山屬縣
禦侮金山屬縣　春甘眞寶屬縣　巴比眞寶地方　安貞比安屬縣。

△姜氏之部

安東　慶州　尙州　星州　達城　寧海
善山　仁同　順興　豐基　義城　禮安
義興　延日　中牟尙州屬縣　迎命金山地方。

△沈氏之部

靑松　尙州　大丘　仁同　善山　義城
龍宮　玄風　豐山安東屬縣　平安尙州地方　靑里尙州屬縣
禦侮金山屬縣　金川醴泉地方　伐川聞慶地方。

△安氏之部

順興　慶州　安東　尙州　星州　善山
仁同　永川　豐基　盈德　禮安　延日
長鬐　安康慶州屬縣　梨旨新寧地方。

△許氏之部

慶州　安東　仁同　順興　河陽　咸昌

豐山安東屬縣。

△張氏之部

仁同　慶州　尙州　星州　善山　靑松
順興　淸道　榮川　豐基　義城　龍宮
聞慶　咸昌　知禮　高靈　玄風　比安
軍威　義興　延日　長鬐　安東　興海
杞溪慶州屬縣　化寧尙州屬縣　豐山安東屬縣　功城尙州屬縣　靑里
尙州屬縣　連城大丘別號　壽城大丘屬縣　多仁醴泉屬縣。

△閔氏之部

龍宮　延日　玄風　慶州　善山　順興
榮川。

△任氏之部

慶州　安東　大丘　善山　仁同　順興
榮川　咸昌　長鬐　一直安東屬縣　吉安安東屬縣　豐
山安東屬縣　臨河安東屬縣　化寧尙州屬縣　灌濟尙州地方　銀鏡尙州
地方　星山星州別號　河濱大丘屬縣　海平善山屬縣　八莒漆谷別號
助馬金山地方　安貞比安屬縣。

△南氏之部
英陽　慶州　尙州　星州　仁同　金山
義城　禮安。

△徐氏之部
慶州　安東　尙州　善山　仁同　順興
淸道　醴泉　玄風　軍威　延日　龍宮
神光(慶州屬縣)　山陰(淸道舊號)　達城(大丘別號)。

△具氏之部
慶州　安東　尙州　星州　順興。

△成氏之部
慶州　安東　星州　靑松　仁同　義城
咸昌　延日　商山(尙州別號)　功城(尙州屬縣)。

△宋氏之部
慶州　安東　尙州　星州　大丘　善山
靑松　順興　永川　慶山　義城　聞慶
河陽　龍宮　咸昌　高靈　玄風　比安谷
(慶州地方)　河濱(大丘屬縣)。

△兪氏之部
仁同　高靈　慶州　榮川　河陽　杞溪(慶州屬縣)
缶溪(義興屬縣)。

△元氏之部
慶州　興海　玄風。

△黃氏之部
尙州　慶州　安東　星州　大丘　善山
仁同　順興　醴泉　義城　開寧　河陽
龍宮　比安　長鬐　寧海　安康(慶州屬縣)　虎溪
(聞慶屬縣)　靑里(尙州屬縣)　海平(善山屬縣)　多仁(醴泉屬縣)。

△曹氏之部
安東　淸道　慶州　仁同　順興　盈德。
壽城(大丘屬縣)　仍史(慶州地方)　河濱(大丘屬縣)　花園(星州屬縣)。

△林氏之部
醴泉　開寧　慶州　安東　尙州　星州
寧海　靑松　仁同　順興　淸道　永川
興海　金山　龍宮　慶山　義城　河陽

盈德　咸昌　高靈　玄風　義興　禮安
延日　善山　臨河安東屬縣　吉安安東屬縣　海平善山屬縣
甫州醴泉別號。
△呂氏之部
星州　慶州　尙州　咸昌。
△梁氏之部
安東　尙州　星州　善山　仁同　淸道
永川　玄風　新寧　鷄林慶州別號。
△禹氏之部
禮安　榮川　慶州　安東　延日　剛州榮川
別號　杞溪慶州屬州　達城大丘別號。
△羅氏之部
比安　軍威　慶州　尙州　安定比安屬縣　壽城
大丘屬縣　虎溪聞慶屬縣　丹密尙州屬縣。
△孫氏之部
慶州　安東　大丘　寧海　順興　淸道
永川　義城　高靈　玄風　禮安　一直安東

屬縣　丹密尙州屬縣　功城尙州屬縣　茂林尙州地方　海平善山屬縣
安德青松屬縣。
△盧氏之部
尙州　星州　善山　順興　淸道　永川
醴泉　聞慶　咸昌　慶州　安東　達城大丘
別號　松生青松屬縣　安康慶州屬縣。
△睦氏之部
慶州　多仁醴泉屬縣。
△蔡氏之部
慶州　尙州　大丘　仁同　金山　山陽尙州
屬縣。
△辛氏之部
慶州　尙州　豐基　高靈。
△丁氏之部
慶州　安東　星州　善山　仁同　順興
永川　義城　龍宮　新寧　花園星州屬縣　解顏
大丘屬縣。

△裵氏之部
慶州　星州　大丘　興海　安東　尙州
寧海　善山　順興　開寧　高靈　永川
京山星州別號　豐山安東屬縣。

△孟氏之部
慶州　善山　盈德　永川　豐山安東屬縣。

△郭氏之部
玄風　善山　順興　豐基　長鬐　慶州
安東　星州。

△邊氏之部
安東　尙州　大丘　仁同　義城　開寧
加恩聞慶屬縣　興州順興別號。

△卞氏之部
慶州　安東　順興　興海　義城　咸昌
高靈　八莒漆谷別號　仇知玄風地方。

△愼氏之部
青松。

△慶氏之部
慶州　安東　尙州　慶山。

△白氏之部
聞慶　淸道　慶州　安東　尙州　星州
大丘　寧海　善山　仁同　順興　金山
興海　慶山　義興　高靈　開寧　長鬐
解顏大丘屬縣　一直安東屬縣　豐山安東屬縣　河濱大丘屬縣　迎命
金山地方　虎溪聞慶屬縣。

△全氏之部
龍宮　慶山　安東　尙州　慶州　星州
善山　仁同　順興　淸道　金山　醴泉
義城　河陽　義興　開寧　長鬐　一直安東
屬縣　甘泉安東屬縣　豐山安東屬縣　功城尙州屬縣　中牟尙州屬縣
化靈尙州屬縣　灌濟尙州地方　銀鐥尙州地方　海平善山屬縣　青鳧
青松別號　安德青松屬縣　松生青松屬縣　禦侮金山屬縣　殷豐豐基屬縣
安心河陽地方　加恩聞慶屬縣。

△康氏之部

義城　知禮　豐山(安東屬縣。)

△嚴氏之部

尙州　慶州　安東　寧海　善山　仁同

河陽　延日　臺羅(安東地方。)

△高氏之部

慶州　尙州　善山　順興　仁同　開寧

聞慶　高靈　灌濟(尙州地方)　化寧(尙州屬縣)　花園(星州屬縣)

乫項(聞慶地方。)

△田氏之部

慶州　安東　尙州　善山　義城　聞慶

龍宮　延日　長鬐　海平(善山屬縣)　八莒(漆谷別號)　黃

金(金山地方)　達馬(開寧地方。)

△玄氏之部

星州　慶州　尙州　善山　仁同　順興

延日　玄風　八莒(漆谷別號。)

△文氏之部

安東　開寧　善山　淸道　河陽　月城(慶州

別號)　達城(大邱別號)　甘泉(安東屬縣)

△尙氏之部

慶州。

△河氏之部

慶州　安東　尙州　星州　靑松　杞溪(慶州

屬縣。)　鮮顏(大丘屬縣。)

△蘇氏之部

慶州。

△池氏之部

慶州　安東　尙州　寧海　靑松　順興

龍宮　高靈　興海　義城　延日。

△奇氏之部

慶州　安東　杞溪(慶州屬縣。)

△陳氏之部

慶州　尙州　星州　大丘　善山　仁同

順興　興海　豐基　開寧　河陽　龍宮

咸昌　禮安　延日　英陽　玄風　永川

福州安東別號　南調興德地方　陽寶尙州地方。

△庾氏之部

慶州。

△琴氏之部

奉化　安東。

△吉氏之部

善山　高靈　河陽　宜仁禮安地方　加恩聞慶屬縣　海平善山屬縣。

△延氏之部

慶州　寧海　善山　順興　榮川　永州永川　別號　加恩聞慶屬縣。

△朱氏之部

慶州　安東　尙州　大邱　順興　永川

興海　盈德　義城　河陽。

△周氏之部

尙州　豐基　慶州　順興　延日　慈仁

杞溪慶州屬縣　永順尙州屬縣。

△廉氏之部

尙州　慶州　星州　順興　永川　知禮

高靈。

△房氏之部

盈德　義城。

△方氏之部

尙州　軍威　善山　興海　慶州　安東

大丘　盈德　義城　咸昌　禦侮金山屬縣　榮州

榮川別號　山陽尙州屬縣　化寧尙州屬縣　中牟尙州屬縣　平山尙州地方

柄谷聞慶地方　絹川聞慶地方　高谷聞慶地方　馬梁聞慶地方。

△孔氏之部

慶州　淸道　興海　淸河。

△王氏之部

興海。

△偰氏之部

慶州。

△劉氏之部

慶州　安東　尙州　星州　善山　青松
仁同　順興　盈德　義城　開寧　河陽
玄風　軍威　義興　延日　英陽　大丘
杞溪慶州屬縣　孝靈軍威屬縣。

△秦氏之部
豐基　榮川　慶州　安東　永川。

△卓氏之部
慶州　安東　尙州。

△咸氏之部
慶州　尙州　義城　延日　英陽　開寧。

△楊氏之部
慶州　安東　青松　興海　杞溪慶州屬縣。

△薛氏之部
慶州　尙州　善山　義城　安德青松屬縣。

△奉氏之部
慶州　河陽。

△太氏之部
慶州　尙州　順興　永川　義城　玄風
永順尙州屬縣　弓爾醴泉地方。

△馬氏之部
順興　義城　高靈　玄風　安東。

△表氏之部
慶州　尙州　大丘　仁同　興海　比安。

△殷氏之部
大丘　楡谷星州村名。

△卜氏之部
烏川延日別號。

△芮氏之部
義城　義興　缶溪義興屬縣。

△牟氏之部
淸道　解顏大丘屬縣　海平善山屬縣。

△魯氏之部
慶州　豐基　義城　開寧　安心河陽地方。

△玉氏之部

安東　達城大丘別號。

△宣氏之部

慶州　義城。

△都氏之部

慶州　尙州　金山。

△蔣氏之部

義城　聞慶　青鳧青松別號。

△陸氏之部

大丘。

△魏氏之部

慶州　星州。

△車氏之部

慶州　尙州　星州　善山　永川　豐基
龍宮　高靈　延日　杞溪慶州屬縣。

△唐氏之部

慶州。

△仇氏之部

平安尙州地方　利安咸昌地方　多比開寧地方　今勿開寧地方　上烏
知開寧地方　下活谷開寧地方　戊欣開寧地方　達烏開寧地方。

△明氏之部

淸河　大丘　寶珍醴泉地方　孝川醴泉地方。

△皮氏之部

慶州　安東　善山　豐基。

△鞠氏之部

大丘。

△承氏之部

延日。

△公氏之部

慶州。

△石氏之部

慶州　尙州　星州　寧海　順興　淸道
永川　杞溪慶州屬縣　仇史慶州地方　花園星州屬縣。

△董氏之部

安東　寧海　永川　榮川　淸河。

△貢氏之部

仁同。

△鳳氏之部

慶州。

△龍氏之部

安東。

△邦氏之部

豐基　醴泉。

△史氏之部

順興　義城　新寧。

△楚氏之部

星州。

△蘆氏之部

慶州　尙州。

△夫氏之部

義城。

△扈氏之部

慶州。

△遇氏之部

星州。

△埶氏之部

壽城（大丘屬縣）。

△桂氏之部

慶州。

△艾氏之部

榮川。

△甄氏之部

慶州　善山。

△賓氏之部

大丘　壽城（大丘屬縣）。

△彬氏之部

大丘。

△卯氏之部

慶州　禮安。

△晉氏之部
玄風。
△昕氏之部
醴泉。
△溫氏之部
慶州。
△門氏之部
仁同。
△袁氏之部
比屋比安別號。
△干氏之部
慶州。
△簡氏之部
慶州　仁同。
△錢氏之部
聞慶　知禮　缶溪義興屬縣。
△千氏之部
慶州　安東　尙州　星州　大丘　善山
靑松　順興　淸道　永川　眞寶　咸昌
義興　延日　杞溪慶州屬縣。
△片氏之部
慶州　安東　星州　順興。
△要氏之部
大丘。
△邵氏之部
慶州。
△陶氏之部
慶州。
△好氏之部
大丘。
△賈氏之部
禮安
△夏氏之部
大丘。

△芳氏之部
聞慶。
△將氏之部
慶州。
△仰氏之部
延日。
△程氏之部
慶州。
△彭氏之部
榮州　勿失比安地方　下筆站比安地方。
△庚氏之部
慶州。
△荊氏之部
安心河陽地方。
△榮氏之部
永川。
△景氏之部

慶州。
△勝氏之部
延日。
△秋氏之部
禮安　開寧　高靈　大丘　慶州　安東
尙州。
△守氏之部
慶州。
△陰氏之部
慶州　豐基。
△尋氏之部
開寧。
△曲氏之部
龍宮。
△葛氏之部
比安谷慶州地方　花園星州屬縣。
△澤氏之部

孝令(軍威屬縣)。

△昔氏之部

月城(慶州別號)。

△益氏之部

杞溪(慶州屬縣)。

△國氏之部

玄風　英陽。

△皇甫氏之部

永川。

△司空氏之部

孝靈(軍威屬縣)。

△僧氏之部

慶州。

△馮氏之部

慶州。

△蒙氏之部

奉化。

△遷氏之部

慶州。

△釋氏之部

慶州。

全羅南道

△李氏之部

咸平　興陽　光陽　羅州　綾州　長興

寶城　靈巖　靈光　珍島　樂安　昌平

南平　同福　谷城　務安　潭陽　光州

長城　保城(邑屬未改一作寶城)　水多(羅州地方)　會寧(長興屬縣)　富

有(順天屬縣)　原栗(潭陽屬縣)　彌力(寶城地方)　臨淄(靈光屬縣)　造紙(靈光)

地方　望雲靈光地方　義新珍島地方　海濱咸平屬縣　永登咸平地方
耽津唐津別號　南陽興陽屬縣。

△金氏之部
光州　靈光　康津　樂安　羅州　珍島
靈巖　光陽　濟州　綾州　長興　潭陽
長城　寶城　昌平　玉果　南平　務安
求禮　谷城　和順　興陽　海南　安老羅州
屬縣　通義羅州別號　潘南羅州屬縣　伏龍羅州屬縣　長山羅州屬縣
艅艎羅州屬縣　會津羅州屬縣　良苽光州地方　慶旨光州地方　碧津
光州地方　富有順天屬縣　栗村順天地方　正方順天地方　貞石潭陽地方
兆陽寶城屬縣　臨淄靈光地方　深井靈光地方　懷義靈光地方　松旨
靈光地方　弘農靈光地方　望雲靈光地方　嘉興珍島屬縣　義新珍島地方
加用樂安地方　長平昌平地方　阿磨光陽地方　咸豐咸平別號　耽津
唐津別號　永可唐津地方　鐵冶南平屬縣　南陽興陽屬縣　玉泉海南屬縣
珍山海南地方　八馬海南地方。

△朴氏之部
順天　務安　靈巖　麗水　羅州　濟州
光州　長興　潭陽　寶城　靈光　樂安
昌平　咸平　光陽　同福　谷城　南平
海南　潘南羅州屬縣　丘珍長城屬縣　押海羅州屬縣　遂寧長興
屬縣　伏龍羅州屬縣　從義羅州地方　任城羅州地方　安壤長興地方
進禮順天地方　別良順天地方　赤良順天地方　栗村順天地方　召羅
順天地方　豆仍順天地方　正方順天地方　三日浦順天地方　上伊沙
順天地方　嘉音順天地方　原栗潭陽屬縣　臨淄靈光屬縣　陳粮靈光地方
臨淮珍島屬縣　永豐咸平地方　竹山海南屬縣　玉泉海南屬縣　道康
康津別號　平德康津別號。

△鄭氏之部
光州　羅州　濟州　綾州　長興　潭陽
突山　長城　靈巖　珍島　靈光　寶城
康津　南平　務安　同福　興陽　光陽
海南　赤良順天地方　咸豐咸平屬縣　牟平咸平地方　永豐咸平
地方　耽津康津別號。

△尹氏之部
漆原　海南　突山　靈光　康津　南平

務安　和順　榮山羅州屬縣　極浦羅州地方　群山羅州地方　長澤長興屬縣　陳粮靈光地方　多慶咸平地方　竹山海南屬縣　紗羅海南屬縣　玉泉海南地方。

△崔氏之部

靈巖　順天　光陽　羅州　濟州　綾州　長興　潭陽　長城　靈光　珍島　咸平　南平　谷城　海南　昌平　和順　耽津康津別號　光山光州別號　潭州潭陽別號　森溪靈光別號　臨淮珍島屬縣　仇良海南地方　本井光陽地方　阿磨代光陽地方。

△柳氏之部

靈光　羅州　濟州　綾州　長興　光陽　大靜　高興興陽別號　豐山興陽屬縣　陸昌靈光屬縣　居平羅州地方　光山光州別號　昆湄靈巖屬縣。

△洪氏之部

羅州　濟州　南平　潘南羅州屬縣。

△申氏之部

谷城　羅州　光州　潭陽　昌平　咸平　興陽　務安　會津羅州屬縣　光山光州別號　馬良長城地方　丁火長興地方　進禮順天地方　永可康津地方　道陽興陽屬縣　荳原興陽屬縣　加乙坪興陽地方。

△權氏之部

羅州　靈光　潘南羅州屬縣。

△趙氏之部

康津　羅州　光州　長興　順天　潭陽　長城　靈光　珍島　樂安　昌平　咸平　玉果　南平　興陽　濟州　艅艎羅州屬縣　平陽順天別號　紗羅海南屬縣。

△韓氏之部

綾州　濟州　長興　順天　靈光　珍島　咸平　康津　泰江興陽屬縣。

△吳氏之部

同福　寶城　羅州　咸平　和順　樂安　長興　濟州　光州　綾州　順天　靈巖　鎭南　興陽　谷城　海南　南平　荳原興陽

（屬縣）　珍原（長城屬縣）　孫利（羅州地方）　原栗（潭陽屬縣）　沙於（寶城地方）　豐安（興陽屬縣）　道化（興陽屬縣）　福川（同福屬縣）　紗羅（海南屬縣）　水雲（康津地方）　牟平（咸平地方）。

△姜氏之部

同福　光州　羅州　綾州　咸平　谷城　海南。

△沈氏之部

羅州　昌平　南平　富有（順天屬縣）。

△安氏之部

光州　濟州　長興　順天　寶城　昌平　咸平　興陽　海南　耽津（康津別號）　珍原（長城屬縣）　平德（康津地方）　玉泉（海南屬縣）。

△許氏之部

光州　綾州　濟州　昆湄（靈巖屬縣）　道康（康津別號）　荳原（興陽屬縣）。

△張氏之部

求禮　康津　順天　羅州　光州　長城　長興　潭陽　靈光　珍島　光陽　咸平　南平　務安　同福　興陽　寶城　綾城（綾州別號）　長山（羅州屬縣）。

△閔氏之部

羅州　海南。

△任氏之部

長興　谷城　羅州　光州　長城　昌平　南平　興陽　求禮　珍島　咸豐（咸平別號）　長山（羅州屬縣）　沙等（求禮地方）　語山（長興地方）　嘉興（珍島地方）　上伊沙（順天地方）　貢牙（靈光地方）　義新（珍島地方）　道康（康津別號）　泰江（興陽屬縣）　豐安（興陽屬縣）。

△南氏之部

羅州　長興　南平　押海（羅州屬縣）　長山（羅州屬縣）　潘南（羅州屬縣）。

△徐氏之部

長城　南平　羅州　光州　順天　寶城　昌平　光陽　同福　務安　求禮　海南

安老羅州屬縣　會津羅州屬縣　綾城綾州別號　造紙靈巖地方　大口康津地方　鐵冶南平屬縣。

△具氏之部

長城　光陽　興陽　綾城綾州別號　耽津康津別號。

△成氏之部

光州　長興　昌平　同福　會寧長興屬縣　森溪靈光屬縣。

△宋氏之部

羅州　綾州　順天　潭陽　靈光　南平

興陽　玉果　海南　潘南羅州屬縣　押海羅州屬縣　南陽興陽屬縣　竹山海南屬縣　紗羅海南屬縣。

△兪氏之部

務安　康津　羅州　長城　潭陽　昌平

咸平　南平　和順　群山羅州地方　任城羅州地方　水多羅州地方　弘農靈光地方　多慶咸平地方　永豐咸平地方。

△元氏之部

羅州　順天　光山光州別號　長平昌平地方。

△黃氏之部

羅州　光州　長興　靈巖　樂安　昌平

南平　玉果　光陽　和順　榮山羅州屬縣　別良順天地方　臨淄靈光屬縣　金山玉果地方　道康康津別號。

△曺氏之部

南平　長興　昌平　羅州　南原　靈光

靈巖　務安　綾城綾州別號　玉州靈光地方　嘉興珍島屬縣

潘南羅州屬縣　會津羅州屬縣　伏龍羅州屬縣　艅艎羅州屬縣　召羅順天地方　嘉音順天地方　遂寧長興屬縣　陸昌靈光地方　北平靈巖地方

泰江興陽屬縣　耽津康津別號　大谷康津地方　雲水康津地方　黃原海南屬縣　玉山海南屬縣。

△林氏之部

羅州　濟州　光州　綾州　順天　寶城

靈巖　珍島　靈光　昌平　務安　康津

谷城　玉果　興陽　會津羅州屬縣　兆陽寶城屬縣　潘南羅州屬縣　居平羅州地方　松林順天地方　下沙伊順天地方　長澤長興屬縣　福城寶城屬縣　南田求禮地方。

△呂氏之部

順天　昌平　谷城　光山（光州別號）　上伊沙（順天地方）

豆平（順天地方）　嘉興（珍島屬縣）。

△梁氏之部

濟州　羅州　靈光　光陽　南平　興陽

會津（羅州屬縣）　光山（光州屬縣）。

△禹氏之部

濟州　光州　昌平。

△羅氏之部

羅州　濟州　光州　靈光　義新（珍島地方）。

△孫氏之部

求禮　羅州　光陽　興陽　森溪（靈光屬縣）。

△盧氏之部

光州　靈光　羅州　濟州　綾州　順天

突山　長城　寶城　昌平　海南　務安

南平　咸平　福城（寶城屬縣）　鐵冶（南平屬縣）　海際（咸平屬縣）。

△魚氏之部

長興　咸平。

△睦氏之部

南平。

△蔡氏之部

綾州　南平　光州　潘南（羅州屬縣）　長山（羅州屬縣）。

△辛氏之部

羅州　靈巖　靈光　昌平　光陽　興陽

海南　金溝　召羅（順天地方）　梨坪（順天地方）　嘉音（順天地方）

豆仍（順天地方）　赤良（順天地方）　長平（昌平地方）　海際（咸平屬縣）。

△丁氏之部

羅州　光州　長興　突山　昌平　南平

務安　興陽　押海（羅州屬縣）　武靈（靈光別號）　陸昌（靈光地方）

弘農（靈光地方）　嘉興（珍島屬縣）　泰江（興陽屬縣）。

△裵氏之部

和順　順天　長城　靈巖　康津　求禮

興陽　海南　栗原（潭陽屬縣）　昆湄（靈光屬縣）　臨淮（珍島屬縣）。

△郭氏之部

羅州　光州　昌平　南平　求禮。

△邊氏之部

羅州　長興　咸平　南陽（興陽屬縣）。

△卞氏之部

羅州　濟州　長城。

△愼氏之部

玉泉（海南屬縣）。

△慶氏之部

寶城。

△白氏之部

羅州　濟州　綾州　長興　順天　長城
靈光　務安　南平　海南　安壤（長興地方）　召羅（順天地方）　松林（順天地方）　嘉音（順天地方）　七陽（康津地方）　仇良（海南地方）。

△全氏之部

羅州　濟州　光州　綾州　潭陽　順天
寶城　靈光　昌平　玉果　光陽　求禮
咸平　海南　安老（羅州屬縣）　進禮（順天地方）　正方（順天地方）
兆陽（寶城屬縣）　松旨（靈光地方）　葱谷（興陽地方）　竹山（海南屬縣）　玉泉（海南屬縣）　杻峴（海南地方）　臨河（海南屬縣）。

△康氏之部

濟州　順天　寶城　和順　昇平（順天別號）　栗村（順天別號）。

△嚴氏之部

濟州　光州　靈巖　光陽。

△高氏之部

濟州　長興　羅州　玉果　康津　興陽
海南　潭陽　長澤（長興屬縣）　荳原（興陽屬縣）。

△田氏之部

靈光　潭陽　羅州　光州　光陽　興陽
珍原（長城屬縣）　進禮（順天地方）　召羅（順天地方）　昆湄（靈巖屬縣）　森溪（靈光屬縣）　兆陽（寶城屬縣）。

△玄氏之部

順天　潭陽　靈光　寶城　羅州　濟州
光州　富有（順天屬縣）　赤良（順天地方）　長平（昌平地方）　道康（康津）

別號。

△文氏之部

南平　羅州　光州　咸平　務安　長興

順天　昌平　海南　綾城綾州別號　昇平順天別號　八

馬順天地方　原栗潭陽屬縣　珍原長城屬縣　福城寶城屬縣。

△河氏之部

南平　濟州　和順　綾州　長興　順天

栗谷谷城地方　咸豐咸平屬縣　金磨羅州地方　耽津康津別號　溟津

康津屬縣。

△蘇氏之部

綾州　兆陽寶城屬縣　嘉興珍島屬縣。

△池氏之部

羅州　濟州　光州　寶城　靈巖　谷城

海南。

△陳氏之部

羅州　光州　濟州　潭陽　南平　求禮

昇平順天別號　甲鄉昌平地方。

△庾氏之部

光州　興德　伏龍羅州屬縣　昆湄靈光屬縣　兆陽寶城屬縣

荳原興德屬縣。

△延氏之部

羅州　谷城。

△朱氏之部

濟州　光州　靈光　樂安　務安　羅州

艅艎羅州屬縣　潭州潭陽別號　綾城綾州別號　押海羅州屬縣。

△周氏之部

長興　靈光　樂安　靈巖　濟州　押海羅州

屬縣　會寧長興屬縣。

△廉氏之部

靈巖　靈光　康津　谷城　順天　潭陽

海南　羅州。

△潘氏之部

光州　濟州　興陽　南平　鐵首南平屬縣　海際

咸平屬縣。

△房氏之部
順天　潭陽。
△方氏之部
羅州　光州　南平　谷城　海南　務安
鐵冶南平屬縣。
△孔氏之部
羅州　長城　昌平。
△劉氏之部
羅州　光州　長城　靈光　昌平　咸平
南平　興陽　耽津康津別號　古今島康津地方　放光求禮
地方。
△秦氏之部
羅州　光州　海南　濟州。
△卓氏之部
光州　昌平　咸平。
△咸氏之部
羅州　濟州　咸平　康津　南平　谷城

遂寧長興屬縣。
△楊氏之部
羅州　濟州　臨淄靈光屬縣　海際咸平屬縣　鐵冶咸平屬縣。
△薛氏之部
潭陽　順天　賓城。
△太氏之部
羅州。
△馬氏之部
長興　羅州　濟州　光州　南平　求禮
谷城　海南。
△袁氏之部
羅州　濟州　興陽　有恥康津地方　冶村寶城地方　道
康康津別號。
△余氏之部
谷城。
△芮氏之部
務安。

△牟氏之部
務安　牟平（咸平屬縣）　咸豐（咸平別號）。
△魯氏之部
羅州　光州　長城　康津　潭陽　咸豐（咸平別號）。
△玉氏之部
貢牙（靈光地方）。
△宣氏之部
寶城　光州　長城　同福　順天。
△蔣氏之部
光州。
△陸氏之部
靈巖　咸平。
△魏氏之部
長興　遂寧（長興屬縣）。
△車氏之部
羅州　光州　潭陽　順天　長城　光陽　南平　海南　安老（羅州屬縣）　栗村（順天地方）　阿磨代（光陽地方）　骨若（光陽地方）　本井（光陽地方）。
△邢氏之部
長興　會寧（長興屬縣）。
△唐氏之部
靈光。
△仇氏之部
伏龍（羅州屬縣）。
△皮氏之部
濟州　綾州　康津。
△鞠氏之部
靈光　福城（寶城屬縣）。
△承氏之部
光州。
△公氏之部
森溪（靈光屬縣）。
△石氏之部

長興　珍島　濟州　安山順天屬縣。

△宗氏之部

黃原海南屬縣。

△鍾氏之部

靈巖　旌義　荳原興陽屬縣。

△龍氏之部

海南　順天。

△種氏之部

昆湄靈光地方。

△江氏之部

押海羅州屬縣。

△邦氏之部

務安　永多羅州地方。

△諸氏之部

玉果。

△胡氏之部

羅州。

△夫氏之部

濟州。

△固氏之部

押海羅州屬縣。

△嵆氏之部

靈巖　長興　鎭南靈巖地方。

△桂氏之部

羅州　海南。

△海氏之部

靈巖。

△賓氏之部

陸昌靈光地方。

△彬氏之部

潭陽。

△印氏之部

羅州　昇平順天別號。

△晋氏之部

南平。

△雲氏之部

長興。

△溫氏之部

羅州。

△門氏之部

竹山海南屬縣。

△干氏之部

羅州。

△簡氏之部

靈光。

△千氏之部

羅州　濟州　光州　綾州　長興　順天
咸平　光陽。

△片氏之部

羅州　光州　靈光　康津。

△陶氏之部

順天　別良順天地方　竹靑順天地方。

△何氏之部

道民南平地方。

△和氏之部

同福　寶城。

△佐氏之部

大靜。

△化氏之部

伏龍羅州屬縣　艅艎羅州屬縣。

△章氏之部

福城寶城屬縣。

△良氏之部

濟州。

△倉氏之部

長城。

△昌氏之部

長城。

△程氏之部

光州　永豐咸平屬縣。

△平氏之部

嘉興珍島屬縣。

△寗氏之部

樂安。

△秋氏之部

羅州　綾州　樂安　康津　順天　興陽

海南。

△裘氏之部

濟州。

△陰氏之部

光州。

△范氏之部

羅州　光州。

△碣氏之部

牟平咸平別號。

△葛氏之部

海南　黄原海南屬縣。

△釋氏之部

靈光　光山光州別號。

△南宮氏之部

康津　光陽。

△司空氏之部

居平羅州地方。

△獨孤氏之部

羅州。

△司馬氏之部

居平羅州地方。

全羅北道

△李氏之部

全州　錦山　龍潭　長水　礪山　古阜　益山　淳昌　龍安　臨陂　扶安　井邑　珍山　沃溝　南原　金溝　泰仁　高敞　任實　居寧（南原屬縣）　大谷（錦山地方）　櫟陽（金溝屬縣）　皮堤（礪山地方）　安城（錦山地方）　大栗（金溝地方）　公村（礪山地方）　富潤（萬頃屬縣）　朱溪（茂朱別號）　赤城（淳昌屬縣）　泥波（萬頃地方）　黑石（益山地方）　柳等（淳昌地方）　鎭安（或作本全州）　平皐（金堤屬縣）　置等（淳昌地方）　利城（全山屬縣）　才南（金堤地方）　豆毛（全州地方）　水金（古阜地方）　横井（珍山地方）　馬靈（鎭安屬縣）　雨日（古阜地方）　長溪（長水屬縣）　陽岳（長水地方）　福興（長水地方）　茂松（茂長別號）。

△金氏之部

扶安　茂朱　龍潭　錦山　益山　淳昌　臨陂　雲峰　全州　古阜　萬頃　珍山　南原　礪山　金堤　高山　泰仁　沃溝　興德　高敞　鎭安　雨日（古阜地方）　黑石（益山地方）　置等（淳昌地方）　大栗（金溝地方）　横川（錦山地方）　富安（古阜地方）　高堤（珍山地方）　泥波（萬頃地方）　景明（全州地方）　水全（古阜地方）　金巖（珍山地方）　保安（扶安別號）　荒調（古阜地方）　横程（珍山地方）　豐堤（龍安屬縣）　德林（古阜地方）　澮尾（沃溝屬縣）　茂松（茂長別號）　長溪（長水屬縣）　桃田（咸悅地方）　馬靈（鎭安地方）　阿要（雲峰地方）。

△朴氏之部

雲峰　龍潭　礪山　萬頃　益山　珍山　臨陂　淳昌　南原　金堤　錦山　高敞　茂豐　古阜　沃溝　扶安　咸悅　高山　長水　朱溪（茂朱別號）　荒調（古阜地方）　泰山（泰仁別號）　雨日（古阜地方）　完山（全州別號）　紆州（全州屬縣）　横井（珍山地方）　綾鄕（泰仁地方）　大谷（錦山地方）　大良坪（高敞地方）。

△鄭氏之部

全州　南昌　淳昌　雲峰　紆州（全州屬縣）　大谷

錦山地方　利城全州屬縣　金巖珍山地方。

△尹氏之部

南原　茂朱　扶安　高敞　龍潭　泰仁

全州　井邑　雨日古阜地方　馬川金堤地方　德林古阜地方。

△崔氏之部

全州　礪山　錦山　珍山　金堤　泰仁

咸悅　金溝　南原　龍潭　興德　雲峰

長水　鎭安　扶安　利城全州屬縣　豆毛全州地方　皮

堤礪山別號　朱溪茂朱別號　紆州全州屬縣　甘勿土淳昌屬縣　櫟陽

金溝屬縣　巨野金溝屬縣　陶成高敞地方　德岩高敞地方　茂長高敞地方

陽岳長水地方。

△柳氏之部

全州　南原　龍安　咸悅　興德　紆州全州

屬縣　大谷錦山地方　長溪長水屬縣。

△洪氏之部

全州　南原　益山　淳昌　長水　鎭安

紆州全州屬縣。

△申氏之部

南原　茂朱　高山　茂長　完山全州別號　澮尾

沃溝屬號　九皐任實屬縣　醉仁任實地方　泥波萬頃地方　丹川茂朱別號。

△權氏之部

完山全州別號。

△趙氏之部

淳昌　金堤　全州　南原　古阜　錦山

珍山　興德　龍安　咸悅　扶安　沃溝

長水　富潤萬頃屬縣　伊城全州屬縣　朗山礪山屬縣　福興淳昌

屬縣　豐堤龍安屬縣　倉山龍安地方　桃田咸悅地方　仁義泰仁屬縣

德興長水地方。

△韓氏之部

扶安　益山　錦山　古阜　臨陂　鎭安

泰仁　長水　全州　保安扶安屬縣　居寧南原屬縣　朱

溪茂朱別號　馬靈鎭安屬縣。

△吳氏之部

高敞　南原　錦山　龍安　長水　全州

扶安　沃溝　朗山礪山屬縣　礪良礪山別號　平皐金堤別號
巨野金溝屬縣　豐堤龍安屬縣　倉山龍安地方。

△姜氏之部

礪山　古阜　龍潭　高山　長水　完山全州
別號　朱溪茂朱別號。

△沈氏之部

全州　礪山　茂長　茂豐茂朱別號。

△安氏之部

全州　南原　大谷錦山地方　保安扶安別號　長溪長水屬縣。

△許氏之部

泰仁　全州　南原。

△張氏之部

興德　沃溝　扶安　南原　礪山　淳昌
古阜　錦山　龍潭　龍安　咸悅　泰仁
井邑　鎭安　茂長　長水　金溝　尙質興德
別號　紆州全州屬縣　沃野全州屬縣　伊城全州屬縣　楡谷南原屬縣
荒調古阜地方　富利錦山屬縣　富潤萬頃屬縣　澮尾沃溝屬縣　桃田
咸悅地方　馬靈鎭安屬縣　櫟陽金溝屬縣。

△閔氏之部

泰仁。

△任氏之部

全州　南原　龍潭　扶安　任實　泰仁
沃溝　沃野全州屬縣　景明全州地方　楡谷南原屬縣　富利錦山
地方　保安扶安屬縣。

△南氏之部

全州　古阜　南原。

△徐氏之部

全州　南原　茂朱　古阜　扶安　泰仁
任實　長水　礪山　福興淳昌屬縣。

△具氏之部

南原。

△成氏之部

全州。

△宋氏之部

礪山　泰仁　沃溝　全州　南原　益山　錦山　高敞　興德　臨陂　禿邊古阜地方　雨日　古阜地方　安城錦山地方　赤城淳昌屬縣　大安淳昌地方　陳粮淳昌地方　柳等淳昌地方　澮尾沃溝屬縣　雲梯高山屬縣　仁義泰仁屬縣　馬靈　鎭安屬縣　保安扶安別號　福興淳昌屬縣。

△俞氏之部

全州　南原　茂朱　龍安　扶安　長水　長沙茂長別號　朗山礪山屬縣　嘉興珍山屬縣　雲梯高山屬縣　豐堤　龍安屬縣　倉山龍安地方。

△元氏之部

全州　南原　益山。

△黃氏之部

長水　扶安　全州　礪山　南原　益山　古阜　泰仁　紆州全州屬縣　礪良礪山別號　居寧南原屬縣　茂豐茂朱別號　富利錦山屬縣　大谷錦山地方　赤城淳昌屬縣　泥波　萬頃地方　九皐任實屬縣　保安扶安屬縣　長溪長水屬縣。

△曹氏之部

全州　淳昌　錦山　金溝　泰仁　興德　富安古阜地方　坐卿興德地方　北調興德地方。

△林氏之部

扶安　淳昌　沃溝　全州　南原　礪山　茂朱　古阜　錦山　龍潭　臨陂　咸悅　茂長　鎭安　益山　保安扶安屬縣　沃野全州屬縣　南　田南原地方　福興淳昌屬縣　置等淳昌地方　德林古阜地方　雨日古阜　地方　禿邊古阜地方　福興長水地方　豐堤龍安屬縣　九皐任實屬縣。

△呂氏之部

全州　礪山　平皐金堤屬縣　武城泰仁別號。

△梁氏之部

南原　全州　錦山　沃野全州屬縣　安城錦山地方。

△禹氏之部

全州。

△羅氏之部

全州　扶安　陽良全州地方。

△孫氏之部

全州　南原　錦山　興德　扶寧（扶安屬縣）　利城（全州屬縣）　楡谷（南原屬縣）　朱溪（茂朱屬縣）　猿山（珍山地方）　橫川（錦山地方）　豐堤（龍安屬縣）。

△盧氏之部

萬頃　全州　礪山　臨陂　金溝

△魚氏之部

全州　咸悅。

△睦氏之部

全州　泰仁。

△蔡氏之部

全州。

△辛氏之部

全州　南原　雲峰　高山　扶寧（扶安別號）。

△丁氏之部

全州　礪山　錦山　長沙（茂長別號）。

△裵氏之部

全州　南原　礪山　古阜　淳昌　沃溝　高山　紆州（全州屬縣）　伊城（全州屬縣）　景明（全州地方）　富利（錦山屬縣）　雲梯（高山屬縣）　長溪（長水屬縣）。

△孟氏之部

全州　淳昌。

△郭氏之部

全州　南原　萬頃　平皐（金堤屬縣）　巨野（金溝屬縣）　從政（金溝地方）。

△邊氏之部

全州　南原　珍山　扶安　紆州（全州屬縣）。

△卞氏之部

全州　泰仁。

△慶氏之部

扶安　南原　長水。

△白氏之部

全州　南原　礪山　益山　古阜　錦山

淳昌　任實　沃溝　高山　興德　利城全州屬縣　陽良全州地方　居寧南原屬縣　公村礪山地方　德林古阜地方　雨日古阜地方　置等淳昌地方　雲梯高山屬縣　長溪長水屬縣　毛助古阜地方。

△金氏之部

鎭安　古阜　淳昌　沃溝　高山　任實　咸悅　扶安　完山全州別號　楡谷南原屬縣　澮尾沃溝屬縣　馬靈鎭安屬縣。

△康氏之部

龍潭　臨陂　光陽　任實　全州　朱溪茂朱別號　陽良全州地方。

△嚴氏之部

龍潭　扶安　全州　茂長　井邑。

△高氏之部

龍潭　全州　南原　礪山　高山　長水　扶安　沃溝　伊城全州屬縣　瀛州古阜別號　禿邊古阜地方　横程珍山地方　亘野金溝屬縣　從政金溝地方　泥波萬頃地方。

△田氏之部

全州　南原　茂朱　金溝　龍安　雲峰　泰山泰仁別號　櫟陽金溝屬縣　亘野金溝屬縣　大谷泰仁地方　九皐任實屬縣。

△玄氏之部

全州　茂朱　朗山礪山別號　赤城淳昌屬縣　長溪長水屬縣　長沙茂長別號　倉山龍安地方。

△文氏之部

全州　南原　沃溝　鎭安　任實　玉果　雲峰　泰仁　龍潭　珍山　淳昌　興福玉果地方　金山玉果地方　阿要雲峰地方　平皐金堤屬縣。

△河氏之部

全州　古阜　珍山　扶安　茂豐茂朱別號　朱溪茂朱別號　富利錦山屬縣　大谷錦山地方。

△蘇氏之部

益山。

△池氏之部

全州　咸悅　高山。

△奇氏之部

全州　南原。

△陳氏之部

全州　南原　礪山　益山　珍山　任實

高敞　興德　臨陂　楡谷（南原屬縣）。

△庾氏之部

全州　泰仁。

△延氏之部

全州。

△朱氏之部

全州　南原　礪山　興德　茂豐（茂朱別號）　朱溪

（茂朱別號）。

△周氏之部

全州。

△廉氏之部

全州　茂朱　金堤　淳昌　龍潭　咸悅

茂長　南原　紆州（全州屬縣）　伊城（全州屬縣）　沃野（全州屬縣）

福興（長水地方）。

△房氏之部

南原。

△方氏之部

全州　茂朱　錦山　萬頃　泰仁　茂長

鎭安　櫟陽（金溝屬縣）。

△孔氏之部

南原　錦山　井邑　全州。

△王氏之部

全州。

△劉氏之部

全州　茂朱　南原　古阜　淳昌　錦山

龍安　鎭安　任實　沃溝　陽良（全州地方）　放光

（南原地方）　阿要（雲峰地方）。

△秦氏之部

南原　任實。

△卓氏之部
全州。
△咸氏之部
全州。
△楊氏之部
全州　南原。
△薛氏之部
淳昌　全州。
△奉氏之部
南原。
△太氏之部
南原　珍山。
△馬氏之部
全州。
△表氏之部
全州　淳昌。
△殷氏之部
泰仁　沃溝　雨日古阜地方。
△余氏之部
礪山。
△魯氏之部
全州　南原。
△宣氏之部
全州。
△都氏之部
全州。
△蔣氏之部
全州　珍山。
△陸氏之部
全州。
△魏氏之部
全州　長水。
△車氏之部
全州　南原　龍潭　任實　龍安　德林古阜

地方　雨日（古阜地方）　茂松（茂長屬縣）。

△邢氏之部

長水。

△仇氏之部

益山　金堤　伊城（全州屬縣）　沃野（全州屬縣）　黑石（益山地方）　鳴良（金堤地方）　堤見（金堤地方）。

△明氏之部

金岩（珍山地方）。

△葉氏之部

澮尾（沃溝屬縣）　仁義（泰仁屬縣）。

△邕氏之部

淳昌。

△承氏之部

南原。

△石氏之部

全州　南原　高山　富利（錦山屬縣）　大谷（錦山地方）　仁義（泰仁屬縣）　桃田（咸悅地方）。

△宮氏之部

咸悅。

△童氏之部

全州。

△董氏之部

全州　南原。

△貢氏之部

全州。

△宗氏之部

泥波（萬頃地方）　仁義（泰仁地方）。

△龍氏之部

雲峰　亘野（金溝屬縣）。

△史氏之部

全州　長沙（茂長屬縣）。

△水氏之部

雲梯（高山屬縣）。

△異氏之部

南原。

△杜氏之部

珍山　杜山(萬頃別號)。

△扈氏之部

淳昌　咸悅　全州　朱溪(茂朱別號)　保安(扶安別號)　鼓

村(扶安地方)　九皐(任實屬縣)　福興(長水屬縣)。

△桂氏之部

全州。

△柴氏之部

綾鄕(泰仁地方)。

△泰氏之部

南原。

△艾氏之部

全州。

△采氏之部

礪山。

△甄氏之部

全州　南原。

△印氏之部

臨陂　景明(全州地方)。

△晉氏之部

全州　南原　井邑。

△芸氏之部

全州。

△溫氏之部

全州　金溝　伊城(全州屬縣)　巨野(金溝屬縣)　從政(金溝地方)

平皐(金堤屬縣)。

△段氏之部

全州　高山。

△千氏之部

全州　南原　礪山　金溝　咸悅　高山。

△遷氏之部

全州。

△漣氏之部

全州。

△片氏之部

全州　南原　萬頃。

△尿氏之部

黃調古阜地方。

△邵氏之部

全州。

△陶氏之部

楡谷南原屬縣。

△賈氏之部

龍潭　銅鄕龍潭地方。

△舍氏之部

泰仁。

△價氏之部

高山　馬靈鎭安屬縣。

△倉氏之部

礪山。

△昌氏之部

礪山。

△程氏之部

富利錦山屬縣　赤城淳昌屬縣　柳等淳昌地方。

△庚氏之部

全州。

△景氏之部

泰仁　泰山泰仁別號　置等淳昌地方　綾鄕泰仁地方　羅鄕泰仁地方　福興長水屬縣。

△井氏之部

井邑　長永　音聲古阜地方　沓谷井邑地方　置等淳昌地方。

△勝氏之部

富潤萬頃屬縣。

△秋氏之部

全州　古阜　臨陂。

△陰氏之部

高山。

△濯氏之部
井邑。

△弼氏之部
全州。

△葛氏之部
陸昌靈光地方。

△冊氏之部
豆毛全州地方。

△釋氏之部
南原　益山。

△國氏之部
潭陽。

△南宮氏之部
咸悅　龍安　富潤萬頃屬縣。

△皇甫氏之部
南原。

△獨孤氏之部
南原。

△墻籬氏之部
南原。

△廣氏之部
龍潭。

△唐氏之部
南原。

忠清南道

△李氏之部
牙山　泰安　舒川　天安　沔川　瑞山
全義　韓山　洪州　公州　德山　林川　溫陽　大興　定山　鎭岑　石城　平澤

青陽　新昌　保寧　藍浦　稷山　連山
結城　唐津　禮山　木川　扶餘　儒城
新平(洪州屬縣)　新豐(公州屬縣)　高丘(洪州屬縣)　興陽(洪州屬縣)　政聲(洪州地方)　雲川　豐歲(天安屬縣)　頓義(天安地方)　毛山(天安地方)　地谷(瑞山屬縣)　仁政(瑞山地方)　居邊(大興地方)　德泉(牙山地方)　驪陽(洪州屬縣)。

△金氏之部

公州　牙山　洪州　林川　泰安　韓山
舒川　沔川　天安　瑞山　溫陽　大興
鴻山　德山　平澤　稷山　定山　青陽
懷德　鎭嶺　連山　藍浦　扶餘　結城
保寧　海美　唐津　禮山　木川　全義
燕州(燕岐別號)　興陽(洪州屬縣)　驪陽(洪州屬縣)　合德(洪州屬縣)　雲川(洪州屬縣)　毛山(天安地方)　聖淵(瑞山地方)　德恩(恩津別號)。

△朴氏之部

公州　天安　瑞山　泰安　溫陽　德山
平澤　稷山　定山　連山　扶餘　石城
保寧　唐津　藍浦　禮山　牙山　林川
沔川　驪陽(洪州屬縣)　新豐(公州屬縣)　毛山(天安地方)　地谷(瑞山屬縣)　餘美(海美別號)　鹽率(海美地方)　炤堂(海美地方)　鹽貞(海美地方)
槥城(沔川別號)。

△鄭氏之部

溫陽　瑞山　公州　洪州　舒川　大興
石城　鴻山　德山　懷德　扶餘　藍浦
結城　新昌　禮山　全義　燕岐　保寧
牙山　定山。

△尹氏之部

德山　洪州　舒川　溫陽　天安　青陽
牙山　德豐(德山屬縣)　新平(洪州屬縣)　貞海(海美別號)。

△崔氏之部

稷山　洪州　林川　韓山　天安　溫陽
大興　德山　平澤　定山　青陽　恩津
結城　扶餘　鎭岑　連山　保寧　海美
唐津　新昌　禮山　木川　牙山　全義

懷德　公山（公州別號）　興陽（洪州屬縣）　用和（洪州屬縣）　政聲（洪州地方）　安興（結城地方）　新豐（公州屬縣）。

△柳氏之部

瑞山　公州　沔川　洪州　韓山　舒川

天安　溫陽　稷山　青陽　結城　安眠（瑞山地方）　禾邊（瑞山地方）。

△洪氏之部

洪州　公州　林川　韓山　天安　溫陽

大興　靑陽　藍浦　居邊（大興地方）。

△申氏之部

天安　溫陽　稷山　德山　青陽　懷德

結城　保寧　牙山　禮山　木川　新豐（公州屬縣）　新平（洪州屬縣）　高丘（洪州屬縣）。

△權氏之部

公州　德山　懷德　連山　扶餘。

△趙氏之部

林川　稷山　洪州　泰安　韓山　天安

瑞山　溫陽　大興　鴻山　平澤　定山

青陽　結城　海美　唐津　新昌　牙山

驪陽（洪州屬縣）　公山（公州別號）　興陽（洪州屬縣）　洪陽（洪州別號）　古多

只（林川地方）　德恩（恩津別號）　猪井（魯城地方）。

△韓氏之部

鴻山　沔川　大興　唐津　公州　林川

韓山　瑞山　德山　平澤　結城　海美

鎭岑　新昌　庇仁　寺谷（海美地方）。

△吳氏之部

公州　洪州　韓山　溫陽　平澤　稷山

石城　藍浦　保寧　木川　德山　全義

庇仁　牙山。

△姜氏之部

海美　洪州　韓山　天安　溫陽　恩津

唐津。

△沈氏之部

溫陽　天安　鎭岑　扶餘　禮山　木川。

△安氏之部

泰安　林川　公山（公州別號）　德泉（牙山地方）　地谷（瑞山屬縣）。

△許氏之部

泰安。

△張氏之部

木川　結城　洪州　天安　溫陽　大興　泰安　舒川　韓山　瑞山　牙山　德山　稷山　定山　青陽　懷德　扶餘　石城　保寧　唐津　禮山　燕岐。

△閔氏之部

懷德　青陽。

△任氏之部

公州　唐津　沔川　保寧　鴻山　平澤　連山　定山　藍浦　鎭岑　結城　儒城（公州屬縣）　高丘（洪州屬縣）　廣炤（連山地方）　市津（恩津別號）　彩雲（恩津地方）。

△南氏之部

洪州。

△徐氏之部

連山　扶餘　公州　沔川　泰安　瑞山　溫陽　大興　禮山　恩津　石城　庇仁　藍浦　結城　木川　燕岐　德津（公州屬縣）　豐歲（天安屬縣）。

△具氏之部

瑞山　新昌。

△成氏之部

洪州　沔川　溫陽　藍浦　石城　新昌　牙山。

△宋氏之部

恩津　瑞山　德山　公州　韓山　天安　溫陽　大興　定山　連山　青陽　稷山　懷德　禮山　全義　新平（洪州屬縣）　良化（公州地方）　驪陽（洪州屬縣）　禾邊（瑞山地方）　彩雲（恩津地方）。

△俞氏之部

沔川　瑞山　大興　稷山　全義　保寧

唐津　牙山　儒城（公州屬縣）　貴智（公州地方）　亂釜（公州地方）
德泉（牙山地方）。

△元氏之部
大興　德山　懷德。

△黄氏之部
德山　公州　洪州　泰安　韓山　天安
瑞山　大興　連山　靑陽　平澤　扶餘
木川　全義　懷德　沔川　樸山（公州地方）　金山
（公州地方）　廣炤（連山別號）　德豐（德山地方）。

△曺氏之部
泰安　瑞山　平澤　木川　扶餘。

△林氏之部
平澤　恩津　洪州　林川　泰安　韓山
天安　瑞山　溫陽　稷山　定山　連山
扶餘　庇仁　藍浦　結城　海美　新昌
禮山　木川　牙山　驪陽（洪州屬縣）　新平（洪州屬縣）。

△呂氏之部

公州。

△梁氏之部
林川　公州　鴻山　平澤　靑陽　懷德
禮山　驪陽（洪州屬縣）　蘇泰（泰安別號）　市津（恩津別號）。

△禹氏之部
木川　德山　平澤　靑陽　懷德。

△羅氏之部
定山　公州　韓山　溫陽　舒川　保寧
驪興（洪州地方）　興陽（洪州地方）　井所（瑞山地方）　沃田（庇仁地方）。

△孫氏之部
連山　靑陽　平澤　禮山　稷山　定山
牙山　驪陽（洪州屬縣）。

△盧氏之部
公州　洪州　沔川　天安　溫陽　石城
懷德　連山　結城　海美　新昌　禮山
高丘（洪州屬縣）。

△辛氏之部

林川。

△丁氏之部

瑞山　溫陽　禮山　全義。

△裴氏之部

公州　舒川　大興　德山　恩津　燕岐
石城　庇仁　藍浦　結城　新昌　龍泉（洪州地方）
躬耕（洪州地方）　市恩（恩津別號）　彩雲（恩津別號）。

△孟氏之部

新昌　溫陽　天安。

△郭氏之部

海美　天安　餘美（海美屬縣）　驪陽（洪州屬縣）。

△邊氏之部

洪州　石城　全義。

△卞氏之部

天安　瑞山　平澤。

△愼氏之部

新昌。

△慶氏之部

平澤。

△白氏之部

稷山　藍浦　海美　公州　洪州　林川
舒川　大興　瑞山　溫陽　靑陽　石城
扶餘　木川　牙山　新豐（公州屬縣）　太山（洪州地方）　政
聲（洪州地方）。

△全氏之部

天安　公州　林川　瑞山　泰安　韓山
稷山　全義　定山　扶餘　平澤　唐津
木川　燕岐　禮山　牙山　市津（恩津別號）　高丘
（洪州屬縣）。

△康氏之部

溫陽　庇仁　德泉（牙山地方）。

△嚴氏之部

沔川　扶餘　稷山。

△高氏之部

公州　泰安　扶餘　石城　德津(公州屬縣)　伊山(德山地方)。

△田氏之部

公州　洪州　林川　韓山　天安　泰安　溫陽　平澤　庇仁　鎭岑　定山　結城　海美　禮山　全義　牙山　儒城(公州屬縣)

△玄氏之部

公州　沔川　天安　溫陽　懷德　結城　保寧　新昌　禮山　燕岐　藍浦　牙山　新豐(公地屬縣)　德津(公州屬縣)　毛山(天安地方)。

△蔡氏之部

公州　藍浦。

△文氏之部

保寧　韓山　天安　公州　溫陽　大興　瑞山　懷德　禮山　牙山　德山　合德(洪州屬縣)　地谷(瑞山屬縣)　伊山(德山地方)。

△尙氏之部

林川　木川　德興(天安地方)。

△河氏之部

公州　韓山　天安　懷德　全義　結城　豐歲(天安屬縣)　聖淵(瑞山地方)。

△池氏之部

洪州　公州　天安　木川。

△陳氏之部

大興　保寧　青陽　扶餘　藍浦　結城　牙山　公山(公州屬縣)　德津(公州屬縣)　驪陽(洪州屬縣)。

△庾氏之部

藍浦。

△朱氏之部

公州　德山　懷德　扶餘　唐津　禮山　儒城(公州屬縣)　甲村(公州地方)　福永(公州地方)　村介(公州地方)　熊川(公州別號)。

△廉氏之部

公州　泰安　保寧　廣地(德山地方)　寺谷(海美地方)。

△潘氏之部
結城　洪州　天安。
△房氏之部
瑞山。
△方氏之部
洪州　林川　天安　大興　青陽　懷德
結城　新昌　禮山　定山　牙山　溫陽
新平洪州屬縣　豐歲天安屬縣　新宗天安地方　文石禮山地方　化物
禮山地方。
△孔氏之部
牙山。
△王氏之部
韓山　木川。
△劉氏之部
公州　泰安　沔川　瑞山　天安　大興
鴻山　鎭岑　德山　懷德。
△秦氏之部
公州　天安　青陽　新平洪州屬縣。
△咸氏之部
平澤。
△楊氏之部
天安　新昌。
△薛氏之部
新昌　公山公州別號。
△奉氏之部
溫陽　海美。
△馬氏之部
木川　新平洪州屬縣。
△表氏之部
新昌　牙山　公州　扶餘　興陽洪州屬縣。
△殷氏之部
德山。
△芮氏之部
沔川　扶餘　新昌　牙山。

△魯氏之部
韓山　天安　沔川　溫陽。
△宣氏之部
天安　保寧。
△蔣氏之部
牙山　韓山　新谷德山地方。
△陸氏之部
溫陽。
△魏氏之部
燕岐。
△車氏之部
公州　沔州　瑞山　大興　稷山　定山
扶餘　結城。
△邢氏之部
扶餘。
△仇氏之部
海美。

△明氏之部
海美　泰安　木川　餘美海美別號　鹽率海美地方。
△皮氏之部
唐津　公州　洪州。
△石氏之部
洪州　韓山　天安　懷德　石城　結城。
△鍾氏之部
安邑天安屬縣。
△龍氏之部
洪州　鴻山　庇安。
△胡氏之部
牙山。
△甫氏之部
公州。
△扈氏之部
洪州　新昌　新平洪州屬縣。
△朱氏之部

儒城公州屬縣。

△甄氏之部

青陽。

△荀氏之部

鴻山　林川。

△晋氏之部

天安　稷山。

△舜氏之部

林川。

△溫氏之部

溫陽。

△門氏之部

藍浦。

△豚氏之部

木川。

△萬氏之部

洪州。

△頓氏之部

木川。

△端氏之部

韓山。

△簡氏之部

瑞山。

△千氏之部

公州　天安　沔川　溫陽　德山　定山

扶餘　恩津。

△片氏之部

洪州。

△邵氏之部

公州。

△毛氏之部

瑞山　公山公州別號。

△何氏之部

林泚舒川地方。

△花氏之部

天安　豐歲天安屬縣。

△賈氏之部

泰安　瑞山。

△倉氏之部

牙山。

△昌氏之部

公州　牙山。

△涼氏之部

鴻山。

△場氏之部

木川。

△長氏之部

燕岐。

△程氏之部

韓山。

△彭氏之部

新平洪州屬縣。

△平氏之部

禮山。

△井氏之部

沔川　燕岐。

△敬氏之部

天安　豐歲天安屬縣。

△秋氏之部

泰安　鴻山　稷山　海美　牙山。

△牛氏之部

木川。

△實氏之部

泰安。

△畢氏之部

大興。

△翟氏之部

林川。

△扶餘氏之部
百濟。

△余氏之部
餘美（海美別號）　鹽率（海美地方）。

△卜氏之部
沔川　洪州。

△季氏之部
新平（洪州屬縣）。

△于氏之部
木川。

△良氏之部
彩雲（恩津地方）。

忠淸北道

△李氏之部
丹陽　延豐　忠州　淸風　沃川　文義
懷仁　淸安　靑山　陰城　鎭川　永春
淸州　拜音（淸州地方）　間身（淸州地方）　調豐（淸州地方）　陽山（沃川屬縣）
槐山（日本人投化）　道安（淸安別號）。

△金氏之部
淸風　永同　沃川　靑山　報恩　丹陽
槐山　文義　堤川　懷仁　延豐　陰城
淸安　永春　黃澗　忠州　淸州　甘勿（忠州地方）
楸子（淸州地方）　常山（鎭川地方）。

△朴氏之部
忠州　陰城　文義　淸風　丹陽　淸安
鎭川　永同　報恩　靑山　淸州　拜音（淸州地方）
伊次呑（忠州地方）　所利（沃川屬縣）　陽山（沃川屬縣）　槐山（日本人投化）
燕山（文義別號）。

△鄭氏之部

忠州　清風　丹陽　沃川　延豐　鎭川
陰城　永春　清州　突山青山別號。
△尹氏之部
忠州　鎭川　永春　陰城　伊次呑忠州別號　西
原清州別號　巴川陰城地方　長延延豐別號。
△崔氏之部
忠州　清州　清風　丹陽　槐山　沃川
延豐　陰城　報恩　鎭川　青山　廣反石
忠州地方　所仍林忠州地方　燕山文義別號　道安清安別號。
△柳氏之部
忠州　丹陽　沃川　鎭川　青山　西原清州
別號。
△洪氏之部
懷仁　忠州　清風　丹陽　清安　林堰報恩
地方　酒城青山地方　西原清州別號。
△申氏之部
忠州　清州　沃川　丹陽　槐山　清安

永同　報恩　道安清安別號　德平清州地方　長延延豐屬縣
念谷清安地方　槐山日本人投化。
△權氏之部
忠州　清州。
△趙氏之部
忠州　清州　清風　丹陽　槐山　沃川
鎭川　永春。
△韓氏之部
清州　忠州　清風　丹陽　沃川　清安
鎭川　黄澗　楸子清州地方　常山鎭川別號。
△呉氏之部
忠州　清州　清風　丹陽　沃川　永春
鎭川。
△姜氏之部
忠州　槐山　文義　堤川　清安　鎭川
永春　西原清州別號。
△沈氏之部

忠州　清風　丹陽　沃川　鎭川　青山
黃澗。

△安氏之部
忠州　堤川　清州　槐山　丹陽　廣反石(忠州地方)　界銀川(青山地方)　居爾(青山地方)　長豐(延豐別號)　槐山(日本人投化)。

△許氏之部
忠州　清州　清風　丹陽　鎭川。

△張氏之部
鎭川　清州　清風　沃川　懷仁　陰城
太原(忠州別號)　安邑(沃川屬縣)　陽山(沃川屬縣)　毛坪(槐山地方)。

△閔氏之部
清風。

△任氏之部
清州　丹陽　永同　鎭川　所利(沃川屬縣)。

△南氏之部
清州　清風。

△徐氏之部
忠州　清州　清風　丹陽　清安　鎭川
報恩。

△具氏之部
清州　青山　忠州。

△成氏之部
鎭川。

△宋氏之部
鎭川　清州　忠州　清風　丹陽　文義
陰城　延豐　懷仁　安邑(沃川屬縣)。

△兪氏之部
忠州　清州　清風　清安　間身(清州地方)。

△元氏之部
忠州　清州。

△黃氏之部
忠州　清州　丹陽　清安　黃澗　鎭川
報恩　管城(沃川別號)。

△曺氏之部
忠州　淸州　淸風　丹陽　文義　青山。
△林氏之部
鎭川　忠州　淸州　淸風　丹陽　槐山
沃川　文義　堤川　延豐　陰城　報恩
常山（鎭川別號）。
△呂氏之部
忠州。
△梁氏之部
忠州　淸州　淸風　鎭川。
△禹氏之部
丹陽　鎭川。
△羅氏之部
忠州　淸州　堤川。
△孫氏之部
忠州　淸州　報恩　青山　黃澗　堤川
永同　淸川（淸州屬縣）。

△盧氏之部
忠州　淸州　淸風　丹陽　沃川　鎭川
甘勿（忠州地方）　槐山（日本人投化）。
△魚氏之部
淸州　丹陽　忠州　冀陽（忠州屬縣）。
△睦氏之部
沃川。
△蔡氏之部
忠州　丹陽　鎭川　永春　陰城　伊次呑
（忠州地方）　西原（淸州別號）　巴川（陰城地方）。
△辛氏之部
懷仁　淸安　燕山（文義別號）　念谷（淸安地方）　齕谷（淸安地方）。
△丁氏之部
淸州　沃川。
△裵氏之部
忠州　淸州　淸風　丹陽　報恩　鎭川。
△郭氏之部

淸州　忠州　淸風　延豐　黃澗。

△孟氏之部

淸州　安邑沃川屬縣。

△邊氏之部

沃川　鎭川　大原忠州屬縣。

△卞氏之部

忠州　文義　西原淸州別號。

△慶氏之部

淸州　淸風。

△白氏之部

忠州　淸州　淸風　丹陽　鎭川　陽山沃川屬縣

道安淸安地方　槐山日本人投化。

△全氏之部

沃川　忠州　淸州　淸風　丹陽　鎭川

黃澗　間身淸州地方。

△康氏之部

忠州　淸州　安邑沃川屬縣。

△嚴氏之部

忠州　淸州　西原淸州別號。

△高氏之部

忠州　丹陽　槐山　鎭川　堤川　永同

上黨淸州別號　燕山文義別號。

△田氏之部

忠州　淸州　淸風　丹陽　槐山　沃川

堤川　陰城　靑川淸州屬縣　所利沃川屬縣。

△玄氏之部

忠州　淸州　淸風　丹陽　延豐　鎭川。

△文氏之部

忠州　淸州　淸風　沃川　丹陽　鎭川

靑川淸州屬縣。

△河氏之部

忠州　淸州　丹陽　鎭川　周岸淸州地方。

△蘇氏之部

忠州。

△池氏之部

忠州　丹陽　淸州　淸風　青山　冀安忠州地方　陽山沃川屬縣。

△奇氏之部

丹陽　鎭川　西原淸州別號。

△陳氏之部

忠州　淸州　鎭川　永春。

△庾氏之部

淸州　鎭川。

△吉氏之部

永同　西原淸州別號　南界淸州地方。

△延氏之部

忠州　淸安　德山忠州地方　西原淸州別號。

△朱氏之部

忠州　淸州　丹陽　淸安　鎭川。

△周氏之部

淸州　安邑沃川地方。

△廉氏之部

忠州　淸州　丹陽　沃川　淸風　栗谷永同地方。

△潘氏之部

陰城。

△方氏之部

忠州　淸州　丹陽　酒城青山地方　林堰報恩地方。

△孔氏之部

忠州　淸州。

△劉氏之部

淸州　淸風　丹陽　沃川　文義　鎭川　忠州　甘勿忠州地方。

△秦氏之部

永春　忠州　淸州　槐山　長豊延豐地方。

△咸氏之部

淸州　淸風　丹陽　道安淸安別號。

△楊氏之部

淸州　青山　忠州　淸風。

△薛氏之部

淸州　忠州。

△馬氏之部

忠州　淸州。

△表氏之部

忠州　沃川。

△芮氏之部

淸風。

△魯氏之部

忠州　西原（淸州別號）。

△宣氏之部

青山。

△都氏之部

淸州。

△蔣氏之部

淸州。

△陸氏之部

鎭川　管城（沃川別號）。

△車氏之部

忠州　丹陽　堤川　延豐　鎭川　淸安

西原（淸州別號）。

△唐氏之部

淸州。

△仇氏之部

槐山。

△明氏之部

忠州　陽山（沃川屬縣）。

△皮氏之部

忠州　丹陽　槐山　淸安。

△承氏之部

忠州。

△石氏之部

忠州　淸州　淸風　堤川　永春　德山（忠州

地方　所仍林（忠州地方）　甘勿（忠州地方）　毛押（槐山地方）　長豐（延豐別號）　林堰（報恩地方）。

△董氏之部

忠州　淸州。

△宗氏之部

毛押（槐山地方）。

△龍氏之部

忠州　淸州。

△邦氏之部

槐山。

△伊氏之部

太原（忠州別號）。

△時氏之部

長豐（延豐別號）。

△史氏之部

淸州。

△起氏之部

沃川　西原（淸州別號）。

△智氏之部

槐州（槐山別號）　堤州（堤川別號）。

△楚氏之部

淸州。

△蘆氏之部

忠州。

△輸氏之部

忠州。

△扈氏之部

忠州　丹陽。

△路氏之部

太原（忠州別號）。

△固氏之部

永同。

△埶氏之部

忠州。

△桂氏之部

忠州。

△艾氏之部

長延延豐屬縣。

梅氏之部

忠州。

△甄氏之部

黃澗。

△印氏之部

忠州。

△俊氏之部

淸州。

△雲氏之部

淸州。

△溫氏之部

西原淸州別號。

△敦氏之部

西原淸州別號。

△段氏之部

淸州。

△漢氏之部

忠州。

△千氏之部

忠州　淸州　淸風　沃川。

△片氏之部

淸州　報恩。

△姚氏之部

忠州　西原淸州別號。

△邵氏之部

青山。

△陶氏之部

淸州。

△邢氏之部

堤川。

△賈氏之部
太原忠州別號。
△强氏之部
忠州　槐山。
△庄氏之部
淸風。
△平氏之部
忠州。
△景氏之部
忠州。
△敬氏之部
陰城　巴川陰城地方。
△刑氏之部
槐山。
△僧氏之部
淸州。
△秋氏之部
永春　丹陽　忠原忠州別號　西原淸州別號。
△祐氏之部
長豐延豐別號。
△陰氏之部
忠州　槐山　陰城　長延延豐別號。
△占氏之部
槐山。
△畢氏之部
拜音淸州地方　楸子淸州地方。
△律氏之部
槐山。
△物氏之部
槐山。
△葛氏之部
忠州　淸風　靑山　淸安　西原淸州別號。
△霍氏之部
淸州。

△宅氏之部

槐山。

△昔氏之部

忠州。

△直氏之部

槐山。

△旂氏之部

鎭川。

△鮮于氏之部

太原忠州別號。

△東方氏之部

江原道

△李氏之部

平昌　原州　三陟　江陵　淮陽　襄陽

春川　鐵原　寧越　伊川　平海　通川

清州。

△公孫氏之部

永同　仰岩永同地方　楓岩永同地方。

△甘氏之部

忠州。

△童氏之部

清州　太原忠州別號。

△卓氏之部

忠州。

△房氏之部

所利沃川屬縣。

旌善　高城　金城　歙谷　麟蹄　横城

洪川　狼川　平康　金化　羽溪江陵屬縣　連谷

江陵屬縣　洞山襄陽屬縣　史呑春川地方　安昌高城屬縣　通溝金城屬縣

瑞和麟蹄屬縣　史丁平康地方　益興原州別號。

△金氏之部

江陵　三陟　春川　襄陽　寧越　伊川
平海　旌善　高城　杆城　平昌　金城
蔚珍　歙谷　楊口　平康　金化　原州
連城淮陽別號　和川淮陽屬縣　洞山襄陽屬縣　陸昌鐵原別號　通州通川別號。

△朴氏之部

春川　江陵　三陟　旌善　原州　襄陽
寧越　伊川　鐵原　高城　平昌　平海
狼川　平康　金化　麟蹄　洞山襄陽屬縣　嵐谷淮陽屬縣　基麟春川屬縣　史呑春川地方　豢猳高城屬縣　通溝金城屬縣
史丁平康地方。

△鄭氏之部

江陵　原州　淮陽　鐵原　寧越　伊川
襄陽　平昌　通川　旌善　蔚珍　金城
平康　平海。

△尹氏之部

原州　江陵　淮陽　平昌　平海　橫城
安峽　酒泉原州屬縣　刀谷原州地方　小水伊金城地方。

△崔氏之部

江陵　原州　襄陽　春川　三陟　寧越
伊川　淮陽　旌善　杆城　蔚珍　歙谷
金城　洪川　金化　平康　通川　洞山襄陽屬縣　碧山通川屬縣　豢猳高城屬縣　烈山杆城地方　方山楊口屬縣
史丁平康地方　瑞和麟蹄屬縣　東州鐵原別號。

△柳氏之部

江陵　原州　春川　三陟　寧越　伊川
平海　通川　旌善　高城　杆城　金城
蔚珍　楊口　平昌。

△洪氏之部

原州　寧越　平海　洪川。

△申氏之部

江陵　原州　寧越　平海　高城　平昌

金城　平康　洪川　連谷江陵屬縣　東州鐵原別號。

△權氏之部

旌善　平昌。

△趙氏之部

橫城　江陵　原州　春川　鐵原　伊川
洪川　金化　楊口　金城　三陟　寧越
平昌　平海　杆城　通川　酒泉原州屬縣。

△韓氏之部

原州　淮陽　鐵原　寧越　平海　金化
洪川　史呑春川地方。

△吳氏之部

江陵　原州　鐵原　三陟　寧越　伊川
平海　金城　金化。

△姜氏之部

江陵　寧越　平海　高城　平昌　蔚珍。

△沈氏之部

江陵　鐵原　狼川　三陟　羽溪江陵屬縣。

△安氏之部

原州　鐵原　寧越　平海　金海　酒泉原州屬縣。

△許氏之部

江陵　鐵原　金城　楊口　麟蹄　安峽。

△張氏之部

江陵　原州　鐵原　三陟　寧越　平海
旌善　杆城　高城　平昌　金城　楊口
狼川　平康　安峽　蔚珍　光海春川別號。

△閔氏之部

原州。

△南氏之部

原州　淮陽　寧越　平海　橫城。

△徐氏之部

江陵　原州　淮陽　鐵原　寧越　伊川
平海　金城　平康　橫城　史呑春川地方。

△具氏之部

江陵　原州　旌善　横城。

△成氏之部

江陵　原州　寧越　平昌　伊川　金化。

△宋氏之部

江陵　原州　鐵原　淮陽　寧越　伊川
狼川　金化　平康　史呑（春川地方）　史丁（平康地方）。

△兪氏之部

江陵　原州　鐵原　三陟　寧越　高城
通川　方山（楊口屬縣）。

△元氏之部

原州　江陵　寧越　平康　狼川　横城。

△黄氏之部

平海　原州　春川　鐵原　三陟　寧越
蔚珍　狼川　横城。

△曹氏之部

江陵　鐵原　寧越　伊川　平海　平康
麟蹄。

△林氏之部

原州　春川　寧越　伊川　平海　旌善
平昌　蔚珍　金城　狼川　洪川　楊口
碧山（通川屬縣）　雲岩（川縣）　通溝（金屬）。

△梁氏之部

江陵　原州　鐵原　寧越　平海　杆城
平康　金化。

△禹氏之部

原州　旌善　平康。

△孫氏之部

平海　安峽　江陵　原州　春川　鐵原
三陟　襄陽　伊川　寧越　金城　麟蹄
碧山（通川屬縣）。

△盧氏之部

江陵　原州　淮陽　襄陽　春川　鐵原
寧越　伊川　通川　杆城　金城　平康
金化　洪川　羽溪（江陵屬縣）　酒泉（原州屬縣）　嵐谷（淮陽屬縣）。

△蔡氏之部
平康　原州　鐵原　平海　旌善　刀谷原州地方。

△辛氏之部
寧越　春川　鐵原　洪川　文登淮陽屬縣。

△丁氏之部
平海　旌善　平昌　狼川。

△裵氏之部
江陵　鐵原　寧越　平海　楊口。

△孟氏之部
淮陽　平康　長楊淮陽屬縣。

△郭氏之部
江陵　原州　平昌。

△邊氏之部
原州　春川　伊川　寧越　平海　平昌
平康　洪川　羽溪江陵屬縣。

△卞氏之部
江陵　原州　洪川。

△愼氏之部
文登淮陽屬縣。

△白氏之部
江陵　原州　春川　鐵原　寧越　伊川
平海　旌善　金城　金化。

△全氏之部
旌善　平康　原州　江陵　襄陽　平海
杆城　金城　蔚珍　歙谷　史呑春川地方　新村平康地方　史丁平康地方。

△康氏之部
江陵　原州　平康。

△嚴氏之部
寧越　江陵　原州　平海　旌善　高城
平昌　平康　狼川　洪川。

△高氏之部
橫城　金化　鐵原　伊川　淮陽　旌善

洪川　岐城金城屬縣。

△田氏之部

江陵　原州　淮陽　鐵原　旋善　杆城

平昌　楊口　嵐谷淮陽屬縣　北尺淮陽地方　通溝金城屬縣。

△玄氏之部

江陵　原州　鐵原　三陟　平海　麟蹄

嵐谷淮陽屬縣　瑞和麟蹄屬縣。

△任氏之部

江陵　寧越　伊川　平海　旋善。

△文氏之部

江陵　旋善　原州　淮陽　春川　鐵原

平海　高城　杆城　金城　岐城金城屬縣。

△尚氏之部

通川。

△河氏之部

三陟　襄陽　平海。

△蘇氏之部

金城。

△池氏之部

原州　春川　寧越　平海　旋善　高城

平昌　洪川　所呑原州地方。

△奇氏之部

寧越　蔚珍。

△陳氏之部

江陵　淮陽　襄陽　平昌　旋善　高城

蔚珍　安峽　金化　横城　三陟　連谷江陵屬縣　洞山襄陽屬縣。

△琴氏之部

平海。

△吉氏之部

原州　狼川　史呑春川地方。

△延氏之部

寧越　通川　平康。

△朱氏之部

淮陽　襄陽　春川　鐵原　寧越　伊川
平海　方山楊口屬縣。

△廉氏之部
江陵　寧越　旌善　金城　平康。

△房氏之部
淮陽　平海　熊林淮陽地方。

△方氏之部
原州　淮陽　伊川　平海　旌善　蔚珍
平昌　金化。

△孔氏之部
原州。

△王氏之部
江陵。

△劉氏之部
江陵　金城　原州　淮陽　鐵原　三陟
平昌　蔚珍　平康　洪川　金化　光海春川別號。

△蔡氏之部
三陟　鐵原　伊川　平康　横城　安峽。

△卓氏之部
寧越。

△咸氏之部
江陵　原州　淮陽　襄陽　春川　鐵原
通川　高城　金城。

△楊氏之部
原州　杆城　金化　文登淮陽屬縣。

△薛氏之部
江陵。

△奉氏之部
江陵。

△太氏之部
臨道通川屬縣。

△表氏之部
伊川　平昌。

△殷氏之部
和川屬淮陽縣。
△卜氏之部
延州寧越別號。
△魯氏之部
原州　春川　寧越　平海　金城。
△玉氏之部
江陵　鐵原。
△丘氏之部
平海。
△都氏之部
金城。
△蔣氏之部
連谷江陵地方。
△魏氏之部
橫城。
△車氏之部
江陵　原州　寧越　高城。
△邢氏之部
鐵原　文登屬淮陽縣。
△明氏之部
平康　連谷屬江陵縣　東州鐵原別號。
△葉氏之部
平海。
△皮氏之部
江陵　寧越　洪川。
△石氏之部
原州　襄陽　寧越　蔚珍　洪川　平康
東州鐵原別號。
△童氏之部
原州。
△董氏之部
原州。
△龍氏之部

江陵　春川　寧越　洪川。

△智氏之部

原州。

△於氏之部

江陵。

△楚氏之部

江陵。

△米氏之部

方山楊口屬縣。

△桂氏之部

江陵　原州。

△柴氏之部

金化。

△艾氏之部

鐵原。

△印氏之部

平海。

△晉氏之部

安峽。

△萬氏之部

江陵。

△竿氏之部

東州鐵原別號。

△段氏之部

江陵。

△班氏之部

平海。

△簡氏之部

襄陽。

△千氏之部

江陵　原州　春川　三陟　寧越　旌善
杆城　橫城。

△遷氏之部

原州。

△片氏之部
江陵　原州　鐵原　寧越　伊川　通川。
△邵氏之部
瑞和屬麟蹄縣。
△龐氏之部
烈山屬杆城縣。
△瓜氏之部
平康。
△陽氏之部
金化。
△昌氏之部
江陵。
△芳氏之部
鐵原　安峽。
△程氏之部
江陵　狼川　史呑春川地方。
△平氏之部
平原原州別號。
△京氏之部
金化。
△井氏之部
安峽。
△永氏之部
平海。
△敬氏之部
長楊屬淮陽縣。
△秋氏之部
原州　平昌　平康　橫城。
△壽氏之部
文登屬淮陽縣。
△谷氏之部
瑞和屬麟蹄縣。
△日氏之部
旌善。

△別氏之部
平昌。
△國氏之部
金城。
△皐甫氏之部

黃海道

△李氏之部
延安　載寧　鳳山　安岳　遂安　黃州
海州　平山　瑞興　豐川　谷山　信川
白川　長連　兎山　瓮津　萬珍瓮津地方　江陰
今入金川　文城文化別號　青松松禾別號　牛峰今入金川。
△金氏之部
延安　瑞興　遂安　兎山　谷山　長淵
瓮津　鳳山　載寧　白川　安岳　信川
新溪　殷栗　金川　黃州　海州　豐川

彖猳高城屬縣　烈山杆城屬縣。
△西門氏之部
東州鐵原別號。
△司馬氏之部
伊川。

康翎　牛峰今入金川　儒州文化別號　平州平山別號。
△朴氏之部
海州　谷山　延安　瑞興　鳳山　安岳
遂安　信川　白川　文化　兎山　牛峰今入
金川。
△鄭氏之部
海州　瓮津　黃州　瑞興　延安　載寧
平山　鳳山　遂安　白川　文化　殷栗
兎山　江陰今入金川　永康康翎別號。

△尹氏之部
海州　平山　黃州　延安　瑞興　鳳山
遂安　白川　載寧　文化　新溪　兎山
楊山安岳別號　俠溪新溪屬縣。

△崔氏之部
海州　平山　豐川　黃州　谷山　延安
安岳　白川　遂安　信川　鳳山　大寧海州別號　孤竹海州別號　江陰今入金川　永寧松禾屬縣　牛峰今入金川。

△柳氏之部
文化　白川　延安　海州　平山　鳳山
安岳　金川　兎山　西河豐川別號。

△洪氏之部
黃州　海州　延安　鳳山　白川　文化
殷栗　豐川　鹽川延安別號　牛峰今入金川。

△申氏之部
平山　信川　黃州　海州　延安　瑞興
豐川　白川　新溪。

△權氏之部
延安　豐川　鳳山　白川　文化。

△趙氏之部
白川　黃州　海州　延安　平山　瑞興
豐川　甕津　鳳山　安岳　信川　新溪
文化　銀川白川別號。

△韓氏之部
平山　黃州　海州　延安　安岳　信川
兎山　谷山。

△吳氏之部
海州　黃州　延安　平山　豐川　安岳
遂安　信川　長連　殷栗　牛峰今入金川　白翎康翎別號。

△姜氏之部
白川　海州　瑞興　豐川　谷山　鳳山
載寧　信川　金川　文化　康翎　兎山。

△沈氏之部

平山　豐川　白川。

△安氏之部

黃州　海州　平山　延安　豐川　瑞興
載寧　遂安　白川　兎山。

△許氏之部

海州　平山　白川　兎山。

△張氏之部

海州　延安　谷山　平山　白川　金川
文化　長淵　松禾　長延長連別號。

△閔氏之部

海州　瑞興　俠溪新溪屬縣。

△任氏之部

豐川　海州　延安　平山　谷山　文化
長淵　永康康翎別號　永寧松禾別號。

△南氏之部

海州　延安　平山　長淵　兎山　延陽平山屬縣。

△徐氏之部

海州　延安　平山　瑞興　谷山　鳳山
白川　長淵　兎山。

△具氏之部

文化。

△成氏之部

延安。

△宋氏之部

延安　海州　平山　豐川　遂安　白川
新溪　江陰今入金川　青松松禾地方。

△俞氏之部

安岳　長淵。

△元氏之部

安岳。

△黃氏之部

黃州　海州　延安　平山　鳳山　遂安
萬珍金津地方　牛峰今入金川。

△曺氏之部
平山　豐川　谷山。
△林氏之部
黃州　海州　延安　瑞興　豐川　信川
遂安　白川　新溪　長淵　段栗　兎山。
△呂氏之部
海州　豐川　兎山。
△梁氏之部
白川。
△羅氏之部
瓮津　文化　萬珍瓮津地方　靑松松禾別號。
△孫氏之部
載寧　黃州　海州　平山　瑞興　豐川
谷山　安岳　金川　白川　文化。
△盧氏之部
長淵　豐川　谷山　海州　黃州　平山
瑞興　安岳　載寧　文化　兎山　長延長連
別號。
△魚氏之部
海州。
△蔡氏之部
海州　延安　平山　新溪　豐川。
△辛氏之部
載寧　平山。
△丁氏之部
海州　延安　平山。
△裵氏之部
海州　延安　平山　瑞興　谷山　白川
信川　松禾　兎山　俠溪新溪屬縣。
△郭氏之部
海州　平山　鳳山　豐川　文化　連豐長連
別號。
△邊氏之部
黃州　長淵　海州　平山　豐川　瑞興

鳳山　文化　江陰今入金川　俠溪新溪屬縣。

△卞氏之部

豐川　安岳　白川　文化。

△愼氏之部

海州　平山。

△白氏之部

黃州　海州　延安　平山　安岳　遂安

白川　兎山。

△全氏之部

黃州　延安　平山　谷山　安岳　載寧

白川　鳳山　文化　兎山。

△康氏之部

信川　載寧　谷山　康翎　海州　平山

瑞興　豐川　延安　安岳　萬珍瓮津地方　永康

康翎別號。

△嚴氏之部

黃州　海州　延安　平山　白川　信川

文化　長淵。

△高氏之部

延安　兎山　海州　平山　白川　文化

新溪。

△田氏之部

延安　黃州　海州　平山　谷山　白川

△玄氏之部

新溪　兎山　牛峰今入金川　永寧松禾屬縣。

黃州　海州　延安　平山　豐川　文化。

△文氏之部

長淵　海州　延安　平山　谷山　豐川

信川　遂安　白川　文化　殷栗。

△河氏之部

黃州　海州　延安　平山　兎山。

△蘇氏之部

平山。

△池氏之部

黃州　海州　延安　平山　白川　文化
牛峰（今入金川）。
△奇氏之部
海州　延安。
△陳氏之部
海州　谷山　延安　平山　豐川　文化
松禾　楊山（安岳別號）　永寧（松禾屬縣）。
△庱氏之部
平山　長連。
△琴氏之部
鳳山　文化。
△吉氏之部
白川　新溪　兎山。
△延氏之部
谷山　海州　延安　白川　新溪。
△朱氏之部
海州　延安　瑞興　鳳山　安岳　遂安
文化　殷栗。
△周氏之部
海州　平山　豐川。
△廉氏之部
黃州　海州　谷山　載寧　信川　文化。
△房氏之部
平山。
△方氏之部
海州　延安　平山　豐川　載寧　文化
白川　殷栗　牛峰（今入金川）。
△孔氏之部
海州　延安　平山　鳳山　豐州（豐川別號）。
△王氏之部
海州　平山　兎山。
△劉氏之部
海州　平山　豐川　鳳山　新溪　文化
長淵　長連　殷栗　延安　江陰（今入金川）。

△秦氏之部
海州　白川。
△卓氏之部
平山。
△咸氏之部
黃州　海州　平山　長淵。
△楊氏之部
安岳　延安　谷山　新溪。
△奉氏之部
延安。
△太氏之部
白川　平山　牛峰今入金川。
△馬氏之部
海州　白川。
△表氏之部
海州　延安　安岳　文化。
△余氏之部

殷栗。
△卜氏之部
平山。
△魯氏之部
黃州　海州　平山　延安　豐川　谷山
白川　安岳　鳳山　文化。
△玉氏之部
海州　豐川。
△宣氏之部
海州　豐川　鳳山。
△都氏之部
平山。
△蔣氏之部
平山。
△車氏之部
延安　平山　海州　瑞興　載寧　白川
遂安　信川　文化　江陰今入金川。

△邢氏之部

兎山。

△明氏之部

海州　延安。

△莊氏之部

長連。

△皮氏之部

平山　遂安。

△承氏之部

延安。

△石氏之部

黃州　海州　延安　平山　瑞興　長淵。

△董氏之部

黃州。

△賁氏之部

白川。

△龍氏之部

谷山。

△邦氏之部

海州。

△伊氏之部

銀川白川別號。

△慈氏之部

海州。

△史氏之部

平山　延安。

△諸氏之部

海州。

△胡氏之部

白川　兎山　平山。

△瞿氏之部

瓮津。

△杜氏之部

海州。

△伍氏之部
復興白川別號。
△扈氏之部
白川　海州　延安　平山　鳳山　文化。
△米氏之部
載寧。
△桂氏之部
遂安　延安。
△來氏之部
豐川。
△乃氏之部
延安。
△印氏之部
延安　海州　兎山。
△晉氏之部
海州。
△呑氏之部
延安。
△竿氏之部
海州。
△段氏之部
延安　黄州　江陰今入金川。
△炭氏之部
延安。
△判氏之部
海州。
△憚氏之部
延安。
△簡氏之部
海州。
△千氏之部
黄州　海州　延安　平山　鳳山　白川
新溪　文化　殷栗　牛峰今入金川。
△天氏之部

延安　牛峰今入金川。

△片氏之部

海州。

△燕氏之部

谷山　平州平山別號。

△鮮氏之部

俠溪新溪屬縣。

△邵氏之部

平山。

△好氏之部

海州。

△賀氏之部

瓮津。

△夏氏之部

海州。

△程氏之部

兎山。

△彭氏之部

康翎　安岳。

△景氏之部

海州。

△井氏之部

白川。

△永氏之部

康翎。

△秋氏之部

海州　豐川　遂安。

△陰氏之部

平山　谷山　瓮津　白川。

△郁氏之部

海州。

△拓氏之部

谷山。

△國氏之部

豐川。

△皇甫氏之部

兎山　黃州。

△獨孤氏之部

黃州。

△令狐氏之部

文化。

△仇氏之部

殷栗。

△蒙氏之部

兎山。

△智氏之部

鳳州鳳山別號。

△連氏之部

谷山。

平安南道

△李氏之部

順川　平壤　祥原　安州　成川　中和

咸從　永柔　江東　陽德。

△金氏之部

順川　成川　平壤　安州　德川　寧遠

龍岡　三登　孟山　江東　順天　江西本江陵人移籍于此　唐岳中和別號　北山祥原地方。

△朴氏之部

安州　中和　順川　殷山。

△鄭氏之部

安州　德川　祥原　順安　西京平壤別號　棠岳疑是唐岳。中和別號。

△尹氏之部
祥原。
△崔氏之部
祥原　平壤　安州　成川　慈山　順川
价川　甑山　順安　江西　龍岡　陽德
江東　殷山　唐岳中和別號。
△柳氏之部
陽德。
△洪氏之部
孟山　朝陽价川別號。
△申氏之部
安州。
△權氏之部
平壤。
△趙氏之部
平壤　江西　安州　成川　中和　祥原
德川　順川。

△韓氏之部
平壤　安州　順天　西原平壤別號。
△吳氏之部
寧遠　成川　中和　祥原。
△姜氏之部
安州　肅川　祥原。
△安氏之部
安州　順川　寧遠　順安。
△許氏之部
陽德。
△張氏之部
平壤　安州　成川　祥原　順川　順安
孟山　江東。
△南氏之部
咸從　殷山。
△成氏之部
三和。

△宋氏之部
平壤　德川　江西　陽德。
△俞氏之部
龍岡。
△黃氏之部
平壤　成川　咸從　德川。
△曺氏之部
安州　成川　德川　价川　龍岡　孟山。
△林氏之部
平壤　安州　成川　中和　祥原　价川
順天。
△呂氏之部
成川。
△梁氏之部
安州　順川。
△孫氏之部
平壤　陽德。

△盧氏之部
安州。
△魚氏之部
安州　咸從。
△蔡氏之部
平壤。
△辛氏之部
殷山。
△丁氏之部
安州。
△裵氏之部
江東　平壤。
△孟氏之部
孟山。
△郭氏之部
咸從。
△邊氏之部

祥原。

△愼氏之部

慈山。

△白氏之部

成川　寧遠　三登。

△全氏之部

平壤　成川　慈山　順川。

△嚴氏之部

寧遠。

△田氏之部

安州　平壤　順川。

△玄氏之部

成川　順川。

△任氏之部

牙善咸從別號。

△文氏之部

平壤　成川　中和　德川　龍岡。

△尙氏之部

順川。

△池氏之部

成川　中和　順川　龍岡。

△奇氏之部

平壤。

△陳氏之部

平壤。

△朱氏之部

平壤。

△方氏之部

安州　孟山。

△劉氏之部

安州。

△秦氏之部

平壤。

△咸氏之部

咸從。

△楊氏之部

中和　三和　陽德。

△太氏之部

順川　成川。

△馬氏之部

順川。

△表氏之部

順安。

△魯氏之部

德川。

△車氏之部

成川　肅川。

△明氏之部

安州。

△皮氏之部

慈山。

△石氏之部

陽德。

△宮氏之部

慈山。

△弓氏之部

土山祥原別號。

△史氏之部

平壤。

△智氏之部

安州　龍岡。

△扈氏之部

平壤　三和　价川。

△賓氏之部

安州。

△印氏之部

慈山　价川。

△千氏之部

平壤。
△片氏之部
順川　順安　价川。
△范氏之部
安州。
△葛氏之部
平壤。
△南宮氏之部

慈山。
△都氏之部
肅川。
△彭氏之部
龍岡。
△凡氏之部
安州。

平安北道

△李氏之部
龍川　義州　定州　昌城　龜城　嘉山
熙川　博川　泰川　定戎義州地方　延州寧邊別號。
△金氏之部
義州　寧邊　定州　昌城　龜城　朔州
嘉山　雲山　石州江界別號　熙川一作威城即熙川別號。

△朴氏之部
定州　江界　昌城　龜城　雲山。
△鄭氏之部
定州　昌城　鐵山　宣川　泰川。
△崔氏之部
義州　定州　宣川　龍川　昌城　嘉山

熙川　延州（寧邊別號）　龍州（龍川別號）。

△柳氏之部

義州　江界。

△洪氏之部

義州　定州。

△申氏之部

定州。

△權氏之部

定州。

△趙氏之部

博川　泰川　昌城　安戎（義州鎭號）。

△韓氏之部

義州　昌城　嘉州（嘉山別號）。

△吳氏之部

定州　昌城。

△姜氏之部

義州　定州　龜城。

△安氏之部

定州。

△張氏之部

義州　定州　昌城　宣川　龍川　雲山

嘉山。

△閔氏之部

昌城。

△徐氏之部

義州　定州　昌城　郭山　延川（寧邊別號）。

△成氏之部

昌城。

△宋氏之部

定州　碧潼。

△俞氏之部

定州。

△黃氏之部

義州　昌城。

△曺氏之部
昌城　寧邊。
△林氏之部
定州　朔州　熙川　雲山　泰川　延山寧邊別號。
△羅氏之部
延州寧邊別號。
△孫氏之部
定州。
△盧氏之部
定州　昌城。
△辛氏之部
朔州。
△丁氏之部
定州。
△裵氏之部
定州　宣川　鐵山　熙川。

△孟氏之部
昌城。
△郭氏之部
定州　郭山。
△邊氏之部
定州　熙川。
△卞氏之部
定州　昌城。
△慶氏之部
定州。
△白氏之部
定州　鐵山　龍川。
△全氏之部
龜城。
△田氏之部
義州　定州　龜城　龍川。
△玄氏之部

定州　雲山。

△文氏之部

定州。

△池氏之部

昌城　龍川。

△奇氏之部

泰川。

△陳氏之部

寧邊　定州。

△朱氏之部

定州。

△周氏之部

定州。

△方氏之部

郭山　定州。

△孔氏之部

泰川。

△劉氏之部

定州　昌城　楚山。

△咸氏之部

定州。

△馬氏之部

楚山。

△卜氏之部

龜城。

△牟氏之部

昌城。

△魯氏之部

泰川。

△車氏之部

昌城　龜城　龍川。

△邢氏之部

昌城。

△明氏之部

定州　義州。

△石氏之部

定州。

△貢氏之部

昌城。

△桂氏之部

楚山。

△千氏之部

定州　灣州（義州別號）。

△扁氏之部

熙川。

咸鏡南道

△李氏之部

咸興　永興　徳源　端川　高原　洪原

安邊　甲山（野人投化）　靜邊（永興鎭號）　登州（安邊別號）　鶴浦（安邊屬縣）　福靈（安邊屬縣）　翼谷（安邊屬縣）　派州（安邊屬縣）　青海（北青別號）。

△片氏之部

定州　郭山。

△秋氏之部

鐵山。

△陰氏之部

定州。

△乙氏之部

義州。

△獨孤氏之部

義州。

△金氏之部

咸興　永興　徳源　定平　三水　文川

高原　靜邊永興鎭號　登州安邊別號　霜陰安邊屬縣　瑞谷安邊屬縣　派川安邊屬縣　青海北青別號。

△朴氏之部
德源　咸興　三水　文州文川別號　文山安邊屬縣。

△鄭氏之部
永興　德源　登州安邊別號。

△尹氏之部
咸興　安邊　甲山野人投化　靜邊永興鎭號　福靈安邊屬縣。

△崔氏之部
永興　德源　咸興　甲山　登州安邊別號　福寧安邊屬縣　青海北青屬縣。

△柳氏之部
咸興　登州安邊別號。

△洪氏之部
德源　洪原　登州安邊別號　派川安邊屬縣。

△申氏之部
冀谷安邊屬縣　登州安邊別號。

△權氏之部
登州安邊別號。

△趙氏之部
永興　咸興　端川　德源　登州安邊別號。

△韓氏之部
安邊　咸興　永興　端川　德源　靜邊永興鎭號　登州安邊別號　冀谷安邊屬縣　衛山安邊屬縣。

△吳氏之部
咸興　永興　德源　甲山野人投化　霜陰安邊屬縣。

△姜氏之部
永興　登州安邊別號。

△沈氏之部
永興　靜邊永興鎭號。

△安氏之部
永興　德源　冀谷安邊屬縣　登州安邊別號　槐山日本人投化。

△許氏之部

文山安邊屬縣。

△張氏之部

永興　安邊　長津　甲山　登州安邊別號　瑞谷安邊屬縣。

△閔氏之部

永興。

△任氏之部

靜邊永興鎭號　登州安邊別號　衞山安邊屬縣。

△南氏之部

咸興　登州安邊別號。

△元氏之部

靜邊永興鎭號　登州安邊別號　瑞谷安邊別號。

△黃氏之部

端川　登州安邊別號。

△曺氏之部

咸興　高原　登州安邊別號。

△林氏之部

咸興　永興　登州安邊別號。

△呂氏之部

咸興　登州安邊別號。

△梁氏之部

端川　登州安邊別號。

△禹氏之部

咸興　永興　登州安邊別號。

△羅氏之部

衞山安邊屬縣。

△孫氏之部

永興　安邊　瑞谷安邊屬縣。

△盧氏之部

咸興　永興　安邊　定平　靜邊永興鎭號　文山安邊屬縣。

△魚氏之部

咸興。

△蔡氏之部

端川　衛山安邊屬縣。

△裵氏之部

咸興　德源。

△孟氏之部

登州安邊別號　鶴浦安邊地方。

△郭氏之部

安邊。

△卞氏之部

咸興。

△全氏之部

咸興　登州安邊別號　瑞谷安邊屬縣　派川安邊屬縣。

△康氏之部

永興　德源。

△高氏之部

文川　三水　德源　靜邊永興鎭號　登州安邊別號。

△田氏之部

咸興。

△玄氏之部

咸興　瑞谷安邊屬縣。

△徐氏之部

咸興　登州安邊別號。

△宋氏之部

咸興　永興　登州安邊別號　福靈安邊屬縣。

△兪氏之部

德源。

△白氏之部

咸興　登州安邊別號。

△文氏之部

咸興　安邊　端川　北靑　靜邊永興鎭號。

△河氏之部

咸興　登州安邊別號。

△池氏之部

咸興　登州安邊別號　靑海北靑別號。

△吉氏之部

永興　瑞谷安邊屬縣。

△延氏之部

咸興　靜邊永興鎭號。

△朱氏之部

咸興　安邊　青海北青別號。

△周氏之部

咸興。

△廉氏之部

登州安邊別號。

△方氏之部

永興　高原　青海北青別號　文州文川別號　登州安邊別號

衞山安邊屬縣。

△孔氏之部

文川。

△劉氏之部

登州安邊別號　瑞谷安邊別號。

△卓氏之部

端川　登州安邊別號。

△咸氏之部

咸興　登州安邊別號

△楊氏之部

鶴浦安邊屬縣。

△馬氏之部

登州安邊別號。

△魏氏之部

靜邊安邊鎭號。

△車氏之部

永興。

△邢氏之部

安邊。

△仇氏之部

咸興。

△石氏之部

永興　端川。

△董氏之部

登州安邊別號　青海北青別號。

△邦氏之部

永興。

△扈氏之部

永興。

△路氏之部

北青。

△雲氏之部

咸興。

△千氏之部

端川　定平　文川　登州安邊別號。

△片氏之部

咸興。

△燕氏之部

德源　定州定平別號。

△陽氏之部

霜陰安邊屬縣。

△桑氏之部

安邊。

△敬氏之部

翼谷安邊屬縣。

△秋氏之部

登州安邊別號。

△拓氏之部

永興。

△那氏之部

文川。

△芳氏之部

翼谷安邊屬縣。

△印氏之部

鶴浦安邊屬縣。

△陳氏之部

永興。

咸鏡北道

△李氏之部
明川　鍾城　吉州（野人投化）　富寧（野人投化）。
△金氏之部
鍾城　鏡城　富寧　茂山　富寧（野人投化）　青海（北青。別號）
△朴氏之部
鍾城。
△鄭氏之部
鍾城　穩城。
△崔氏之部
吉州　鍾城　富寧（野人投化）　匡城（慶興別號）。
△韓氏之部
鍾城。
△吳氏之部
慶源。

△張氏之部
鍾城　茂山　吉城（吉州別號）。
△南氏之部
鍾城。
△徐氏之部
吉州。
△成氏之部
慶興。
△俞氏之部
鍾城。
△曺氏之部
慶興　明川。
△林氏之部
慶源。
△梁氏之部

富寧。

△孫氏之部

鍾城。

△魚氏之部

慶興。

△孟氏之部

鍾城。

△全氏之部

鏡城　鍾城。

△嚴氏之部

明原明川別號。

△田氏之部

鏡城。

△玄氏之部

明川。

△吉氏之部

吉州。

△朱氏之部

明原明川別號。

△廉氏之部

鏡城。

△方氏之部

英州吉州別號。

△王氏之部

鏡城。

△奉氏之部

鍾城。

△車氏之部

鏡城。

△童氏之部

富寧。

△龍氏之部

鍾城。

△秋氏之部

吉州。

△陰氏之部

吉州。

以上の外に邑屬未考として以下に記す地名の氏を擧げあり。其中には支那の地名たる曲阜、金陵、瑯琊の如きものあり。同上大地域名たる雲南の如きもの國名たる大元の如きものもあり。また支那、日本の歸化人の各其本國の本籍不明の者もあり。大多數は朝鮮の舊地名の中編者が其の地名の稱の何れの地に當るかを考證し得ざるものと。併せて元山、釜山、碧城、靑州等の如く地名は判明せるも、其氏の由緒不明とせるものなり。以上を一括して掲げられたり。

邑屬未考の氏

△李氏之部

日城　仁溪　潁川　弘州　瑤山　豐安

玉山　金巖　荊山　溥城　雪城　梨川　水津　寧山　歙州　完村　屯村　明月

梨城　成任　海豐　甘川　啓川　咸原　桂林　平章　並州　永宗　澤陽　繞山

宣城　參州　朝城　永海　河平　寶安　金陵　日平　延城　守陵　元山　牛溪

德順　廣山　永州　廣陵　湖州　花山　新安　渭溪　石井　江州　江興　洪山

等春　泰原　龍城　合州　熙陽　靑原
水鎭　箕城　盍州　寧城　懷陽　昌州
碧城　岑州　海巖　荊州　翕州　永原
鳳城　遁村　牙城　尙山　河漢　濟州元投化人
吉州野人投化　甲山野人投化　富寧野人投化　槐山日本人投化。

△金氏之部

花開　金郊　利城　咸原　廣山　永宗
金陵　延興　延平　靑丹　殷寧　津陵
淸善　豐海　甘川　慶城　原川　丘城
宜昌　晉州　昌陽　德津　花川　京州
潼城　永城　玉城　永登　靈城　雪城
鶴林　龍淵　龍阜　靑都　安樂　保恩
安陵　咸寧　香山　白洲　岑州　光原
昌州　溪林　盈州　淸城　石泉　永山
淸渠　河州　鎭峯　淵城　黑城　安興
鵝城　梅城　碧山　桂城　淸寧　金峰
交江　元州　河平　道原　峴山　光陵
德仁　同州　珍海　花原　保城　海陽
永江　日城　廣城　江原　古城　武高
凉州　宣城　宜城　甲山野人投化　大元中國
延城　廣陽　花山　洛城　笠山　龍城
連平　公州唐投化人　富寧野人投化。

△朴氏之部

臨湍　潁川　永海　永宗　利城　昌安
保安　保城　順原　晋城　碧城　義贇
淸海　靈海　務平　溪川　宜安　琴山
雲城　南安　尙山　春城　古城　靑州
呂山　曲阜　延城　雪城　文峰　達南
槐山日本人投化。

△鄭氏之部

金陵　鐵城　海豐　山東　錦陵　峯山
昌陵　蓬源　海東　瑯琊　長藩　漢川
安定　永原　京城　長豐　寧德　奉城

湍陽　一成　濟州元投化人。

△尹氏之部

茂松　泰原　河平　安興　元州　長平

甲山野人投化。

△崔氏之部

金陵　海豐　宣城　潼城　脩城　董城

瑞化　洞城　莞山　潭津　康陵　檠城

寧城　輸城　青城　寧川　章豐　安陽

光陵　永城　江津　軍豐　驪山　海西

咸城　保城　龍津　花山　信平　珍城

咸津　龍山　青安　越城　銅注　巴陵

寶寧　昌興　兎城　東川　銅州　遂城

東城　汾津　玄州　海岩　水城　川壤

長陵　徐州　臨洮　洛陽支那　青州　礪州

美山　龍江　甲山野人投化　富寧野人投化。

△柳氏之部

文海　山東　監州　馬山　城津　熙陽。

△洪氏之部

洪山　鶴林　順陽　晋坪　豐陵　南城

金鶴。

△申氏之部

永山　寧山　鵝州　山倉　慶城　豐安

高岑　淸源　槐山日本人投化。

△權氏之部

花山　東城。

△趙氏之部

咸原　箕城　玉川　玉浦　部川　臺川

稽山　慶城　芝山　臨州　順昌　雲平

琴山　白洲　豐城　珍寶　寧原　濟州元投化人。

△韓氏之部

驪山　西山　竹城　淸海　仙源　利城。

△吳氏之部

樹州　延川　保城　杞川　希陽　慶安

安西　斗原　洛川　欒川　青安　順化
碩城　清城　元州。
△姜氏之部
光陵　典山　惠山　順原　汾津　晉海
雲南中國　濟州元投化人　甲山野人投化。
△沈氏之部
宜陽。
△安氏之部
尼城　泰原　雪城　築城　麒麟　順陵
興峰　安興　廣陵　海山　遼東中國　雲南
中國　槐山日本人投化。
△許氏之部
松山　汾陽。
△張氏之部
熊州　永海　寧城　永城　高州　大完
洪城　元州　玉川　文城　安興　端安
宣山　化山　淸陽　啓陽　沃山　仁平

寶寧　寶城　廣永　大明中國　丹原　長澤
濟州元投化人　甲山野人投化。
△閔氏之部
昌善。
△任氏之部
汭陽　冠山　豆坪。
△南氏之部
河平　寧城　坡溪　乙陽　春城　月谷。
△徐氏之部
花山　連城　梨川　興川　寶安　寶原
鳳城　普原　佳城　慶山唐投化人。
△具氏之部
德興　昌彥。
△宋氏之部
鎭原　青川　月谷　礪山　丹城中國　濟州
元投化人。
△俞氏之部

尼城　箕城　文海　極城　大元（中國）　寧川
杻城。

△元氏之部

花山　元州　元豐　廣海。

△黃氏之部

花山　宜城　濟安　青州　寧州　昌安
杻城　長州　玉川　淸海　尙山　遼東
長安　甕川　山東　日新　杭州。

△曹氏之部

永宗　仁山　釜山　昌燕　豐安　守川
昌慶　江安。

△林氏之部

雪城　宜城　玉山　石津　保城　任浦
玉丘　臨泉　湖津　臨川　潮陽　達田
會鍊　平津。

△呂氏之部

龍城　咸寧。

△梁氏之部

金陵　南安　薊城　雲南（中國）。

△禹氏之部

丹川。

△羅氏之部

德平　居平。

△孫氏之部

咸原　永宗　安陽　玉山　山東　咸永
田山　大元（中國）。

△盧氏之部

元州　文海　陳江　銅州　朝陽　義山
玄城　大元（中國）　槐山（日本人投化）。

△辛氏之部

承州　靈城。

△丁氏之部

昌安　南安　白城　開谷　牛山。

△裵氏之部

梨方　西山　石溪　大同　南安　丹溪
龍山　大東　河巖。

△郭氏之部

寧城。

△邊氏之部

元州　大元中國　安康慶州屬縣唐投化人。

△慶氏之部

慶城。

△白氏之部

昌州　雪城　銀石　海岑　書山　安興
白城　海岸　槐山日本人投化。

△全氏之部

花山　雪城　延平　青城　玉川　迎善
玉山　慶城。

△康氏之部

雲南　康陵　安陵　珍海　坡島。

△嚴氏之部

寧城　明月。

△高氏之部

潁川　雪城　玉山　龍津　濟海　丹丘。

△田氏之部

潭陽　海豐　雪城　寧城　木平　廣平
華山　端川　大明中國　京城。

△玄氏之部

安平　咸原　杻城　延川　保城　順原。

△文氏之部

泰原　河平　文海　保城　長潭　文城
丹川　寶寧　瑞城　多城　江城　鎭山
福城。

△河氏之部

定安。

△池氏之部

翕山　長州　丹山。

△陳氏之部

雪城　成川　箕州　汝陽　龍山　珍海
梁山中國投化人。

△庾氏之部
五湖。

△吉氏之部
旺垈。

△延氏之部
慶川　遼東。

△朱氏之部
尙山　蛤海　大明中國　固城唐投化人。

△周氏之部
濟州元投化人。

△廉氏之部
龍津　龍岡　石泉　龍潭　坡島。

△潘氏之部
陽節　娥林　遼東投化人。

△房氏之部
康地。

△方氏之部
金陵　雪城　河原　茂安。

△孔氏之部
金陵　石州　昌安　松城。

△王氏之部
遼東中國　山東　延山。

△劉氏之部
花山　玉山　文海　雪城　玉川　咸淸
開興　釼州　會原　開永　古縣　義陽
寧州　慶山唐投化人。

△秦氏之部
大元中國　泰原　濟州元投化人。

△卓氏之部
河平　延平。

△咸氏之部
龍城　柳川。

△楊氏之部
雪城　安興　西蜀。
△薛氏之部
雪城。
△馬氏之部
穆川　杜興　茂城　陸川。
△佘氏之部
林京。
△卜氏之部
築城　篤城　涓川。
△芮氏之部
武溪　茂溪。
△牟氏之部
河平　箕城。
△魯氏之部
咸清　照海　晋江　長澤　河平　雪城
大元中國。

△玉氏之部
雪城　山東。
△宣氏之部
咸原　咸城。
△都氏之部
荊州。
△陸氏之部
鎭南　王川。
△車氏之部
脩城　蘆田　順原　連安　陜山　餘安
藍州。
△皮氏之部
丹州　坡島。
△石氏之部
濟州元投化人。
△童氏之部
富寧野人投化。

△龐氏之部
淐陽　大元中國。
△諸氏之部
江州。
△珠氏之部
慶州日本人投化。
△董氏之部
雪城　潁川。
△胡氏之部
胡封。
△扈氏之部
津平　河平。
△桂氏之部
幽州。
△對氏之部
雲南中國。
△段氏之部

加音　花山。
△簡氏之部
佳平　海州。
△邵氏之部
河南中國　西蜀　安康日本人投化。
△千氏之部
銀溪　希昌　元山　延川。
△片氏之部
元山。
△舍氏之部
活川。
△邢氏之部
槐山日本人投化。
△登氏之部
固城唐投化人。
△程氏之部
河南中國。

△陰氏之部

雪城。

△占氏之部

槐山日本投化人。

△綠氏之部

慶山日本投化人。

△葛氏之部

分園　河源　大元中國。

△宅氏之部

槐山日本投化人。

△國氏之部

大明中國。

△直氏之部

槐山日本投化人。

△墨氏之部

遼東中國投化人。

以上列擧の姓本總計四百十姓其姓を見るに、大體は『東國輿地勝覽』の記載を元とし、是れに數多の書の記載を採りて、補足したるものと考せらる。卽ち現實を目的としたる調査資料に據りたるに非ずして、古昔より各地方に存在したりとする姓を不殘網羅し之に氏字を附したるものなり。

其揭載の地名の中現在の地名と異なるもの一千三百八十有餘あり、其中には德水何氏、完山何氏、熊川何氏等の如き百濟、高句麗、新羅時代の地名を今に世に呼稱するものもあれど。中には昔より今日迄世に呼稱せられざりし氏を擧げある者多し。例之ば比安谷李氏、爭忽朴氏、鐵冶金氏、伊次吞尹氏、所仍村崔氏、楸子韓氏、禦侮吳氏、貢牙任氏、鵝州曺氏、阿磨代車氏等等とある如きの類は。未だ嘗て他の文獻にも載せあるを見ず。また口に稱呼したることあるを耳にせざる所たり。

要之本書の記載は、歷史上に存在する古昔よりの姓を不殘收錄して。悉く之に□氏□氏と氏字を付して、列擧したるに過ぎずと謂ふべし。其網羅したる姓も。昔よりの傳統觀念によりて、兩班を中心とせりと雖も。また一面には、吏姓、竝備局謄錄に記されたる、支那に漂流したる庶民の姓迄も拾ひ上げて悉く氏字を付し。僧姓たる釋迄も收めて、慶州釋氏とせる如きは、姓と氏とを混同せる點ありと謂ふべく。編纂者に確乎たる識見も史眼も無く。徒らに氏數の多からんことを欲して出鱈目に、氏の大增加を試みたりと評する外無し。玆に之を收錄したるは唯參考の一資料とせん趣旨に出で。此記載悉くを、史料として承認したるものに非ず。

然而して現在の氏數は幾許あるかと言ふに。元來何々氏と稱するは皆大抵自稱に出で。何等法制上の根據あるに非ず。また社會的規範あるに非ず。唯公私一般が之を認識する事に據つて社會的に通用するものなり。其認識標準も時代により、地方により亦多少の差異ありて、現在何氏と稱する者も。甲は之を兩班とし乙は之を吏胥とし他は之を土姓とし、自から之を否らずとする等の類あるものなれば。古昔よりの門閥たる著姓の外は、確然と何百何十氏ありとは定め得べからざるものに屬す。

第六章　外國系の姓氏

外國より來投歸化せし人の姓氏として、朝鮮の文獻に載せられたる者甚多く。其中支那系の者大部分を占む。是を其實質により大別すれば。

一　史學上より之を承認し得るもの。

二　史的價値の有無に付ては猶攷究を要すべきもの。

三　單に傳說又は故造謫說として觀るべきもの。

其中三に付ては既に第一編第十章に掲錄したり本章に於ては一、二に付て以下に記載せんとす。

第一節　日本系

(1)　李　盧　申　占　白　律　宅　物　直　刑　朴　安。以上十二氏

忠淸道槐山郡姓氏の部に日本投化人として掲載す。『東國輿地勝覽』（以下略して輿覽とす以上十二氏）。

（2）　綠　珠

慶尙道慶山郡の部に日本投化人として掲載す『輿覽』右二項は正宗十三年『輿覽』を修補せし時加へたる者なること。第一編第三章に記せる如し。蓋し此等の姓の祖先たる者は、文祿、慶長役に關係あるものなるべし。

（3）　金　氏

壬辰倭將沙阿可劍我朝に歸命し、屢戰功を立つ。本朝姓名を金忠善と賜ふ。『備局謄錄』。

金忠善字は善之、原と日本の人、本姓は沙氏、名は也可と曰ふ。萬曆壬辰淸正の左先鋒と爲り、兵三千を領して海を渡り。朝鮮の文物を慕ひ、慶尙兵使朴晋に歸附し、重ねて奇勳を立つ。兵使啓聞し朝家二資を超へて嘉善を授く。後又都元帥權慄、御史韓浚謙の褒啓により資憲に陞る。……後正憲に進む……云々。『慕華堂集』此の後裔、今慶尙北道達城郡嘉昌面に繁衍せり。其家譜には金海金氏とせり。

右の外

太祖、太宗の時代海賊の降伏歸化人に姓を賜はりしこと。第一編第四章に記せる如し。足利時代に於ける此類の投入者及文祿慶長の役の殘留者にも亦同一の者多かりしなるべく。萬暦年代の蔚山戶籍の中にも、降倭僉知、世和致、同判事世叱已等の氏名十數戶あり。此類顯出せず、同化融合せし者多かるべし。

『世宗實錄』には……禮曹啓す、向化の倭馬三甫老、廣州戶長李間の養子となり。姓李を冒し、楊州戶長韓原の女を娶り、子李根を生む。根讀書今擧に赴かんとす。其志尙すべし。請ふ試に赴くを許されんことを。之に從ふとあり。『燕山君日記』には、惡政を誹謗せし貼紙を爲せし者の嫌疑者千餘人を囚へし中に、高柱尙なる者、憤慨し。我は元日本人なり、何ぞ汝等の手に死せんやと自刄せること出づ。

第二節 滿洲系

(1) 原州邊氏

『高麗史』列傳……邊安烈は本と瀋陽の人。元季亂興に因て、恭愍王に從つて來る。鄕を原州に賜ふ。『嘯臯集』……邊公墓表……公本と中土北地の人遼濟に生る……至正辛卯恭愍に隨ひ徂東す。王妻はすに戚里判樞密元顗の女を以てす。元の本籍は原州。故に公亦因つて原州を賜ふて郷と爲す。

(2)　崔　尹　李　金　張　姜　以上六氏

『輿覽』甲山郡の姓氏の部に投化とあり。『甲山邑誌』同上。

(3)　童　崔　李　金　以上四氏

『輿覽』富寧郡姓氏の部に投化とあり。『富寧邑誌』同上。

以上二項唯投化とのみ記せるも。野人と推定し玆に掲ぐ。

(4)　浪　氏

『盎葉記』……近日浪處浩、浪世龍なる者あり……浪氏は野人向化者の裔なり。

(5)　遼東潘氏　遼東壟氏

投化人『增補文獻備考』(以下增備と略記す)。

(6)　李　氏

『典故大方』……宣祖壬辰の時、明の將として來りし李如松の孫應祖。其祖の遺命により東來し、後裔淮陽に居る。同書、丁酉の時總兵として東來せし李如梅の孫、成龍脫身東來。其後裔江華に居す。

高麗以來女眞人の投化したる者甚多し。其中には重要なる地位を得たる者も鮮なからず、例へ李朝太祖の肱臣とも幼少よりの友人とも謂ふべき佟豆蘭の如し。此等の後裔の兩班となりし者も多かるべきに。其祖を女眞人とする者一人も無し。蓋し高麗李朝を通じて北方支那人を胡夷として賤視するの僻見あるにより、是を名譽とせず。其系統を塗抹せしに由るものなるべし。但だ女眞の姓を今日に傳へたりと思はるゝ者に左の一姓あり。

（7）　溫　氏

『高麗史』に高宗己丑八月に……東眞四十人、托言追溫廸罕至和州……とあり。此溫廸罕は女眞姓氏の一にして『金史國語解』に溫の一字にて表出され居り。此溫氏は吉林の東方綏芬河より間島方面に繁榮せし名族にして。右高麗史記事は溫廸罕が豆滿江の彼方より脱出して高麗に逃入せしものならん……云々と稻葉博士（岩波講座）日本歷史中に出づ。

現に咸北慶興郡雄基邑、吉州郡吉城面、城津郡城津邑、茂山郡三社面、穩城郡訓戎面、鏡城郡漁郎面及咸州、北靑、三水、長津、豐山、利原、甲山、洪原等々の二十九面邑にある溫姓の中には其後裔多かるべし。

第三節　蒙古系

(1)　延安印氏

『高麗史』……印信本と蒙古の人、初の名忽刺歹。齊國公主の怯怜口。怯怜口は華言私屬の人也。三哥車古歹と與に公主に從つて來る。中郎將に補す、遂に姓名を改めて印信と爲す。

(2)　羅　氏

『同上』……羅世は本と元人也。恭愍の朝、諸將と擊つて紅賊を走らす。功を錄して二等と爲す。

(3)　全　氏

同上』……全義は胡人、本名、也列哥。恭愍の末密直を拜す。

(4)　趙　李　石　肖　姜　鄭　張　宋　周　秦　以上十姓

『輿覽』濟州姓氏の部に、以上の姓、元とあり。『東史綱目』には……按ずるに元の時留鎭及牧馬を以て元人の濟州に來住する者甚多し。忠烈王の時、元罪人四十を此に流す。故に濟州元人の子孫多し。今（頭書の姓）の籍元を以て姓貫と爲す者是也。

（5）　淸州楊氏

『龍洲集』……通政大夫安邊府使蓬萊楊公墓碣……先生諱は士彥、字は應聘、蓬萊と號す、又海容と號す。元の成帝の時、始祖起、侍中を以て齊國長公主の釐降に陪す。高麗忠宣王、上黨伯に封す。故に淸州楊氏と爲る。

（6）　牙山蔣氏

『大東韻府群玉』……元の神慶衛の大將軍蔣壻。麗末に亂を避けて來つて牙山へ寓す。遂に土姓となる。

（7）　安陰西門氏

『錦谷集』……元の至正年間公主を高麗に送る。西門其行に記從して出來る。恭愍に仕へ侍中中郎と爲る。因て鄕貫と爲す。

（8）　原州邊氏

『輿覽』……原州姓氏の部に、邊賜姓瀋陽とあり。『增備』には、始祖、祖順の孫安烈兵部尙書を以て、高麗恭愍王の初年魯國公主に陪し東來す。補祚功臣領三司事、原州府院君に封す。夫人の姓貫に從ひ仍つて籍を原州に賜ふ……とあり。

（9）　黃　氏

『典故大方』黃石奇は本と元人を以て恭愍王の時魯國公主に陪し東來佐理平章事檢山府院君となる。

『陶谷集』高麗檜山府院君恭僖黃公墓表。公諱は石奇中朝の人也。高麗忠肅王の時公主に從つて東來す、昌原に封ぜらる。子孫仍つて貫とす。『增備』には恭愍王の時魯國公主に陪して東來、本と元人なりとあり。

(10)　德水張氏

『谿谷集』平山申氏墓誌銘。德水張君有良、申氏と曰ふ……張氏の先舜龍と曰ふ、本と元朝より東來す。官僉議參理に終る。德水に食采す、因て貫と爲す。

以上各項の中には蒙古人なるや又漢人にして蒙古に仕宦したる者なるや不明のものあれど便宜上掲記せり。

第四節　渤海系並契丹系

(1)　王　氏

『高麗史』……太祖十七年渤海は契丹の滅す所となる。世子大光顯數萬を率ゐ來投す。姓名を王繼と賜ふ、之を宗籍に附す。

(2) 金隱大洪 以上四氏

『同上』……太祖十一年渤海人金神等六十戶來投……同、大儒範民を率ゐて來投。同隱繼宗等來附す。同十二年洪見等來投。

渤海の滅亡の時高麗に投入せる者甚多く此類『高麗史』に出たる者多し、他は省略す。其子孫の中其姓を保ちし者も有るべきも。爾來兩班の家に渤海系なりとせる者無し。蓋し之を名譽とせざるに因るものなるか。唯南鮮某所に渤海大氏の系譜を藏する者ありと云ふ。

(3) 尉氏

『高麗史』列傳尉豹は本と契丹の人、明宗の朝散員同正となる。

第五節 回鶻系

(1) 張氏

『高麗史』列傳張舜龍は本と回々の人、初の名三哥。齊國公主の怯怜口を以て來る。郎將を授く、累遷して將軍となる。今の名に改む。

(2) 慶州偰氏

『同上』偰遜は回鶻の人、世々元に仕ふ。遜は順帝の時中進士出でて單州に守たり。父の憂に居り大寧に寓居す、紅賊大寧に迫る。恭愍王七年兵を避け東來す。王の元に在るや遜と舊あり、是に由て待つ甚だ厚し、第を賜ひ高昌伯に封す。

『世宗實錄』地理志……賜姓一偰。元の崇文監丞偰遜は高昌の人、元季兵を避けて東來す。其子判三司長壽、鄉貫を賜はらんことを請ふ。太祖命じて鷄林を以て本貫とす。

(3)　林川李氏

『世宗實錄』地理志……林川の李姓一の割注に……李玄は本と畏吾國の人也來つて投化通譯に功あり。命じて林川に付籍す。

第六節　中央支那系

(1)　宣　氏

明の太祖洪武十五年奉使東來したる宣允祉は留り居り。寶城を貫とし、後孫若海仁祖の朝奉使瀋陽に入り功あり。其後裔長城、樂安、寧邊、江華、坡州に居す。右『典故大方』に出づ。以下(2)より(23)迄皆同じ。

(2)　麻　氏

宣祖丁酉提督として東援せし、麻貴の曾孫舜裳朝鮮に漂到し。其後裔陜川に居す。

(3)　石　氏

明の兵部尙書石星の後裔清風に居す。

(4)　史　氏

明の禮部尙書史繇の後裔、江華坡州に居す。

(5)　萬　氏

明の經理使萬世德の後裔、京に居す。

(6)　賈　氏

明の兵部尙書賈維鑰の後裔、泰安、安東に居す。

(7)　董　氏

宣祖戊戌東援の提督董一元の後裔鎭川に居す。

(8)　片　氏

浙江の人明の摠節使片碣頌の後裔結城、金山に居す。

(9)　施　氏

宣祖壬辰麻貴に隨ひ東援せし施文用、星州に卜居。其後裔仍ほ居す。正宗癸丑の敎に曰く。『文獻撮錄』には……施文用は壬辰天兵の逃れて我國に在る者也。正宗癸丑の敎に曰く。星州曾て聞く明洞と稱する者あり。卽ち壬辰東援中軍施文用の洞墟と云ふ。文用の父允濟官は兵部尙書、石公東援の策に力贊す。而して文用積勞行間因つて我國人となる。宣廟の朝僉樞の職を授く。英祖の朝亞卿を贈る。且文用の後有り。賤役に簽する勿れの敎あり。今思はざるべけんや。後裔を收錄して道伯をして召見せしむべし……とあり。

(10)　陳　氏

明の宗人府の儀賓陳鳳儀の玄孫、明末東來。其後孫京に居す。

(11)　康　氏

宣祖壬辰右協將康世爵の後裔、椵島より東來し、茂山に居す。

(12)　胡　氏

明の吏部尙書胡士表、丁丑椵島より東來し。其後裔茂山に居す。

(13)　田　氏

明の兵部尙書田膺揚の孫好謙、椵島より東來。其後裔通津に居す。

(14) 楚氏

明の星山公の後裔、明川に居す。

(15) 千氏

明の花山君の後裔、忠州、镒山、綾州、利原、海州、吉州、端川、開城、明川、清安、咸陽、茂朱、長城、寧海、咸昌、北青、鐵原、水原に居す。

(16) 潘氏

明の通政潘騰の後裔、金化に居す。

(17) 鄭氏

明の吏部左侍郎鄭文謙の後裔京に居る。同瑯琊の人進士、鄭先甲東來。其後裔京に居す。

(18) 黃氏 柳氏

明の池下留守、黃功、仁祖丁酉瀋陽より鳳林大君に陪し東來。後裔京に居す。此れより柳溪山幷に九家同時に東來。

(19) 王氏

明の庠生青州の人、王文祥の後裔、京又江陵に居す。同濟南の人庠生王以文の後裔、京、楊州豐德に居す。

(20)　馮　氏

明の臨昫の人庠生馮三仕東來。後裔加平、丹陽、永春、陽智、豐基、楊州に居す。

(21)　裵　氏

明の大同の人庠生裵三生東來。後孫京に居す。

(22)　秋　氏

明の完山君の後裔、林川、淸安、舒川、陽德、茂朱、安岳、金化、忠州、文義に居す。

(23)　䜣　氏

大明戶部郞中䜣順の後。

(24)　密陽唐氏

『輿覽』密陽人物の部に……唐誠浙江明州の人、元末亂を避けて東來。本朝の初より專ら事大吏文を掌る。命じて本府を以て其籍貫と爲す。『增備』には唐有誠とあり。

(25)　明　氏

『典故大方』元末蜀に據り帝と稱す。國號大夏、明の太祖旣に蜀を定め、其子昇及其家族を我國に遷す。之をして官と做さず、民と做さざらしむ。後孫光啓、宣祖の時文科に登る。『文獻撮錄』明昇九歲擒にせられ我國に至る。昇の母曾て皇太后の爲めに每夜天に向つて祝して曰く。天なる哉、天なる哉、我をして播遷せしめしは、專ら蜀大臣の罪也。大臣大明と相通ず……云々。太宗の朝王妃の冠服大明より來る。宮中翟衣被荷の法を知らず、昇の母を招いて宮に入り指敎せしむ。今明氏の苗裔開城に居る者陳理あり理子無し。只外孫に成俔あり。

(26) 豐川任氏

『增備』本と中朝紹興府玆溪縣の人。公主に陪して東來、籍を豐川に賜ふ。

(27) 興德陳氏

『同上』元末陳友諒武昌に據つて帝と稱し國號を漢と爲す。敗死するに及び子理、明に降る、太祖平漢公に封じ之を高麗に遷す。我太宗の朝順德侯に封す、一派を爲す。

(28) 谷山延氏

『同上』本と中國弘農の人、公主に陪して東來谷山に居る。因つて以て貫と爲す。

(29) 尙州方氏

『同上』本と中國中牟縣の人、東來。後元帝命じて河南侯を贈る。

(30)　豐德張氏

『栗谷集』豐德の張中朝より出づ。浙江の人張伯昌、宋の貴臣を以て子舜龍と黄巣の亂を避けて來り貞州に接す、遂に郡人となる。『典故大方』には德水張氏とあり、德水は古豐德の屬縣。

(31)　瑞山鄭氏

『增備』……本と中朝の人始祖、臣保宋朝の員外郎となる。宋亡んで海に浮んで東來す。終身仕へず鄕祠を享く。

(32)　葉　氏

『高麗史』顯宗三年宋人葉居腆來投。

(33)　富寧余氏

『增備』宋の諫官余善才東來、富寧に食邑す。仍て以て籍と爲す。

(34)　咸從魚氏

『同上』始祖化仁本と中朝馮翊府の人。南宋の時亂を避けて東來す。初め江陵に接す、後咸從に徙る。後又晋州に遷る。

(35)　黄州邊氏

『同上』平公の子御戎字は子邊。子孫仍て邊を以て氏と爲す。隴西に居る。汴宋の亡ぶや海に浮んで東來し取城に居る、取城は今の黄州。子孫仍て黄州を以て貫と爲す。

(36) 居昌愼氏

『同上』宋の開封府の人修なる者あり。高麗文宗の時東來す……。此一族今現に慶尙南道居昌郡に二百餘戶居住す。

(37) 雙　氏

『高麗史』列傳……雙冀は後周の人、周に仕へて武勝軍節度巡官將仕郎となる。光宗七年冊封使に從ひ來る、病を以て留て仕ふ。

(38) 大邱夏氏

『增備』始祖欽、宋朝の都督を以て來る。東國に居る、始め大邱に籍す。

(39) 居昌章氏

六百餘年前、高麗文宗の時、宋の開封府より東來す、現在慶尙北道居昌郡に一族二百餘戶居住す。『同面回答書』

(40)　林川趙氏

『增備』本と宋の太祖の第二子、岐王德芳の後、中朝進士に登る。亂を避けて東來、高麗嘉林君に封ず。仍て籍と爲す。

(41)　海州吳氏

『典故大方』始祖仁裕高麗成宗三年甲申、宋朝學士を以て東渡。海州に籍し國朝に仕ふ。

(42)　南陽洪氏

『蒼石集』……通訓大夫司憲府持平洪公墓碣……唐才子八人を遣はし來つて高句麗に敎ゆ。洪其一也、至つて南陽に居る、遂に以て貫と爲す……。南陽の洪に二派あり、世に此洪を唐洪と稱し、他を土洪と稱す。

(43)　缶林洪氏

『木齋集』缶林洪氏族譜序……吾始祖學士大唐の初、楚より遼東に至る、而して遂に東來す。牧隱李先生の唐城引に詳しく其事を載す。麗の中葉に迨び諱鸞なる者あり宰相に位す。南陽より嶺の缶林に徙る。其後遂に缶林の洪と爲る。猶古の大夫の如し、王父の字を以て氏と爲す。而して姓を別にする也。今缶林の譜を作つて南陽と別つ。

(44) 丁氏

『典故大方』唐宣宗大中七年衍邦なる者あり東來す。

(45) 呂氏

『增備』本と中國萊州の人、唐の僖宗乾符四年新羅眞聖王の時、黃巢の亂を避けて東來す。咸陽、星州、密陽、金海に分籍す。金海、密陽は則ち聞ゆる無し。咸陽、星州は則ち東方の著姓となる。

(46) 盧氏

『增備』唐末盧氏兄弟四人中國より東來し新羅に仕ふ。垓は光州伯となる、塢は交河伯と爲る、坵は長淵伯となる、址は豐川伯となる。各封邑を以て貫と爲す。

(47) 高靈司空氏

『同上』唐の僖宗の時の人其子孫亂を避けて東來す。

(48) 延安李氏

『東國文獻備考』延安李氏の始祖茂、唐の高宗の時中郎將を以て蘇定方に從つて東に來る。百濟を平ぐ仍は留つて新羅に仕ふ。籍を延安君と賜ふ、『退溪集』に大體上項と同一の記事あり『象村集』には本項世傳として出づ。

(49)　寧越嚴氏

『增備』始祖光、郡守嚴泓族譜に云ふ。唐の天寶年間嚴氏上价となり坡樂使を以て奉命東來、仍つて寧越に居て返らず。

以下投化の時代不明のもの。其中唐とあるは、李朝公文、文獻の記載の用字例として。唐とは唐朝の唐に限らず。宋、元、明、淸等の時代の漢族の人を指稱す。

(50)　商山李氏

『增備』始祖之煥中朝河間府より出來る。籍を尙州に賜ふ。

(51)　池　氏

『同上』始祖宗海本と中國人、海に浮んで東來す。

(52)　忠州梅氏

『輿覽』忠州姓氏の部に賜(姓)中原濟南とあり『大東韵府群玉』其先中原の濟南縣に出づ。姓を梅氏と賜ふ、忠州に籍す。

(53)　南陽房氏

『退溪集』南陽の房郎玄齡の後、中朝より東來す。

(54)　昌原孔氏　淸州楊氏　豐川任氏　豐川唐氏
『同上』皆中國より出來る。『芝峰類說』
(55)　羅州羅氏
『蕭齋集』羅州羅氏族譜重刊後序……羅氏本と中國豫章の人、東來して羅州に籍す。
(56)　龍宮曲氏
『輿覽』其郡姓氏の部に唐投化とあり。『增備』には、唐の投化人、高麗太祖元年曲矜會、評察となる。
(57)　玄風郭氏
『增備』其先關西弘農の人中國より東來す。
(58)　固城登氏　固城朱氏　安康邵氏　咸興朱氏　通川太氏　梁山陳氏　公州金氏
慶山全氏　慶山白氏　慶山劉氏　慶山徐氏　以上十一氏
右『輿覽』其府郡の部に、單に唐の投化として出づ。
(59)　安康邊氏 慶州屬縣　梁山陳氏　管城陸氏　丹城宋氏
右『增補』に、單に唐の投化人又は、中原より東來として出づ。

第七節　南方、西方支那系

（1）　王

『高麗史』王三錫は本と南蠻の人、性狙詐輕躁才術無し。嘗て商船に隨つて燕に至り人に糊口す。忠肅王元に在り三錫幸臣に因て見を求む。王之を悅ぶ遂に王に從ふて東還醫術を以て王に媚ぶ。近幸を得寵眷比無し、稱して師傅となる。

（2）　對　姜　梁　安　以上四氏

『輿覽』濟州姓氏の部に、右四姓雲南。大明の初め雲南を平定し、梁王の家屬を徙し州に安置す、とあり

（3）　楊　邵　以上二氏

『增備』邑屬未攷の項に西蜀と出づ。其原據とする所詳かならず。

以上外國系姓氏を文獻より拔記せる大略也。猶詮索せば此類多かるべきも。唯大要を摘するに止む。

第七章　系譜の書

第一節　譜書の起原

系譜の記錄と之が保存は血統を尊び其承くる所を明かにして、是を名譽とすることに由來せりと雖も。姓氏門閥が社會の根底に勢力を養ひ、一族を一單位として其生存要件と爲し。それ等名門の所出が政治的にも社會的にも、互に威福を張り特權榮譽を競ふことの情勢を見るの世とならば。更に系譜の使命に重要性を加へて是を以て一族の團結力凝成に資し。併せて他の冒稱者を防ぎ。他族との對競に用ひ、且はまた身分證照の具となすべく。門閥相競ひて之が編成刊行に力を注ぎ其尊榮的使用價値を大ならしむるに至るに必然の歸趨にして、支那、日本、朝鮮共に以上の徑路を同くせるは歷史の證明する所なり。是れ縱系圖が後に橫系圖に擴がり、筆寫が、版行に進みし所以なるべし。故に家譜の發達は單に祖宗崇拜の信念のみにより起るものに非ざることを曉らざるべからず。

支那に於ける譜書の沿革に付ては『該餘叢考』に南史に王僧孺（梁の人、齊に仕ふ、十八州譜百家譜の著あり）

か譔譜を命ぜられ、譜の自から起る所を知らず。以て劉杳に問ひ、劉杳の答に、桓譚新論に云ふ。太史公三代の世表旁行邪上並に周譜に效ふと……此を以て推せば周代に起るに當る。周の小史を按ずるに繫世を定め昭穆を辨ず是れ譜學の周に起る疑無し。唐の柳芳の論に曰く、三代多く官を世々にす。其後或は國に氏す則ち齊、魯、秦、吳。謚に氏す則ち文武宣成。官に氏す司徒、司馬。爵に氏す王孫公孫。字に氏す孟孫叔孫。居に氏す東門北郭。物に氏す三烏五鹿。事に氏す巫乙匠陶。漢の高祖は布衣に起る故に氏族を重んぜず、然して漢の鄧氏已に官譜あり。應劭に氏族一篇あり、王符の潛夫論亦姓氏一篇あり。魏に至つては九品中正の法行はる、是に干る權右姓に歸す。州の大中正主簿、郡中正功曹皆著姓の士族に取る。之の爲に有司選擧必ず譜牒を稽ふ、故に世曹の譜あり、世官あり……云々と其歷史の大要を略說せり。

『隋書』經籍志、『唐書』藝文志、『宋書』藝文志中にも系譜の書多く出づ。隋唐以來官に上るには簿狀あり、家に系譜あり。官の選擧必ず簿狀により、家の婚姻は必ず譜系によれり。『唐書』に……晉の遷播に遭ひ胡醜華を亂し、百宗蕩折、士は墳墓を去り子孫猶系錄を挾んで以て承る所を示す……とあり。譜書が士類に於て祖先崇拜の精神的價値と共に生存上の唯物的價値ありしを察すべし。

朝鮮に於ける譜書の作成は、李朝明宗十七年に成りし文化柳氏の族譜を始とす。『燃藜室記述別集』に……我東の族譜は嘉靖年間に文化柳譜最先に剏む。而して纖悉外裔を詳載す、故に後來譜を修するの家は輙ち就きて考訂す……とあり。茲に文化柳譜を最先なりとするは、宋、明に行はれし形式に倣へる家譜の編纂發刊を指すものにして、其前に於て高麗時代より各門閥簡略乍らも縱を主とせる系譜の文書筆寫せられて保持傳來せし者ありしことは四圍の社會的事情より想察して誤り無かるべく。それ等の文書は各家族譜の資料ともなり。族譜刊行後不用に歸し遂に散逸して傳はらざるものなるべし。

朝鮮に於ける譜書の刊行が他の支那文化模倣に比しては甚だ遲れたるは。中古に於て閥族が門地相競ふの弊割合に盛ならざりしと。又一は私家出版が容易ならざる難事業なりしにも因るものなるべし。文化柳譜の出來上りし時代は黨爭士禍漸く熾ならんとし、其明宗時代の士禍には多數の柳氏――文化柳氏と他の柳氏――が渦中に在りしこと等を考ふれば、其發生は決して偶然ならず。切實なる要求が之を生み出したるものなるべし。

王室に於ては顯宗の時『列聖王妃世譜』の刊行あり。肅宗の時『璿源譜紀略』の刊行あり。英祖の時『國朝譜牒』成る。士家に於ても、柳譜以降續々族譜の作成刊行を見るに至れり。蓋し生存上其必要ありしと共に、家に族譜無きは榮譽に非ずとする如き名聞慾にも由來せるものなるべし。近代其刊行割合に經費を要せず容易く行はるゝに及び、重修增新刊の行はれしもの亦多く。舊刊と併せて有名無名の士家殆んど族譜の一卷を藏せざるもの無きに至れり。

族譜は昔より、戶籍の原本、敎旨等と共に祠堂に藏められ最も鄭重に保存せられたり。

第二節　族譜の作成

朝鮮の族譜の形式は明代のものに據れる如し。族譜には大同譜と派譜との別あり。大同譜とは一血族の始祖以下其子孫幾代に及ぶもその幹枝を悉く錄するものなり。卽ち血族を同ふせる一姓氏全部の系統錄なり。派譜は一姓氏が其年處を經るや幾多の分派を生たる其分派の族譜なり。

族譜の作製には左の手續及び方法を採るを普通とす。

(イ)　宗會　族譜を刊行せむとする時には、先づ宗會を開催し、作譜を議決し。然る後通文(通知書)を發して、一族各派に通知し。各派より各家に通知し各家より單子を聚收す。

(ロ) 單子 とは各派子孫の族系及び族員の生卒年月日、官職、女壻、外孫等を詳記せし書票を云ふ。

(ハ) 事務 作譜事務を取扱ふ所は、宗派(始祖よりの直系子孫)の家に、又は別に之を定むることあり。而して作譜事務を執る者は、子孫中履歴ある者にして。その役員の名稱及び事務は次の如し。

收單有司 單子を收むる者一人若くは數人。

校正有司 單子編輯の際正誤をなす者一人若くは數人。

收錢有司 一族の子孫より經費を收むる者一人若くは數人。

掌財有司 會計事務を掌どる者、一人若くは二人。

(ニ) 經費 作譜に要する經費は、一族中現在生存する子孫悉く之を負擔するものなり。之を名下錢(名義錢卽ち割當金)と云ふ。その出金額は成人と童子とに依り、若干の差ありて冠一兩童五錢の古諺あり。經費に不足を生ずる時は、子孫中より義捐に依り、又は宗中財産ある場合には之に依りて充當することあり。之を名下錢に對して別鳩錢と稱す。

(ホ) 刊行頒布　刊行せる族譜は、各派に其若干部を配付し經費不充分なる時は各派の宗孫にのみ配付す。又各派にて多數を得んとせば別に實費を出して配付を受けざるべからず。

(ヘ) 體裁及記載　族譜の體裁は一般の書冊と異ならず。但し數字を以て頁數を表はす以外、毎葉千字文の一字宛を記し對照の必要する個所には其符字を記し以て索引に便にす。

記載する者は、始祖より其子孫幾代に至るも皆其名、字、號、謚號。

生、卒、何王朝干支幾月幾日(生卒)

官、職、封號、科榜、刊譜時生存する者は今何官とし。現職なき者は前任何官と記す。

勳業、道德、忠節、孝烈、旌表。

文章、著述。

配　其貫、姓、父、祖、曾祖以上の顯祖。

外祖。

子女。

出嫁の女の夫、外孫、外曾孫の氏名等。

墳墓の有無、失傳、其所在地、坐向、其圖形、碑石、碑文、家狀、行狀、墓誌銘、墓表、陰記等竝其撰、書の人名。

后、無后者(あとつぎ)あるや否や。

代、始祖を一代と稱し、其以下順序を以て代數となす。

族譜には始祖の姓名は之を具書すれど、其始祖以下は姓を書せず。 子何某と書するのみ。 而して實生子は子某と、養子は繼某と書す。

譜中の女が王后たりしものは女〇〇〇と書し、其行最上位に某王后と記す。譜中の男が駙馬(王女の婿)たりし時は、其官職を書き並に、〇尙某公主(翁主)と書す。

右は族譜記載の概要にして大體の樣式は次の如し。(猶卷頭寫眞版淸風金氏の族譜を參照せらるべし)

一世	二世	三世	四世
始祖姓名 字某 號某 某朝干支幾月幾日 生干支司馬干支文	子何某 註上同隨記	子何某 同上隨記	子何某 同上隨記

科歴某官何勳止某
官某朝干支幾月幾
日卒特贈某官　諡
某命旌閭有文集幾
卷
○配某封夫人某貫
某氏父某官某祖
某官某曾祖某官
某官某之后干支
幾月幾日卒
○墓某郡某面某里
某坐合祔。墓表
某官某撰某官某
書神道碑某官某
撰某官某書某官
某篆
某王后

女○○○○
女壻姓名
某貫人某官
父某官某

第三節　族譜記載の價値並作譜の弊害

各姓氏の族譜には、其記載の正確なる者と否らざるものあり。千年二千年の始祖に遡り記載したるものに、附托等の記載あるは蓋し當然なるべく。却て派譜の年數短かき程正確とすべし。

『紀年兒覽』に……新刊奇氏の族譜、箕子以後の世序四十一代を列錄す。蓋し周の武王己卯、箕子始めて國を建つ。漢の惠帝の丁未箕準の馬韓と爲る、合して九百二十九年と爲す。而して今此四十一代を則一千三十六年と爲せり、疑ふ可きの一也。四十一代の中東史は只箕準あり、而して此れには則ち箕否無し、疑ふ可きの二也。且つ三國の中葉以後始めて諡法あり、而して今此列錄皆諡號に似たり、疑ふ可きの三也。必ず是れ好事の者、杜撰世を謾して刊行の譜諜に載す異むべき也……。とあれど此考證も亦前半は史學の上より正しとすべからず。

『燃藜室記述別集』に……孔氏は孔紹を以て始祖と爲す。紹の子は豨、豨の三子は中郎將孔伯、漁村孔俯、署令孔俶、而して孔伯は卽ち李藝の女婿。李藝は卽中郎使文化柳仁脩の女婿。文化柳氏嘉靖譜に、仁脩の下に孔伯の子孫を載錄す、甚だ詳し以て考據とすべし。孔頎兄弟は卽孔伯の子成吉の子、余今孔譜刊本一冊を見るを得たり。猥雜荒亂、擬議するに足る無し、而して孔俯の兄弟に孔伯と孔俶兩人無くして只孔俯と孔僖有り。他本孔俯は子孫無し、孔瑞麟は卽ち孔俶の曾孫、而して今の譜は孔碩孔頎を以て孔俯の曾孫と爲し、俯の下成吉の上に孔達の一世あり。又孔瑞麟を以て孔頎の弟賁の五代の孫と爲す、俶字淑を以て書す。科榜を按するに頎は世宗丁卯の科、瑞麟は中宗丁卯の科、其間に豈に五代有るの理あらんや。瑞麟は卽ち漁村の從曾孫、而して今以て漁村八代の孫と爲す、尤も蔑是れ理無し。且つ孔頎是の若く漁村の曾孫ならば、則ち甚だ早達と雖も世宗丁卯已に登科の理あらんや。且つ孔宗周を以て僖の曾孫と爲す、宗周は太宗甲午の科、而して其漁村の從曾孫と謂ふ者、尤も說を成さず。是の若き者に急に釐改を爲さゞるべからす。而して一に嘉靖柳譜に從ふを正しと爲す……。

とあれど、元來譜書は、一家の私記にして、史書に非ず。其編纂は學者、史家の手に成りしに非ず。其資料に於て、家記、世傳、諺傳等をも採り用ゆるは亦當然なり。一々之を史的見地より檢討批判せば、何れの家譜にも亦云議すべき箇條あるべく。啻に朝鮮のみならず、支那、日本の古系譜亦皆然りとすべし。

朝鮮の家譜は遠き祖先に多少の附托あり。又爾後の竄入變改ありとするも、一體に其記載正確なりと稱するを得べし。『晝永篇』に……朝鮮の俗至つて稀なる者、天下萬世に無き所のものとして、二箇條を擧げある中の一として。士夫の系、明白其內外十世五百十二(此れは已を一として遡つて十代迄計算也)而して遡考皆知れり……とあるは。多少の誇張はあるも、大體は承認し得べし。

其竄入冒稱に付ては、徭役忌避の爲にせしあり。或は兩班の家系たらんとする名聞虛榮心よりせし者もあり。各氏族の族譜中に入らんとして、種々の手段を弄せし者ありしは、左の記述が之を證するものと謂ふべし。

肅宗乙丑持平崔奎瑞の䟽に。奸人族譜を冒印し、宗派を移易するの罪を論じ、允を蒙りて法に置く。時に無賴の輩多く人家の族譜を聚め、若し先世に功蔭あらば則ち其の名を下端に冒錄し、活字を以て印出し、以て軍役を免るゝの地を謀る。禁吏をして捜探せしめて以來は、則ち譜凡そ若干家を聚む。而海州崔氏の譜亦入る。其中奎瑞諸宗の名丁亦六七代を懸錄す……と『艮齋謾錄』に出づ。

『燃藜室記述補』に……近ごろ奸人あり錦城林某を冒稱して、僞譜を嶺南に刊出す。錦城の林、平澤の林を以て譜を合し、本と同祖と謂ひ、兄弟分封し遂に貫を異にずと云ひ。京中の顯族若干を撮入して派宗を移易し、世代を換改し其祖系を詭して其倫序を亂る者。多くは諸道を遍行し愚氓の姓林なる者を誑誘し賣つて以て生に資す。京中の諸林氏之を覺り、官に呈して査して其人を得、囚治分配。列邑に行關して僞譜を收聚して毀ち去つて火に燒く。蓋し近世族譜の弊甚大なり。人皆譜無きを以て慚らずと爲す。鄕中に至つて賤人軍役を免かれんとする者必ずや賂を行ひて冒入す。譜牒の淆亂愈往つて愈甚し。近ごろ閭巷間に人有り、萬姓の譜を聚め家に秘藏すと。鄕人の祖系を識らずして某族に托せんと欲する者は、來つて重賂を致さば則ち必ず考閱せしむ。其中に后無く或は子孫の名稱無き者、名字を換改し世代を按排して之を與ふ。諸家譜中所謂后無くして子孫某地に居る者修單し以來云々する者皆此類也。是れ姓貫の僻にある者を以て漸く皆顯閥華貫に移托す。此れ豈世道の一大變に非ざらんや。亂倫世を欺く王法の必ず誅する所。而して人以て恠と爲ざるは何ぞ哉……とあり。

近代に於ても微賤より身を起して大官となりし後、閥族に假托せし者あり。族譜の刊行に付ても、初めより營利を目的として計劃せられ、發起者先づ宗約所を設け役員を選任し。一族に通文を發して登載希望者を募集し、大人一圓小兒五十錢(未旣婚により分つ)と云ふ如く、料金を定め申込料を納めし。資料を蒐集して編纂する等、出版業に等しき者あり。其間種々の弊害あり。常民の其同じき姓の者に加入を勸誘し。常民が一躍して、兩班の群に入るが如き虚榮心を利用して、若干の出金を徴收し。或は困窮せる末族の者には、割充の金圓を出さゞれば、除譜處分を爲すべしと威嚇する等の惡手段を弄し。中には警察事件となりし者も亦少なからず。

近代社會の變遷と共に、族譜の書も、其社會的價値を減じて。唯クラシカル的價値を增加するのみとなれり。

第八章　同族部落竝地名と姓氏

朝鮮に於ては、祖先を同ふし氏稱を同ふせる同族が、相集團して所謂同族部落を形成せる者甚多し。昭和四年中、本府文書課調査係善生氏の手に於て調査したる者左の如し。

△百戸以上集團的同族部落一百三十一

箇所	氏名	同族戸數	同族外戸數
京畿廣州郡 中部面上山谷里 東部面下山谷里	杞溪俞氏	一一三	一四九

京畿	安城郡元谷面七谷里、元堂里	慶州李氏	一一〇	一三〇
忠北	報恩郡報恩面鐘谷里	慶州金氏	一八一	一二七
同	沃川郡東二面坪山里坪山	星州李氏	一一七	二六
同	陰城郡陰城面三生里琴三里	丹陽張氏	一〇八	七
同	同　遠南面甫川里	光州潘氏	一〇二	一〇
同	永同郡陽山面柯谷里	仁川李氏	一二〇	二〇
同	鎭川郡文白面九谷里、外九里	常山林氏	一〇〇	三五
忠南	燕岐郡南面陽化里	扶安林氏	一九三	一五
同	公州郡儀堂面臺城、上龍、下龍、陰谷、蒼村	全州李氏	一四七	一六一
同	扶餘郡扶餘面楮石里、柳村里	安東金氏	一二〇	二三
同	同　草村面楸陽里楸洞	全州李氏	一一〇	九
全北	全州郡鳳東面新城里、九萬里	全州李氏	三一八	五一
同	淳昌郡東溪面龜尾里	南原楊氏	一七〇	一〇
同	井邑郡古阜面古阜、南富、長文里	幸州殷氏	二一〇	一二〇
同	金堤郡金溝面上新里	仁同張氏	一二九	一二五
同	沃溝郡米面新觀里新村	豐壤趙氏	一三八	二〇

全南光州郡林谷面博湖里	濟州梁氏	一〇二	一四
同　高興郡高興面虎東里	高興柳氏	一六二	五〇
同　同　道陽面鳳岩里	慶州金氏	一二〇	二〇
同　同　東江面大江里	礪山宋氏	二四〇	五七
同　靈岩郡靈岩面望湖里望湖亭	慶州李氏	一〇二	二五
同　同　新北面茅山里	文化柳氏	一一九	三〇
同　同　郡西面東西鳩林里	朗州崔氏	一三三	一三五
同　同	海州崔氏		
同　羅州郡細枝面松堤里松竹	錦城羅氏	一二〇	四〇
同　同　多侍面新楓里會津	羅州林氏	一三〇	二〇
同　同　茶道面楓山里	豐山洪氏	一二四	三一
同　咸平郡月也面月也里	晋州鄭氏	三一四	六九
同　同　平陵面草浦里	咸平李氏	一四〇	四〇
同　同　海保面上谷里、波平里	坡平尹氏	一一一	一七
同　珍島郡義新面七田里	密陽朴氏	一五〇	七
同　同　古郡面五山里	昌寧曺氏	一三三	一一五

全南濟州島西中面新裕里	濟州梁氏	一四五	一一三
慶北達城郡城北面山格洞一區	達城徐氏	一七〇	一六四
同　同　城北面西邊洞一區	仁川李氏	一一五	一〇五
同　同　月背面上仁洞月村	丹陽禹氏	一二〇	六四
同　軍威郡缶溪面大栗洞	缶林洪氏	一一五	九六
同　同　義興面水北洞	龜山朴氏	一〇二	三二
同　義城郡點谷面沙村洞沙村	安東全氏	一三〇	一二五
同　迎日郡杞溪面縣內洞	月城李氏	一八〇	六九
同　慶州郡江東面良洞里	驪州李氏	一四六	七五
同　同	月城孫氏	五二	
同　慶山郡河陽面釜湖洞	河陽許氏	一〇〇	一九
同　星州郡碧珍面海平洞下樹村	星山呂氏	一〇四	六七
同　同　志士面甫月洞、法山洞	永川崔氏	一五〇	四〇
同　同　志士面修倫洞、倫洞	義城金氏	一二〇	三〇
同　漆谷郡枝川面新洞	廣州李氏	一二〇	四〇
同　聞慶郡永順面栗谷里	缶林洪氏	二〇〇	三〇

同	聞慶郡山陽面薪田里	開城高氏	一二五	四〇
同	同　山北面書中里	安東權氏	一二〇	四八
同	同	安東金氏		
同	同	全州李氏		
同	同　同　大上里大下里	長水黃氏	二三六	一二三
同	同　同　內化里	潘南朴氏	二一九	八七
同	同	宣城金氏		
同	醴泉郡豐壤面憂忘里	東萊鄭氏	一一三	四一
同	安東郡豐西面素山洞	安東金氏	一〇〇	一八九
同	同　同　九潭洞九潭	順天金氏	一二〇	八一
同	同　同　同	光山金氏	六〇	
同	同　豐南面河回洞河回	豐山柳氏	一五八	一三二
同	同　吉安面禮洞知禮	義城金氏	一二〇	二五
同	清道郡錦川面薪旨洞	密陽朴氏	一五六	一六六
同	同　伊西面水也洞水也	同	一二〇	五〇
同	同　同　大田洞	義興芮氏	一一〇	二〇

慶南晋州郡智水面勝內里	金海許氏	一六五	一四四
同　同　寺奉面鳳谷里鳳坮	載寧李氏	一二〇	六二
同　同　大坪面新豐里	檜山黃氏	一五一	五三
同　同　大谷面丹牧里丹牧	晋陽河氏	一七〇	六六
同　宜寧郡鳳樹面竹田里	金海許氏	一五三	五七
同　咸安郡竹南面下林里下林	咸安趙氏	一一九	三九
同　同　漆原面柳原里柳原	昌原黃氏	一〇二	三〇
同　同　艅航面外岩里外洞	驪州李氏	四七	四五
同　同　同　同　內洞	同	五五	三〇
同　密陽郡密陽面校洞里	密陽孫氏	一〇六	二四
同　同　二同面中山里	平山申氏	一〇四	二六
同　蔚山郡大峴面呂川里呂川	密陽朴氏	一〇八	一三八
同　昌原郡鎭田面五西里東大洞	安東權氏	一〇二	三九
同　統營郡沙等面沙等里	昌寧曺氏	一四〇	三五
同　同　光道面黃里	金海金氏	一〇九	八〇
同　固城郡永吾面吾東里	達城徐氏	一一〇	二二

同	山清郡新等面坪地里	商山金氏	一五〇	六一
同	居昌郡北上面葛溪里	恩津林氏	一五〇	一五
黄海	延白郡湖南面雌鳳里紫達洞	海州崔氏	一〇六	一五
同	同　花城面松川里松城洞	順興安氏	二五〇	七〇
同	同　同　山田里山田洞	商山金氏	一九〇	五〇
同	金川郡外柳面文修里文修洞	全州柳氏	一三〇	
同	同	全州金氏	三〇	三七
同	甕津郡龍泉面馬項里	漢陽趙氏	一一五	四三
同	松禾郡蓮芳面明禮里、馬山里	全州李氏	一二〇	二〇
同	鳳山郡西鍾面大閑里	光山金氏	一五〇	二三
同	瑞興郡禾同面石落里洛村	延安李氏	一〇九	二一
平南	順川郡慈山面岐灘里	羅州林氏	一五〇	一〇
同	成川郡三興面卵山里卵山	慶州金氏	一〇〇	｜
同	中和郡海鴨面竹山里	坡平尹氏	一〇七	一四
同	中和郡楊井面新大里大洞	坡平尹氏	一二〇	二八
同	同　同　龍海里龍湖洞	同	一〇六	一九

平南中和郡唐井面廣村里唐村	丹陽李氏	一二二	一四
同　龍岡郡龍岡面卵山里金村	義城金氏	一一〇	五〇
同　同　吾新面九龍里龍岡	同	一三六	四一
同　平原郡東松面君子里、月峰里車山臺車村	延安車氏	二三〇	六〇
同　安州郡新安州面東七里、雲松里	順興安氏	一六六	二一
同　价川郡中南面松城安村沓鳥里沙村	廣州李氏	一〇二	一
平北龜城郡方峴面辨山洞張村	仁同張氏	一〇三	一二
同　同　西山面立石洞藤嶺金村	光山金氏	一〇〇	一〇
同　泰川郡南面松隅洞松隅	水原白氏	一一三	二〇
同　寧邊郡寧邊面龍浦洞金村	慶州金氏	一一〇	五二
同　同　古城面南山洞金村	同	一五〇	一八
同　同　鳳山面龜山洞金村	同	一〇〇	一〇
同　同　獨山面龍興洞車村	延安車氏	一七八	五一
同　博川郡嘉山面龍灘洞龍灘	順天金氏	一三二	一八
同　定州郡葛山面瑞南金村	延安金氏	一二三	一
同　同　德達面德達洞趙村	白川趙氏	一〇〇	四〇

同	同　古邑面新里李村	全州李氏	一九二	五一
同	宣川郡南面ノ一部(三峰洞、建山洞、鳳洞)	竹山朴氏	二六〇	三五
同	同　深川面古軍營洞杜茂谷	遂安桂氏	一六〇	一五
同	鐵山郡站面新谷洞新谷	江陵金氏	一〇〇	三四
同	龍川郡府羅面松峴洞背陽串	安東金氏	二六〇	一三〇
同	同　北中面長山	仁同張氏	四五〇	一八〇
同	楚山郡江面龍星洞江谷	平昌李氏	一五〇	三九〇
江原	金化郡近南面上沙谷里	寧海朴氏	一〇一	七六
同	伊川郡方丈面龜塘里	蔚山金氏	一二八	九八
同	同　佳麗州里	平山申氏	一〇二	二〇一
咸南	定平郡春柳面禾洞里	陽城李氏	一〇七	三
同	永興郡順寧面葛田里	延日鄭氏	一二五	四〇
同	同　憶岐面兩灘里	星州裵氏	一四〇	一五
同	高原郡郡內面上泗昌里徐村	利川徐氏	一一二	八
同	北青郡楊川面上里昌洞	旌善全氏	一一九	二
同	同　北青面棠浦里金村	慶州金氏	一七〇	三〇

咸北明川郡上雩南面内浦洞内浦	全州金氏	一〇一	四五
同　吉州郡東海面石城洞石城村	全州李氏	一三〇	六〇
同　城津郡鶴東面荷川洞馬村	長興馬氏	一七二	一〇

△計一百三十一部落

△右の外三十戸以上の者一千三百六十三部落

計一千四百九十四部落

其數甚だ多しと謂ふべく。是れ他には見られざる社會形態にして、大に攷究を要すべきものなれども。本篇に於ては、單に氏族との關係に於てのみ之を考察するに止むべし。

唯單純なる眼光を以て斯る事象を一瞥すれば。氏族制――廣き意味に於ては――崩壞したる遺跡の殘留なりと觀らるゝ如きも。必ずしも然らざるは、彼人等の當該地に居住したるは、大抵は四、五百年より二、三百年の者にして

一　何れも鮮内の他地より來住したる者なること。

一　其年數に於て二、三百年來の者多く。其大部分は李朝以來の者なること。

一　皆悉く兩班の一氏族にして庶民のものは一部落も無きこと。

一　其居住せる地名が、氏族の地名とは別なる者多きこと。　例之慶州李氏が全南の靈岩に居り、安東金氏が平北の龍川郡内に居るが如し。

一　何れも農業と主とせること。

由是觀之ば國の富力の依然として增加せざるに反比例して、兩班の子孫は繁衍し、其中の僅數が政權の分け前に與かる外は。　生存上歸農するより外に撰むべき方途無く。　またこれが政爭の禍殃より免かるゝ、最も安全なる方法なりしにより。　其社會的勢力を利用し、團結力を利用し。　資本を利用し。　合理的に不合理的に、地方の土地を占有せし現象なりと觀られざるにあらず。　猶根本的に考ふれば、地理的、政治的、社會的、經濟的の種々の原因が、遂に封建制度を發生せしめざりしにより。　政治が分科發達せずに、古代其俗の姿――占據居住の氏族は交替せしと雖も――を持續せりとも觀察せらる。

また右同族部落の中に僅少の庶孽部落あるは。　庶子が嫡子と甚しく劣れる差別待遇を受けしに、平かならずして。　別天地を開拓せしものと考へらる。

以上に擧げたる一百三十有一の族村は、平安南道龍岡郡内の金村、平安北道定州郡内の趙村、全羅南道咸平郡内の坡平里（坡平尹氏）等の如き其地名と、集團居住者の氏族名と一致する者は鮮なくして、一致せざる者大多數なり。
眼を轉じて他方現在に殘り地名として通用せる、氏族の名あるものを觀れば。左の如く多數のものあり。

姓氏的地名一覽（總督府文書課調査係の調査に依る）

△朴　朴哥洞。朴洞里。朴丁里。朴浦里。大朴里。朴氏垈里。朴洞。小朴里。朴金里。
南朴里。朴井洞。朴哥垈。朴氏垈。

△孫　孫可洞。孫可亭。

△張　張村洞。張哥洞。

△洪　洪村。洪海村。洪姓坪。洪洞。

△盧　盧村。

△崔　崔哥嶺。崔哥洞。崔村。

△安　安村。安洞。安哥洞。

△韓　韓村。韓哥洞。

△車　車村。車哥里。車洞里。車村洞。車哥坪。

△康　康村。

△鄭　鄭村。

△徐　徐村。

△郭　郭村。

△金　金氏洞。金村。

△羅　羅村。

△趙　趙哥洞。趙村洞。趙氏洞。趙村。

△李　李村洞。李村。李氏洞。

△全　全村。

△梁　梁村里。梁村。

△閔　閔村。閔哥洞。

△嚴　嚴氏洞。

△王　王哥洞。

△禹　禹哥洞。

△黃　黃哥洞。黃村。

△魚　魚哥洞。魚村。

△卞　卞哥洞。

△宋　大宋哥谷。小宋哥谷。宋哥洞。宋村。宋洞。

△姜　姜哥洞。姜子洞。姜村。

△許　許村。許哥洞。

△劉　劉村。劉氏洞。

△楊　楊哥洞。

△裵　裵洞。

△申　申村。

△吳　吳村。吳哥洞。

△白　白哥洞。白洞里。

△沈　沈哥洞。

△高　高哥洞。

△蔡　蔡村。

△任　任村。

△兪　兪村洞。

△朱　朱村洞。

△陳　陳村。

（註）哥は唐代に於て父の代名詞にも用ひられ。又兄にも用ひられ。後には親友の間にも用ひらる。朝鮮に於て李哥金哥等稱するは李氏、金氏と同一の意味にして。哥は氏よりは一段低き俗味を帶べる語、又親しみの語として使用さる。

右に揭げたる者は、現在に於て其名の姓氏が集團的に居住せざる者多し。右の名の起りを悉く集團居住に基くものとは斷ずるを得ず、或は勢力ありし一二の者の名を取りたるものあるべく、或は滿洲の鄭家屯、劉家屯の如く其地の草分則最初の移住者の名を取りたるものもあるべきも。大部分は舊の集團氏族の名殘なるべし。猶右に擧げたる外に、昔前項同一樣式の地名ありで、今改名せられたる地も鮮なからず。是を內地と比較するに、昔の藤原、安倍、紀、菅原等の類皆地名に姓を取り。現在の氏も大部分地名に取れる者多きとは。全く反對の現象にして。氏族が地理的名称を壓倒せりとも謂ふべく。如何に氏族の力强かりし一證左と觀るを得べし。

編外餘說

第一章　姓名氏族に關する觀念の近代的趨向

近代の朝鮮に於ける、政治的、社會的、經濟的の一大變動は、漸次舊慣因襲を打破して更生の途をたどりつゝあり。本項の如きも亦是が例外たる能はずして、其風習次第に變ぜんとするの動向あり。是を具體的に示せば左に列擧する如きものあるを觀る。

(一)　氏族觀念甚しく稀薄となれり。其原因は政治上の特權消失、庶民の擡頭、竝近代思想の瀰蔓に因るものにして。現在に於ける氏族の社會的價値とも觀るべきものは。因襲的評價の惰力としての殘存觀念、由緒に因る家門の主觀的自尊心、唯單に上流社會としての現實の存在、及傳統の練磨による高尙なる風格の社會的承認等を擧げ得べし。

其結果は本貫たる何々何氏を云爲する風の衰退となれり。族譜が古書肆の店頭に現はれ、また其刊行の止絶等は、その趨勢の現はれなるべし。

(二)姓名に關する風習も亦一變して、下に列記する如き者あるを觀る。

一　冠體の廢止と戸籍法による出生屆出の規定により、冠名兒名の別を無くし、字を作るの風廢りたること。

二　人名に拘はること昔日の如くならず、縱系、横系の族系的人名を命ずるの風甚しく減少し、漸く廢れんとせること。　女子名の如きは、內地流に何子と稱するが如く京城に於ては一般の風とならんとせること。

三　各家皆門標を掲ぐるの風を成し。　亦昔日の如く隣人の名を知らざるが如き事無く、總て人の姓名の社會的進出と使用價値の增大普遍を見るに至り、諱名思想廢れて父祖の名を口にするを避くる事無く、小學の兒童なら公然父名を言ふに至りしこと。

四　教育の普及により、庶民が在來式土名とも謂ふべき第六章一節より六節迄に掲げたる如き命名廢れんとせること。

等を擧げ得べく、兩班階級の中には父の命じたる舊式の名に慊らずして、之を個性あるものに改めんとする希望を有する者もあり、一層思想の進歩せる者には、舊姓に嫌惡の感情を懷き、隨意に新姓を造らんとせる考慮を抱懷せる者もあり。其思想の基く所は、嶄新を好むが如き輕薄に非ずして、新人として更生すべく、渾て因襲より脫却せんとする感情に妨げありとするもの也。一面には名門が其姓氏に執着せる者あり、他面また如上の如き者もある事を知るべく、若し法令の規定の沮止無くば、舊來の因襲定型を脫したる新姓、續々として出現するに至るべし。

第二章　社會性より見たる朝鮮の姓名

人の姓名の必要は、聲音による稱呼と、其稱呼を文字に表現したる記載に依り。之を他と識別することの有効價値に存ず。故に姓名は專ら自己の爲め、一族の爲め、又は家庭の爲のみの存在に非ずして。社會上の存在を以て其生命とせざるべからず。昔時に於て、兩班は一族を單位として、國家の中に別に各一小天地を造り、以て其社會性を甚しく薄からしめ。庶民は自己を社會の一員として主張する人格を認められず。加之總て人の社會的活動範圍の甚だ狹少なりし時代は措て問はず。苟くも今日の如く階級を論ぜず、人各〻社會の一員として立ち。其社會面に於ける活動範圍著しく擴張し。隨つて人の姓名の社會的必要價値增大せる時代に於ては。舊樣式の姓名は今日の時勢と適合せざるもの少なからず。其中最も不便不都合なるは同姓同名の甚多きことと是なり。

朝鮮の姓の現在數、僅かに約三百二十六、之れを現在の人口二千七十九萬人にて除せば一姓平均約六萬三千餘人となる。而して其三百二十六姓の中金、李、崔等の如き最も多き姓は、一姓三四十萬人に超ゆるものあるべく。又一方名に於ても、兩班式冠名と土俗式の名とを論ぜず、一種の型に限定せられて、同名甚多き結果は。姓と名の組み合せによる數學上より見て、同姓同名の多數を生ずるは必然の理なり。故に如何なる地方に於ても、一箇面内に必ず同姓同名者の何十幾組かを存ぜざる無く。人口の多き都會地に至つては一層甚し。一昨年京城府財務課中村氏の京城府現在戸主に付て調べたるものを見るに、左記の如く多數に上れり。戸主に限らず、全人口の二人以上の同姓同名を調査すれば、更に驚くべき多數に上るや必せり。

同姓同名の戸主、二十戸以上に達せるもの。（京城府）

△金召史	八八	△金姓女	八六	△金貞淑	六九
△李召史	六九	△金春植	五二	△金元植	五一
△金恩植	五〇	△金永植	四一	△李春植	三七

△李貞淑	三七	△李元植	三三	△李元根	三〇
△朴貞淑	二七	△金相俊	二六	△金弘植	二六
△金相玉	二六	△金明洙	二六	△朴春植	二六
△李鍾元	二六	△金鍾植	二五	△金德順	二四
△金英培	二四	△金龍雲	二三	△金泰植	二三
△金興植	二三	△李永根	二三	△金仁植	二三
△李壽福	二三	△李思根	二三	△金俊植	二三
△金東煥	二二	△金東洙	二二	△李鍾泰	二二
△金恩根	二二	△李恩植	二一	△李淑子	二一
△李鍾國	二一	△金淑子	二一	△金聖培	二一
△金德根	二〇	△金東植	二〇	△金英淑	二〇
△李春三	二〇	△金明植	二〇	△金仁煥	二〇
△金明煥	二〇	△朴永植	二〇	△金明玉	二〇

右の如く同姓同名の者甚しく多きは、他人との識別、稱呼たる姓名の本質を失へるものと謂ふべく。郵便の配達、納稅告知、裁判、警察其他官公署の呼出等の公事は無論、

私交上に於ても種々の不便を來し。姓名本來の使命に障礙を生ずること甚多きは、常に當該者の困却より聞知する所なり。濟州島に於ては大正年代、右の不便を除くべく、戸主の同姓同名の者は其里內を限りて、悉く諭して改名せしめし事ありたり。次にまた口稱の場合に於ても、同姓同名のみならず。同音の姓名甚多く、或場合には姓の□は何の字、名の□□は何と何の字と云ふ如くに、說明を要する場合少なからずして。記憶に不便なることも、亦一の缺點なりとせざるべからず。

將來に於ては名門を除き、餘りに姓に執着せざる士人、庶民に於て、因襲の殼皮を脫して社會の情勢に應ずべく、新樣の姓名を以てするの日ありと假定せば。其原因は上に述べたる如き、實用不便の點より出發するものなるを豫言するを得べし。

併合の直後內地式氏名に改名せし者ありしを、行政の手心により、之を禁じたることゝ。昔し奈良朝の年代、甲斐信濃に住せし歸化朝鮮の人々が、其姓名を日本式に改めんことを申請し――之を許され賜姓ありし事等は、姓名の樣式變更の歷史上大に參考となる事項なるべし。

（終）

昭和九年十一月十五日 印刷
昭和九年十一月二十日 發行

朝鮮總督府中樞院

印刷所 京城府蓬萊町三丁目六十二番地
朝鮮印刷株式會社

韓国併合史研究資料⑪⑨

朝鮮の姓名氏族に関する研究調査

2018年4月　復刻版第1刷発行

定価（本体価 11,000円 +税）

原本編著者　朝鮮総督府中樞院
発行者　北村正光
発行所　株式会社 龍溪書舍
〒179-0085　東京都練馬区早宮 2-2-17
TEL 03-5920-5222・FAX 03-5920-5227

ISBN978-4-8447-0470-6
落丁、乱丁本はお取替えいたします。

印刷：大鳳印刷
製本：高橋製本所